THE
FIRST YEAR
OF
DUANPING

端平元年

1234年宋金蒙三国的
战争、命运与政局

宁南左侯 著

北京联合出版公司
Beijing United Publishing Co.,Ltd.

图书在版编目（CIP）数据

端平元年：1234年宋金蒙三国的战争、命运与政局 / 宁南左侯著. -- 北京：北京联合出版公司，2023.11
ISBN 978-7-5596-7223-0

Ⅰ.①端… Ⅱ.①宁… Ⅲ.①中国历史—宋代—通俗读物 Ⅳ.①K244.09

中国国家版本馆CIP数据核字（2023）第178478号

端平元年：1234年宋金蒙三国的战争、命运与政局

作　　者：宁南左侯
出　品　人：赵红仕
选题创意：北京青梅树下文化传媒有限公司
策划制作：子非鱼
责任编辑：李　伟
装帧设计：东合社
内文排版：麦莫瑞

北京联合出版公司出版
（北京市西城区德外大街83号楼9层　100088）
北京联合天畅文化传播公司发行
北京美图印务有限公司印刷　新华书店经销
字数200千字　880毫米×1230毫米　1/32　10印张
2023年11月第1版　2023年11月第1次印刷
ISBN 978-7-5596-7223-0
定价：58.00元

版权所有，侵权必究
未经书面许可，不得以任何方式转载、复制、翻印本书部分或全部内容
本书若有质量问题，请与本公司图书销售中心联系调换。
电话：010-65868687　010-64258472-800

[宋]佚名《宋理宗坐像轴》（台北"故宫博物院"藏）

宋理宗赵昀，南宋第五任皇帝。端平元年（1234年），联蒙灭金，一雪靖康之耻。同年出兵收复三京，以失败告终。遭受打击后，意志消沉，纵情声色。次年（1235年），蒙古大汗窝阔台以宋背盟为由全面侵宋，宋蒙战争爆发，持续四十多年，直至南宋灭亡。

[元]佚名《元太祖成吉思汗半身像》（台北"故宫博物院"藏）

大蒙古国可汗铁木真，1204年统一蒙古草原，1206年在斡难河源即汗位，建立大蒙古国，被尊称为"成吉思汗"。后灭亡西夏、西辽、花剌子模等国。

成吉思汗进攻金朝中都（今北京）

出自波斯历史学家拉施特《史集》插图。此图描绘了金贞祐二年（1214年）五月至金贞祐三年（1215年）五月，蒙金中都之战。图中，成吉思汗正率军攻打金中都。

[元]佚名《元太宗半身像》(台北"故宫博物院"藏)

铁木真第三子窝阔台,大蒙古国第二任可汗。继承铁木真遗志,开疆拓土,灭金伐宋,派军远征欧洲,在位期间蒙古帝国疆域版图扩充到朝鲜半岛、中亚和东欧。

窝阔台的加冕礼

出自拉施特《史集》插图。此图描绘了1229年窝阔台在忽里勒台上被推选为汗,开始管理整个蒙古帝国。

[元]佚名《元世祖半身像》(台北"故宫博物院"藏)

元朝开国皇帝忽必烈,大蒙古国第五任可汗(第三任为窝阔台长子贵由,第四任为拖雷长子蒙哥)。忽必烈为拖雷第四子,蒙哥胞弟。参与远征大理、攻打南宋的战役,建立战功,后在与同母弟阿里不哥争夺汗位的斗争中获胜,1260年即汗位,建元中统。1271年,建国号为"大元"。1274年命伯颜等大举伐宋,两年后攻陷临安(杭州),崖山一战消灭南宋残余势力,统一全国。

蒙古骑兵的骑射突击（德国国家图书馆藏）

出自波斯细密画图录"迪兹画册"（Diez Albums）。此图描绘了蒙古骑兵的征战场景，表现了蒙古骑兵的勇猛善战。

[南宋]陈居中《鞑靼狩猎图卷》（局部，美国弗利尔美术馆藏）

此图描绘了蒙古人出猎的情景。从纵马驰骋、射杀猛虎、使用兵器的熟稔程度来看，蒙古人的武力极为强悍。

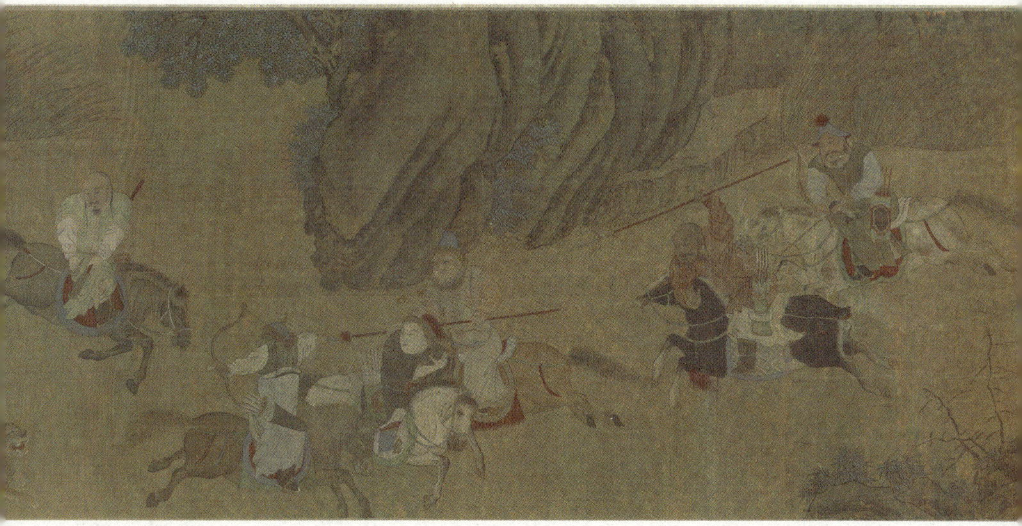

[金]杨微《二骏图》（局部，辽宁省博物馆藏）

此图描绘了以游牧为生的金人（女真人）在大漠牧马的情景。一人正骑马套取前方疾驰的骏马，套马动作娴熟，技艺高超。

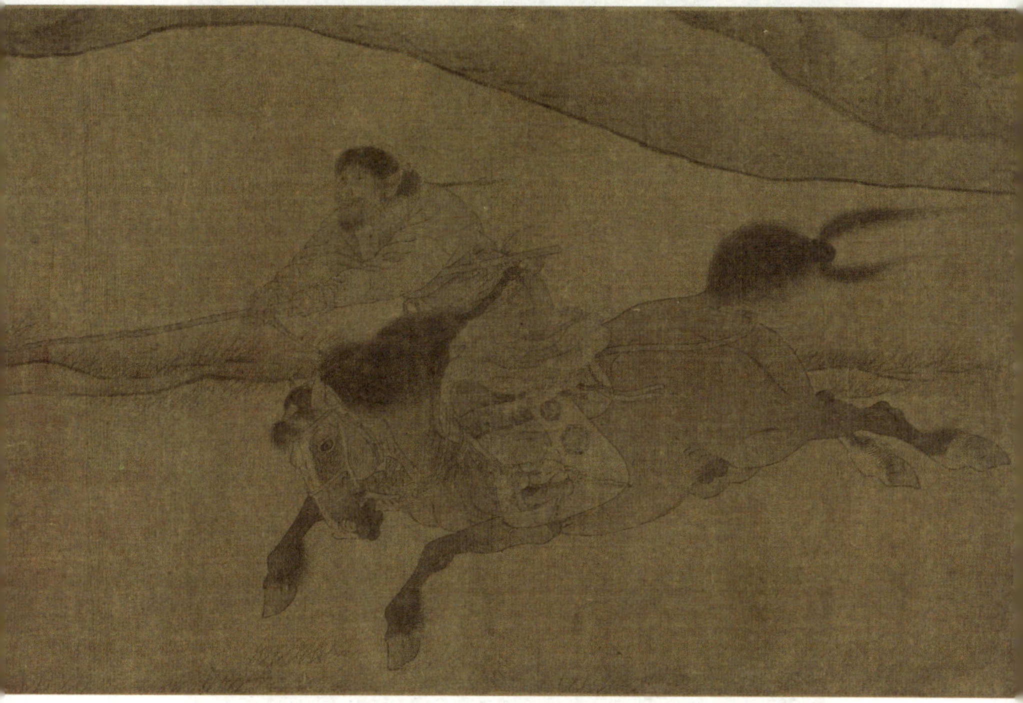

[元]刘贯道《元世祖出猎图》（台北"故宫博物院"藏）

此图描绘了元世祖忽必烈在大漠游猎的情景。图中身穿白裘者即为忽必烈，与其并列骑马者当为其妻。

[南宋]佚名《歌乐图》（局部，上海博物馆藏）

此图描绘了南宋宫廷歌乐女伎演奏、排练的场景。南宋林升有诗《题临安邸》对朝廷偏安一隅、歌舞升平的现象加以讽刺："山外青山楼外楼，西湖歌舞几时休。暖风熏得游人醉，直把杭州作汴州。"

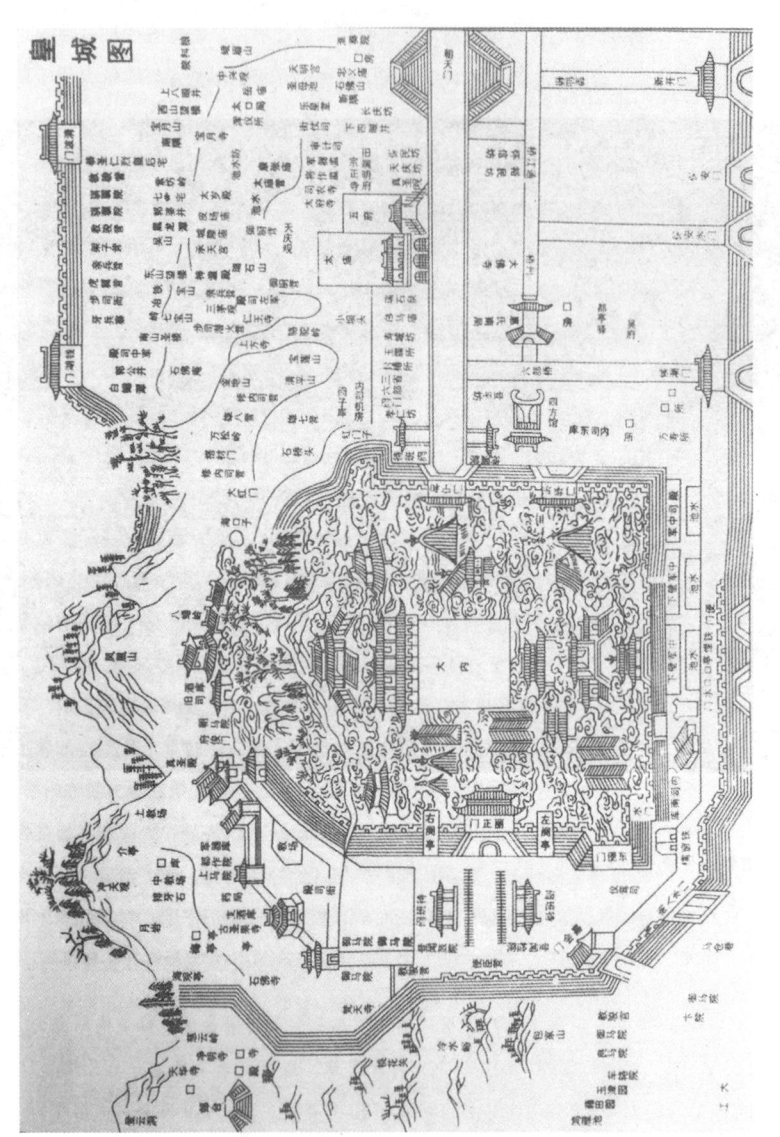

南宋都城杭州皇城图

出自周峰主编《南宋京城杭州》(浙江人民出版社,1997年6月)。此图根据《咸淳临安志》皇城图改绘,描绘的是南宋都城临安(杭州)的城池结构及机构设置方位。

家在临安,职守京口。北骑若来,不降则走。

——南宋民谣

惨澹龙蛇日斗争,干戈直欲尽生灵。
高原水出山河改,战地风来草木腥。
精卫有冤填瀚海,包胥无泪哭秦庭。
并州豪杰知谁在,莫拟分军下井陉。
　　——[金]元好问《壬辰十二月车驾东狩后即事(其二)》

夜视太白收光芒，报国欲死无战场。

——[南宋]陆游《陇头水》

是役也,乘亡金丧乱之余,中原傲扰之际,乘机而进,直抵旧京,气势翕合,未为全失。所失在于主帅成功之心太急,入洛之师无援,粮道不继,以致败亡,此殆天意。后世以成败论功名,遂以贪功冒进罪之,恐亦非至公之论也。

——[南宋]周密《齐东野语》

端平入洛前后近两个月,以轻率出师始,以仓皇败退终。端平三年,理宗下罪己诏,承认"责治太速,知人不明",是失败的主要原因,端平入洛的直接后果有三:其一,南宋国防力量大为削弱,军民死者十余万,粮食损失百万计,器甲辎重尽弃敌境;其二,南宋从此对蒙古彻底放弃主动出击的战略,转为闭关守御的消极政策;其三,蒙古确实以此为借口,开始发动侵宋战争,宋蒙战争正式拉开序幕。

——虞云国《细说宋朝》

"端平入洛"的失败，使南宋损失惨重，数万精兵死于战火，投入的大量物资付诸流水，南宋国力受到严重削弱。更重要的是，"端平入洛"使蒙古找到了进攻南宋的借口，蒙古由此开始了攻宋战争。朝野上下对于出兵河南的失败及由此带来的严重后果议论纷纷，而对这种局面，理宗也不得不下罪己诏，检讨自己的过失，以安定人心。

　　——游彪《赵宋：十八帝王的家国天下与真实人生》

过去的事已经过去,过去的事无法挽回。

——[古希腊]荷马《伊利亚特》

人类从历史中学到的唯一教训,就是人类无法从历史中学到任何教训。

——[德]黑格尔《历史哲学》

目录

引　子　最后的忠孝军 / 001

第一章　三国困境：宋金蒙的"合纵连横" / 011

　　　　播迁与死斗 / 011

　　　　犹疑与踟蹰 / 024

　　　　联蒙与抗蒙 / 040

第二章　汝南遗事：海东青的悲壮挽歌 / 054

　　　　最后的重阳 / 054

　　　　最后的突围 / 067

　　　　最后的十日 / 081

第三章　渊默之主：宋理宗的韬晦之路 / 093

　　　　危险重重的祭陵 / 093

　　　　权臣选择的孩子 / 105

　　　　韬光养晦的帝王 / 117

第四章　国是之争：荣耀伟业的抉择时刻 / 128

　　与虎谋皮 / 128

　　中原机会 / 140

　　外传：坑灰未冷山东乱 / 148

第五章　史氏掌国：南宋王朝的中原北顾 / 167

　　隆兴遗恨：史浩 / 167

　　开禧往事：史弥远 / 183

　　端平战守：史嵩之 / 202

第六章　端平入洛：一场轰轰烈烈的闹剧 / 215

　　三京光复 / 215

　　仓皇北顾 / 229

　　明争暗斗 / 240

第七章　大汗之国：历史车轮的朔风卷尘 / 244

　　经略中州 / 244

　　可怜淮土 / 257

尾　声　山雨欲来风满楼 / 265

宋金夏蒙纪年对照表（1208—1236） / 273

1234年大事记 / 277

参考文献 / 280

引子　最后的忠孝军

公元1234年，农历大年初一。

金朝虽然是白山黑水间的女真人建立的少数民族政权，但统治中原业已百年，受汉族的影响，礼俗文化早已汉化。

按照中原王朝的传统礼仪，这一天，大臣会前往宫阙朝贺天子，外国的使臣也会来，包括南宋、西夏在内，金朝尽显"上国"威仪。

在13世纪初的东亚大陆这片土地上，金朝已经取代宋朝的地位，成为"天朝"，南宋、西夏、高丽都对金朝表示臣服，称之为"上国"。西夏将金朝划给他们的土地称为"上国所赐"[1]；根据绍兴和议[2]，南宋高宗皇帝赵构在给金朝的表文中不仅要称

---

[1]《金史》卷九十五《粘割斡特剌传》："夏人报言，结什角以兵犯夏境故杀之，祁安城本上国所赐旧积石地，发兵修筑以备他盗耳。"

[2] 南宋与金在1141年订立的和约，和约约定：宋向金称臣，金册封宋康王赵构为皇帝，每逢金主生日、元旦，宋均须遣使祝贺；双方划定疆界，东以淮河中流为界，西以大散关（陕西宝鸡西南）为界，以南属宋，以北属金。宋向金割让唐州（今河南唐河）、邓州（今属河南）二州及商州（今陕西商洛）、秦州（今甘肃天水）的大半；宋每年向金纳贡银二十五万两、绢二十五万匹。

金朝为"上国",而且要自称"臣"[1];即使金朝南迁开封之后,金宣宗遣人往谕高丽时,仍自称"使知兴兵非上国意"[2]。

然而,这一年却有些例外:金朝皇帝的宫殿不复威严,街市冷冷清清,也没有外国的使臣前来,甚至连金国臣子的朝贺都取消了。

南宋人倒是一如既往地来了,只是这次不在金朝接待使臣的馆驿里,而是在城外的军营里,杀气腾腾。

这个时候的金朝皇帝与统治中枢早已不在那个极尽繁华的中都(今北京)了,他们早在二十年前就放弃了中都,逃到了北宋旧都汴梁城,也就是金朝人口中的"南京"。

去年他们连南京也守不住了。一年多前,金朝皇帝完颜守绪放弃汴梁,逃到了归德府(今河南商丘),并在六个月后再次逃离,来到了蔡州(今河南汝南)。

现在蔡州也已经被围数月,从这一刻算起,金朝只剩下十天的寿命。幸或不幸的是,金哀宗完颜守绪此时并不知道这个结局。

四个月前的九月初十,尾随追击完颜守绪而来的蒙军抵达蔡州城下,挖沟筑垒,准备围城。那一天,完颜守绪让司天台管勾武祯之子武亢算了一卦。

司天台,也就是后来的钦天监,负责观测记录天文气象、制定颁发历法。因为业务过于专业,对个人的能力要求较高,所

---

[1]《金史》卷七十七《完颜宗弼传》:"臣构言,今来画疆,合以淮水中流为界,西有唐、邓州割属上国。"

[2]《金史》卷十五《宣宗本纪中》。

以司天台的官吏往往是家族世袭。武亢就是其中的翘楚，史载其"精于占候"[1]，所以完颜守绪专门吩咐人找到了他。

武亢告诉完颜守绪：今年十二月初三，蒙古人就会攻城。

进入腊月，城外不仅有蒙古大军，就连以前称臣纳贡的宋朝都派了兵马前来助战。十二月初三，蒙军果然发动了对蔡州城的攻击，武亢算准了。

完颜守绪又惊又喜，他派人召来武亢，让其再算一卦："蔡州何日会解围？"

武亢低头掐算，回答道："明年正月十三，城下就不再会有一兵一骑。"

完颜守绪大喜：四十天，他只需要坚守四十天便可以迎来胜利。于是他让有司衙门计算好城内的粮食，做长期打算，只要熬过这四十天，转机就到了。[2]

这一天是大年初一，也就是第二十七天。这二十七天完颜守绪度日如年，噩耗一个接一个传来，甚至几乎就没有好消息。守城战几乎耗尽了蔡州的一切，男丁早已经全部登城守御，甚至连壮实一些的女子也被勒令穿上男子服饰，负责给城上运送守城用

---

[1] [金]王鹗《汝南遗事》卷二："右丞仲德奏前司天台管勾武祯男亢，习父之业，精于占候，宜召赴行在，以备咨访。"
[2]《金史》卷一百三十一《方伎传·武亢》："天兴二年九月，蔡州被围，亢奏曰：'十二月三日必攻城。'及期果然。末帝问曰："解围当在何日？'对曰：'明年正月十三日，城下无一人一骑矣。'帝不知其由，乃喜围解有期，日但密计粮草，使可给至其日不阙者。"

的石料[1]。

其实此时金朝的处境已几成死局,死守蔡州不过是困兽之斗,城破只是时间问题。

十二月初七,蒙军掘开了蔡州城外的练江;宋军也不甘人后,掘开了城南金军据守的柴潭,滔滔洪水注入汝河,金军措手不及。两天后,蔡州外城陷落。

不过,让完颜守绪感到一丝欣慰的是,效命的将士仍然忠勇无双。

从十二月初蔡州攻防战开始,蒙军几乎昼夜攻城不歇,城内的金军想尽一切办法死死支撑,其中最值得称道的便是忠孝军。现在城内的粮食不足,各处都发生了军士劫掠的事情。有司衙门细查之下,发现两名忠孝军的提控都统乱杀无辜,抢掠粮食[2],于是报告给了完颜守绪。忠孝军劳苦功高有目共睹,完颜守绪也想宽恕两人,毕竟非常之时行非常之事。结果忠孝军的首领王山儿义正词严,一口回绝了完颜守绪,理由很简单:杀人偿命。

忠孝军,金末最重要的军队力量之一,一度被认为有实力逆转金蒙战局。忠孝军组建的背景,是金朝常规军事力量的崩溃。

金朝的军队制度前后经历过数次大规模的变动。在建立之初,金朝确立的是猛安谋克六级军事编制。猛安谋克是女真语词汇,意为千户、百户,猛安谋克制也是金朝的基本军事制度。不

---

[1]《金史》卷十八《哀宗本纪下》:"尽籍民丁防守,括妇人壮捷者假男子衣冠,运大石。"

[2] [金]王鹗《汝南遗事》卷四:"俄城中有巨劫七八人,屠人之家而夺其食。事觉连系,有忠孝军提控都统二人。"

过，随着金朝逐渐占领燕云地区，其后又迅速占据宋朝的黄河流域，金朝又按照北宋后期的军事制度组建了将、部、队三级的仿宋军编制。

金朝早期军队人数不多，据学者估计，天会三年（1125年）金军南下攻宋的十二万人已经是当时金朝的大部兵力[1]，这些军队中又包括渤海、契丹以及一部分汉人，真正的女真族军队更少。随着金朝国家制度的制定，女真军队逐渐腐化堕落，战斗力与金朝建国之初灭辽、灭宋时不可同日而语。渐渐地，猛安谋克军制就不再能作为军事作战单位使用。

金朝后期的职业军队勉强能维持住边防与地方的弹压，但是已经失去了大规模军事征伐的能力。金朝后期在每次采取大规模军事行动时，鉴于作战兵力的缺乏，往往都要下令签军括马。

签军，是一种临时征募的军队组建方式。《金史·兵志》记载，金朝遇到战事的时候会从民间签取军队，等战事结束就放还回家[2]。金朝初年，金朝曾强迫汉人剃头辫发，所以当时河南、河北、山东等地的汉人签军又被南宋称之为"剃头签军"。签军是金军中地位最低贱者，往往只能担任步兵，在最前方冲锋陷阵，死伤最为惨重。

因此，金代的签军制度是一种扰民之恶政，紧接着签军令而来的，往往是不同程度的社会动乱[3]。所签之军本是强征而来的

---

[1] 王曾瑜《金朝军制》第四章。
[2] 《金史》卷四十四《兵志》。
[3] [金]刘祁《归潜志》卷七："金朝兵制最弊，每有征伐或边衅，动下令签军，州县骚然。其民家有数丁男，好身手，或时尽拣取无遗，号泣怨嗟，阖家以为苦。"

庄户民人，士气低落，又缺乏训练，战斗力极为低下，甚至都不足以称为一支军队。

括马，就是强制征用民间马匹。括马制度伴随了整个金朝，正隆六年（1161年），海陵王完颜亮为了南下伐宋，下令"大括天下骡马"，只有七品以上官员方准许留马一匹，民间骡马全部征调。括马活动中，免不了大量人畜的远距离紧急调动，劳民伤财不说，辛苦征集的马匹也往往在超负荷的载重运输中累死，以至尸体"狼藉于道"[1]，于是经常出现战争尚未开始而金朝战马资源便已大量损失的奇景。

随着金卫绍王大安三年（1211年）金蒙战事的全面升级，金朝丢失了草原上的官营马场，战马资源更加匮乏，括马也越来越频繁。宣宗贞祐三年（1215年）七月，金宣宗命人征集民间马匹驴骡，以资军用[2]。兴定元年（1217年），金朝再次下令括取民间马匹，并开出高价希望能得到更多隐匿于民间的马匹[3]；哀宗天兴二年（1233年），单纯靠朝廷命令来括取，或者以金钱购买马骡等军用资源的方式已经无法见效，金朝不得不下达私藏马匹有罪的命令[4]。

不过，忠孝军与此不同。签军是被迫参战，忠孝军却是自愿

---

[1]《金史》卷一百二十九《佞幸传·李通》："于是大括天下骡马，官至七品听留一马，等而上之。并旧籍民马，其在东者给西军，在西者给东军，东西交相往来，昼夜络绎不绝，死者狼藉于道。"

[2]《金史》卷十四《《宣宗本纪上》："括民间骡付诸军，与马参用。"

[3]《金史》卷四十四《兵志》："又遣官括市民马，立赏格以示劝。"

[4]《金史》卷十八《哀宗本纪下》："定进马迁赏格，又定括马罪格。"

从军，这是二者的根本区别。

大安三年（1211年），成吉思汗指挥蒙军主力攻打金军重兵设防的抚州野狐岭（今河北张北县南），此役金军兵败如山倒，蒙军趁机掩杀，随后在浍河堡（今河北怀安旧城附近）决战中彻底击败金军，史称"野狐岭之战"。

野狐岭之战以后，金国的中央机动兵力不复存在，北方边防门户洞开，蒙古人不断进行劫掠，如入无人之境。金宣宗刚继位的贞祐元年（1213年）九月，蒙古大军兵分三路攻金，黄河以北的山西、河北、山东[1]被蒙古的旋风战法抄掠一空，看似固若金汤的城墙与壕堑，在蒙军的黑色苏鲁锭[2]面前如同泥塑一般一触即碎，几乎没有任何招架之力，近百府州只有十一座城池幸免于难。[3]金朝由此意识到，他们的首都正处于蒙古兵锋之上，不过他们非但未整军经武保卫中都，反而主动迁都到南京开封（今属河南），将华北拱手让出，希望能借助河北、河东之地作为屏障换取一丝喘息。

蒙军在北方占领区烧杀劫掠的暴行，导致漠南、河北大量民众南逃。尽管金朝统治下的河南同样残破不堪，但在朝不保夕的北方民众心中仍然是一片乐土，于是漠南、河北的民众纷纷渡河

---

[1]当时黄河夺淮入海，山东全境位于黄河以北。
[2]蒙语意为"矛"，蒙古的象征、战神的标志，又译为"苏勒德"。一般分黑白两色，分别叫"哈喇苏鲁锭"和"查干苏鲁锭"，即"黑"和"白"的意思，黑色象征战争和力量，白色象征和平与权威。
[3]《元史》卷一《太祖本纪》："是岁，河北郡县尽拔，唯中都、通、顺、真定、清、沃、大名、东平、德、邳、海州十一城不下。"

南下。金朝的新都南京开封府便是相当多南渡流民的目的地，有学者估计，在开封城最终陷落之前，挤在城内的人口达到了惊人的二百余万。[1]

南渡的难民中，并非只有汉人和女真人，也有回纥人、乃满人、羌人以及河湟一带的党项人[2]。乃满即乃蛮，在《金史》中被称为粘拔恩部，是蒙古草原上较早抛弃两属政策、向金朝表示效忠的部落，也是铁木真在统一草原过程中最后、最大的敌人。

金蒙开战前的泰和四年（1204年），铁木真率部西进击败乃蛮部，两年后在乃蛮北部兀鲁黑塔黑（今蒙古科布多地区）再次击败残余乃蛮势力，完成了蒙古草原的统一，随后在斡难河源召开大会，建立了大蒙古国，铁木真被尊称为"成吉思汗"。虽然民族、文化各异，但南渡百姓对蒙军都有着深入骨髓的仇恨，这是他们结成"抗蒙统一战线"的基础。

金朝在最后的几年，从这些由沦陷区逃回来的各民族人员（当时叫"归正人"）中选出精壮，不管有无战马，也不管会不会说汉语，统统重新组织起来，送去枢密院，给予相当于其他军队三倍的军饷，并按照金朝初年一兵二马的旧制给足装备，由此

---

[1] 吴松弟《中国人口史》第3卷，曹树基、李玉尚《鼠疫：战争与和平——中国的环境与社会变迁（1230—1960年）》。

[2] 《金史》卷一百二十三《忠义传三·完颜陈和尚》："忠孝一军，皆回纥、乃满、羌、浑及中原被俘避罪来归者。"

得到了一支上千人的精锐骑兵部队,名为"忠孝军"[1]。忠孝军人数最多时达到七千余人。

失去家乡故土,让忠孝军无比渴望复仇,立场极其坚定,一贯强烈反对与蒙古议和。金朝后期与蒙古的议和便多次遭到他们的抵制与阻挠。更难得的是,忠孝军具有古代军队中罕见的军纪,金朝历史上每次战争都少不了官军戕害百姓,甚至杀良冒功的情况,但忠孝军严明的军纪成了金朝末期军队里亮丽的风景,这些面有悍色的粗人身上,却具有所谓"王师"应有的风采——秋毫无犯,甚至在过境之时,街道上趁火打劫的歹人都大为减少。[2]

凭借严格的纪律、优良的装备、高昂的斗志,忠孝军一度扭转了金军对蒙作战中屡战屡败的局面,在卫州、大昌原、倒回谷等战役多次获得大捷。金人对他们寄予了厚望,甚至一度认为有此一军,金朝复兴有望[3]。

不过,蔡州城内的忠孝军已经是这支军队最后的残余,其大部队与其他数支金军一起葬送在了两年前。

---

[1]《金史》卷四十四《兵志》:"复取河朔诸路归正人,不问鞍马有无、译语能否,悉送密院,增月给三倍它军,授以官马,得千余人,岁时犒燕,名曰忠孝军。"

[2]《金史》卷一百二十三《忠义传三·完颜陈和尚》:"所过州邑常料所给外,秋毫无犯,街曲间不复喧杂。"

[3]《金史》卷四十四《兵志》:"自正大改立马军,队伍鞍勒兵甲一切更新,将相旧人自谓国家全盛之际马数则有之,至于军士精锐、器仗坚整,较之今日有不侔者,中兴之期为有望矣。"

正大九年（1232年）正月十五，元宵节，金军主力与铁木真之子窝阔台、拖雷率领的蒙军在河南钧州三峰山决战，全军覆没，史称"三峰山之战"。

第一章　三国困境：宋金蒙的"合纵连横"

播迁与死斗

> 鞑靼来，鞑靼去，赶得官家没处去。
>
> ——金代民谣

金朝自贞祐二年（1214年）由中都大兴府（今北京）南迁到南京开封府之后，河北、河东、山东地区沦为金蒙拉锯地区。不久，金朝招抚此三地的地主豪强武装，授以官职爵位，以期抵抗蒙军，收复失地，并将其作为河南的屏障，史称"九公封建"。

这虽然不能阻止蒙古势力的南下，但给了南迁后的金朝一定的休整时间，于是金朝趁机修饬兵备，整练兵马，精心布局，逐渐形成了一道依托潼关和黄河的"关河防线"。蒙军数次试图攻击此防线，均被金军击退，两军形成隔河对峙的局面。

正大四年（1227年）七月，成吉思汗病危，临终之时仍心心念念如何攻灭金朝。针对金朝的这条"关河防线"，成吉思汗以其独到的眼光留下了人生中最后的战略遗命：借道南宋，迂回灭金。

> 金精兵在潼关，南据连山，北限大河，难以遽破。若假道于宋，宋、金世仇，必能许我，则下兵唐、邓，直捣大梁。金急，必征兵潼关。然以数万之众，千里赴援，人马疲弊，虽至弗能战，破之必矣。[1]

唐、邓二州在开封西南，即今天河南省南阳市的唐河县、邓州市。在地理上，这里属于相对独立的南阳盆地，相对于金军重兵把守且易守难攻的潼关黄河防线，由此处进攻开封，堪称神来之笔。不得不说，一代天骄成吉思汗的军事眼光，在弥留之际仍然保持着敏锐。

南迁之后的金朝之所以能屡次击败南下的蒙军，凭借的无非就是黄河。黄河阻滞了蒙军的旋风战术，使得金军得以调度军队，在蒙军渡河的时候集结起来进行重点打击。而成吉思汗想出的破敌之策就是借道宋朝绕至敌后，从南阳盆地往北突入，直捣金朝中枢开封，此时的金朝正在全力防备黄河以北的蒙军，对突然出现在背部的敌人猝不及防，必然会从关河防线调兵前往阻挡，这样北部防线就将陷入空虚，而千里驰援开封的金军届时人困马乏，又绝不是蒙军的对手。如此则关河防线可破，且能消灭金军主力，金朝覆灭也就不远了。

不过这个计策存在先天问题：唐、邓二州位于金朝腹心，蒙古想进攻此处只能由汉水河谷的汉中、襄阳入境，但汉中、襄阳

---

[1]《元史》卷一《太祖本纪》。

属于金蒙交战的第三方——南宋。

正大六年（1229年）八月，蒙古诸王、贵族在漠北的克鲁伦河河畔召开忽里勒台，推选窝阔台正式成为新一任蒙古大汗。金朝以给成吉思汗送治丧钱财为由，派遣了以阿虎带为首的使团觐见蒙古大汗，窝阔台斥责阿虎带道："你们的主子迟迟不降，使我们先帝在兵戎中归天，难道我能忘得了吗？送礼物有什么用！"[1]断然拒收金朝的礼物，将讨伐金朝的事宜再次提上日程，蒙金再度开战。

然而奇怪的是，窝阔台一开始并没有听从成吉思汗的遗言采取绕道南宋的策略，或许出于想省时省力的动机，他选择了从正面猛攻关河防线。这种战略使得蒙古人不得不直接面对金朝军队最激烈的抵抗，招致了蒙军一系列失败，在大昌原（今甘肃宁县太昌原乡）、卫州（位于今豫北境内，主要包括今河南新乡、鹤壁等地）、倒回谷（又名蓝田谷，在陕西蓝田东南），被金军接连击败。

正面进攻接连受挫的蒙军，不得不重新考虑成吉思汗的遗言，开始实施"假道于宋"的计划。但南宋君臣对于假途灭虢的故事早已了然于胸，加之上一次宋朝联合新兴的金朝结成所谓"海上之盟"夹击辽国，紧接着被金军灭国的惨痛代价，南宋君臣也是刻骨铭心，所以毫不犹豫地拒绝了蒙古的这种无理要求。

于是宋蒙爆发冲突，拖雷率部自大散关攻入汉中谷地，强行

---

[1]《元史》卷二《太宗本纪》："金遣阿虎带来归太祖之赙，帝曰：
'汝主久不降，使先帝老于兵间，吾岂能忘也，赙何为哉！'"

"借道",史称"辛卯之变",宋蒙关系陷入冰点。

南宋"存金障蒙"的意见在朝中占据上风,陕西的金军、宋军一度互相配合,局面看似在好转。

正大八年(1231年)五月,窝阔台自官山九十九泉(今内蒙古卓资县附近)亲率蒙古大军南下,配合借道汉中的拖雷部,从正面威胁金朝关河防线。

十一月,开封城的完颜守绪接到邓州急报,大批蒙军借道饶峰关(又称饶风关,位于陕西石泉县饶峰镇的饶峰岭),由南宋的金州(今陕西安康)向东而来。完颜守绪急调防守潼关黄河的河南陕西两地兵马赶赴南阳,对这支不速之客进行阻击。面对蒙军主力,金军并不具备一战退敌的实力,所以南阳唐、邓战事不久便陷入焦灼。而正面攻击的蒙军在面对压力骤减的关河防线时,势如破竹。

正大九年(1232年)正月,窝阔台从正面战场强渡黄河,一举攻占开封西面门户郑州。

郑州陷落,开封西面已无险可守,完颜守绪急调邓州前线的平章政事完颜合达回援汴京,完颜合达率所部骑兵二万、步兵十三万,合计十五万大军离开邓州,北援开封。拖雷派出三千蒙古骑兵作为先遣部队,一路"陪同"金军入援,时时袭扰,又将沿途泌阳、南阳、方城、襄城、郏县等城池攻破,城内军械粮草悉数纵火焚毁。[1]

---

[1]《金史》卷一百十二《完颜合达传》:"时北兵遣三千骑趋河上,已二十余日,泌阳、南阳、方城、襄、郏至京诸县皆破,所有积聚焚毁无余。"

正月十五日，窝阔台、拖雷部蒙军会师开封西南的钧州黄榆店，各路金军主力也悉数抵达，双方在钧州西南的三峰山展开决战。金军殊死搏斗，一度将蒙军置于死地，蒙军士饥寒交迫，不得不杀马饮血吃生肉。[1]

但最后上天眷顾了蒙古人，金军在大雪纷飞中几近崩溃，蒙军则趁机发起了反攻，再也无法坚持的金军开始溃逃。于是战斗变成了一场大屠杀，金军主力全军覆没，主将悉数被戮。蒙军随即整军北上围困开封，并朝城内的金军喊话："你们能凭借的，无非就是黄河天险和完颜合达罢了，现在完颜合达已经被我们杀了，黄河也被我们攻占了，你们不投降还在等什么！"[2]

三峰山败讯传来，完颜守绪如遭雷击，几至昏厥。三日之后，他亲临端门，宣布大赦天下，并改元开兴[3]，希望能由此安定人心。

然而，噩耗还是接踵而至。

第二天，潼关守将李平献出潼关投降蒙古，陕西的蒙军经潼关开进河南；第三天，扶沟（今属河南）民众钱大亨、李钧杀死县令王浩反金；不久，许州（今河南许昌）兵变，叛军杀掉元帅

---

[1] [元]危素《危学士全集》卷十九《云南诸路行中书省右丞赠荣禄大夫平章政事追封巩国公谥武惠合鲁公家传》："时大雪，军士饥寒频死，即杀所乘马取血饮之，均食其肉，多所全活。"

[2] 《金史》卷一百十二《完颜合达传》："及攻汴，乃扬言曰：'汝家所恃，唯黄河与合达耳。今合达为我杀，黄河为我有，不降何待？'"

[3] 《金史》卷十七《哀宗本纪上》："庚子，御端门肆赦，改元开兴。"

古里甲石伦、粘合仝周、苏椿等,投降蒙古。[1]至此,郑州、钧州(今河南禹州)、许州都已被蒙军占据,开封西、南两面壁垒尽数崩溃。

三月,蒙军进围开封。

窝阔台离开河南前线,返回官山九十九泉驻跸,将前线战事委任给速不台、塔察儿,命令他们领军三万,继续围攻南京开封[2]。

开封有内外两重城墙,金朝君臣商议战守之策,认为外城虽大,不易防守,但不能放弃外城而退保内城,也就是"里城决不可守,外城决不可弃",因为一旦蒙军占领了外城,开封内外联系就断了,到时防守内城的金军弹尽援绝,插翅难飞,所以内城只能在无计可施之时才可作为最后防线进行防御。[3]

但当时金军主力已经悉数葬送在了三峰山,在开封城的军士不足四万,而开封外城一圈城墙一百二十里,金军一人守一个垛口都不够用。万幸的是,金蒙战乱导致河北大批民众纷纷渡河南下,大多聚集于开封一带,于是金哀宗紧急下令让开封全城括兵,搜罗出能作为军士的四万人,又签出六万丁壮,协助守城军

---

[1]《金史》卷十七《哀宗本纪上》:"辛丑,潼关守将李平以关降大元。壬寅,扶沟民钱大亨、李钧叛,杀县令王浩及其簿尉。庚戌,许州军变,杀元帅古里甲石伦、粘合仝周、苏椿等,以城降大元。"

[2]分见《元史》卷二《太宗本纪》;卷一百一十五《睿宗传》;卷一百二十一《速不台传》。

[3]《金史》卷一百十三《完颜白撒传》:"至是,议所守。朝臣有言里城决不可守,外城决不可弃。大兵先得外城,粮尽救绝,走一人不出。里城或不测可用,于是决计守外城。"

士分守东西南北四面城墙。[1]

蒙军则主攻开封西、南两面，蒙古宗王塔察儿攻南面，速不台攻西面[2]。

进入中原之后，蒙古在汉人军阀合作者的帮助下，军事科技水平迅速提升，逐渐弥补了攻坚能力的短板。开封的高墙深池，无疑是检验其学习成果的一次考试。当时最常用的攻城器，是被称作"炮"的人力杠杆投石器，由于各零件尺寸成一定比例，其体量可以用形容杠杆直径的"梢数"来代表，梢数越多，杠杆越粗。北宋《武经总要》记载的最大投石机是"七梢炮"，已有三四层楼高，需要二百五十人下拽，能发射上百斤的大石球。

蒙军在开封城外为金军准备的，是梢数高达十三梢的巨型"怪兽"。除此之外，他们又采取了颇为先进的攻城战术——组织优势兵力三面环攻城墙一角，集中包括十三梢巨炮在内的上百架投石机昼夜轰击。而且蒙军所用的弹丸与金军的大有区别。金军炮石，需要把石头打磨成固定大小的石球之后再使用，费时费力，而蒙军用炮则没有这个顾虑，石块不拘方圆，都可用作炮石。[3]

开封城上的金军，用当时世界上最先进的火药武器迎头痛击

---

[1]《金史》卷一百十三《完颜白撒传》："时在城诸军不满四万，京城周百二十里，人守一乳口尚不能遍，故议避迁之民充军。"
[2] 分见《元史》卷一百一十九《塔察儿传》；卷一百四十九《郭侃传》。
[3]《金史》卷一百十三《赤盏合喜传》："大兵用炮则不然，破大碇或碌碡为二三，皆用之。攒竹炮有至十三稍者，余炮称是。每城一角置炮百余枝，更递下上，昼夜不息，不数日，石几与里城平。"

来犯之敌。守军将火药放在铁罐里，制成爆炸火器"震天雷"，用火点燃引信抛射出去，声震如雷，百里可闻，爆炸产生的热量覆盖方圆数丈。除了抛射之外，金军还将"震天雷"用于定点轰炸在城墙根挖洞攻城的蒙军，效果极佳。他们还使用了管状火器"飞火枪"，将火药装填在枪管里，点燃喷射出的高温使得蒙军望而却步。[1]

危急之下，开封军民甚至将两个甲子之前宋徽宗花大价钱弄来的花石纲也凿成炮石，让这些当初害国害民的物什在战斗中发挥实际的作用[2]。完颜守绪更是直接走上城墙慰问守城兵士，帮助包扎受伤人员，还将皇宫里的金银器皿当作奖赏，奖励忠勇的用命之士[3]。

如此"天恩浩荡"之下，金朝军民死守不降，前后浴血奋战十六昼夜，完颜守绪终于收到了城池保全的"喜讯"。大喜过望的完颜守绪再次亲临端门，宣布大赦天下，并改元天兴——这已

---

[1]《金史》卷一百十三《赤盏合喜传》："其守城之具有火炮名'震天雷'者，铁罐盛药，以火点之，炮起火发，其声如雷，闻百里外，所爇围半亩之上，火点着甲铁皆透。大兵又为牛皮洞，直至城下，掘城为龛，间可容人，则城上不可奈何矣。人有献策者，以铁绳悬'震天雷'者，顺城而下，至掘处火发，人与牛皮皆碎迸无迹。又'飞火枪'，注药以火发之，辄前烧十余步，人亦不敢近。"

[2]《金史》卷一百十三《赤盏合喜传》："龙德宫造炮石，取宋太湖、灵璧假山为之，小大各有斤重，其圆如灯球之状。"

[3]《金史》卷十七《哀宗本纪上》："大元兵攻汴城，上出承天门抚西面将士。……癸卯，上复出抚东面将士，亲傅战伤者药于南薰门下，仍赐卮酒。出内府金帛器皿以赏战士。"

经是这一年的第三个年号。[1]

此时,开封城内外爆发了瘟疫,瘟疫前后蔓延五十余天,仅抬出开封城门埋葬的死者便达九十余万,这还不包括那些因冻饿倒毙街头而无人收敛的"倒卧"[2]。同样遭受大疫的蒙军停止了对开封的攻击,但并未撤走,而是屯兵于开封周围,开封仍时时刻刻面对着这些直接军事威胁。[3]

十二月,完颜守绪打定主意不再困守开封,他要"亲征",去更广阔的天地挽救大金。

当时金朝虽然残破,却仍然掌握着数十个府州,其中成片区域主要有两个,一个在开封以东以南,包括归德府、宿州、颍州、蔡州、陈州等,另一个则在陕西。完颜守绪到底要去往何处并未确定,但不久自陕西而来的巩昌元帅完颜忽斜虎告诉他,开封往西三百里被蒙古人屠戮殆尽,几乎已经见不到人烟了。而在兴定元年(1217年)被升格为"中京金昌府"的洛阳也并未因为一个名字而能改变什么。开兴元年(1232年)二月,蒙军携三峰山之战余威,攻克洛阳,所以往西避走之事决不可行,于是他决

---

[1]《金史》卷十七《哀宗本纪上》:"甲子,御端门肆赦,改元天兴。"
[2]《金史》卷十七《哀宗本纪上》:"汴京大疫,凡五十日,诸门出死者九十余万人,贫不能葬者不在是数。"
[3]《元史》卷一百二十一《速不台传》:"壬辰夏,睿宗还驻官山,留速不台统诸道兵围汴。癸巳,金主渡河北走,追败之于黄龙冈,斩首万余级。"可见速不台从钧州三峰山之战后一直围困开封到金哀宗离开。

心去东边寻找生路。[1]

天兴元年十二月二十五日，完颜守绪离开了南京开封府。这一天，距离他父亲金宣宗自贞祐二年（1214年）五月十八日逃离中都迁都南京，已经过去了十八年。完颜守绪的这次逃亡并没有直接前往更为安全的宿州、颍州等"内地"，而是在大年初一那天渡过黄河，抵达了河北，似乎要"御驾亲征"光复河北，但仅仅半个月不到，完颜守绪的勇气便荡然无存，他竟然放弃了大部队，在六七个随从的陪同下趁夜渡河南下，前往似乎更安全的归德府。第二天一早，大军知道了皇帝逃跑的消息，当即崩溃。[2]

归德府，曾是宋太祖赵匡胤的"潜邸"，大宋龙兴之地。因为这一缘故，在景德三年（1006年）时归德被宋真宗升为应天府，八年后的大中祥符七年（1014年），又设为南京，建为都城之一。靖康之变后，宋高宗赵构也是在此即位，延续着大宋王朝的国祚。

完颜守绪可能也想沾一沾归德府的好运，希望能借此地得到一时的喘息机会，卷土重来。

不过，这种幸运并非人人都有。

---

[1]《金史》卷十八《哀宗本纪下》："是日，巩昌元帅完颜忽斜虎至自金昌，为上言京西三百里之间无井灶，不可往，东行之议遂决。"

[2]《金史》卷十八《哀宗本纪下》："己未，上以白撒谋，夜弃六军渡河，与副元帅、合里合六七人走归德。庚申，诸军始知上已往，遂溃。辛酉，司农大卿蒲察世达、元帅完颜忽土出归德西门，奉迎上入归德。"

三个月后，归德城内发生了政变。忠孝军元帅蒲察官奴恃功自傲、专权跋扈，发动兵变，杀害众多朝廷命官并软禁完颜守绪，不久完颜守绪在居所设伏，击杀了蒲察官奴，并随后杀死白进、阿里合等忠孝军骨干，这使得本就危如累卵的金朝局势更是雪上加霜。

蒙军的攻势一如既往的凌厉。

天兴二年（1233年）四月，开封在蒙军的攻势下再也坚持不住，负责防守开封西城的金军西面元帅崔立发动政变，以与蒙军议和为名，将太后、皇后、诸妃嫔、诸王、宗室当作筹码送至开封城南青城的蒙军大营，希望能获得像金朝立北宋降将刘豫为傀儡皇帝一样的待遇。

开封就此沦陷，金朝宗族被一网打尽，在蒙军的驱赶下悉数前往北方。[1]

这一幕情景，几乎就是当初北宋靖康惨剧的复刻。

北宋靖康二年（1127年）三月，大肆搜刮开封完毕的金军分两路撤退，一路由完颜宗望监押，包括宋徽宗、郑皇后及亲王、皇孙、驸马、公主、妃嫔等一行人沿滑州（今河南滑县）北去；另一路由宗翰监押，包括宋钦宗、朱皇后、太子、宗室及孙傅、张叔夜、秦桧等人沿郑州北行，其中还有教坊乐工、技艺工匠等数千人。金军携北宋文籍舆图、宝器法物等物资，以及俘获的开

---

[1]《金史》卷一百十五《崔立传》："四月壬辰，立以两宫、梁王、荆王及诸宗室皆赴青城，甲午北行，立妻王氏备仗卫送两宫至开阳门。是日，宫车三十七辆，太后先，中宫次之，妃嫔又次之，宗族男女凡五百余口，次取三教、医流、工匠、绣女皆赴北。"

封百姓男女不下十余万人北返。

这场被宋人称作"靖康之耻"、标志着大金勇士荣耀的辉煌战绩,已经过去一百余年了,当年那支骁勇无畏的女真铁军早已不复存在,而战败者悲惨的命运,也降临到了当初的战胜者头上。

完颜守绪在归德的日子也没能安稳太久,归德距离黄河太近,蒙军的迫近让完颜守绪一日三惊。他决定再次逃亡,去一个远离蒙古人的地方。思来想去,他决定去蔡州。

其实蔡州并不是一个好去处,这一点连草莽出身的归附将领国用安都看出来了,国用安驻扎在归德府东边不远的邳州,在听说完颜守绪要逃亡蔡州时,连忙派人带着蜡书去给皇上送信,极言蔡州有"六不可去":

第一,归德府城外有完备的防御水系,蒙军很难直接攻击,而蔡州并没有这样的防御优势。

第二,归德府虽然粮草也不充足,但因为水系发达,所以可以捕鱼以及用水生植物充饥;蔡州的粮储虽然很充足,但如果蔡州一旦被围,这样的粮储优势就将丧失殆尽。

第三,蒙军之所以现在撤围归德,并不是因为惧怕金军,而是因为归德城高池深不易攻击,一旦金军离开归德,蒙军就会尾随追击。

第四,蔡州距离宋金边境太近,一旦宋蒙联合,宋军给蒙军提供粮草,蔡州局势将会更加恶化。

第五,万一归德守不住,皇帝仍可以沿着水路往东去下一个地方，或徐州，或邳州，或海州；但蔡州一旦守不住，就将退无可退。

第六，夏六月天气，雨水充沛，从归德到蔡州近千里路程，泥泞不堪，皇帝身体太过肥胖不能骑马，一旦在路上被蒙军攻击，走投无路。

所以，国用安给出的建议是放弃去蔡州，改为更东边的徐、邳、海州等地。[1]

完颜守绪将国用安的建议出示给大臣，大臣却表示国用安本来就是个反复之徒，他现在这番说辞恐怕不见得是真的忠心，极有可能是图谋挟天子以令诸侯，抑或用大金皇帝做筹码来博取富贵也未可知。于是东迁之议就此作罢。

六月十八日，完颜守绪离开归德，借道亳州（今属安徽）前往蔡州，并下令让恒山公武仙和徐州行省平章抹撚兀典率军去蔡州勤王。

---

[1]《金史》卷一百十七《国用安传》："及闻上将迁蔡州，乃遣人以蜡书言迁蔡有六不可，大率以谓：'归德环城皆水，卒难攻击，蔡无此险，一也。归德虽乏粮储，而鱼芡可以取足，蔡若受围，廪食有限，二也。大兵所以去归德者，非畏我也，纵之出而蹑其后，舍其难而就其易者攻焉，三也。蔡去宋境不百里，万一资敌兵粮，祸不可解，四也。归德不保，水道东行犹可以去，蔡若不守，去将安之，五也。时方暑雨，千里泥淖，圣体丰泽，不便鞍马，仓卒遇敌，非臣子所敢言，六也。虽然，陛下必欲去归德，莫如权幸山东。山东富庶甲天下，臣略有其地，东连沂、海，西接徐、邳，南扼盱、楚，北控淄、齐。若銮舆少停，臣仰赖威灵，河朔之地可传檄而定。惟陛下审察。'"

六月二十五日，完颜守绪抵达蔡州。这里，就此成为大金王朝生命之火燃烧的最后一段烛芯。

犹疑与踟蹰

同样关注金蒙战事的，是金朝的宿敌南宋。

靖康之变不久，幸免于难的徽宗第九子康王赵构于南京应天府（今河南商丘）即位，后驻跸于临安府（今浙江杭州），将临安府定为"行在"，以示不忘恢复中原之心。

由宋徽宗宣和七年（金太宗天会三年，1125年）至宋宁宗嘉定元年（金章宗泰和八年，1208年），宋金双方战和不断，但彼此都无力攻破对方，每次战争最后都会止步于淮河——秦岭一线，双方形成南北对峙的局面。

宋宁宗开禧二年（金泰和六年，1206年），南宋宰相韩侂胄为捞取政治资本，贸然对金发动北伐战争。但宋军在出征之前的军队集结行动被金朝侦知，前线金军提前发觉南宋计划出兵北上，已经有了一定的准备，宋军在发动进攻后遭到一连串失败，北伐严重受挫。

不久，完成军事调度的金军在东、中、西三条战线上对宋军发起了全面反攻，南宋被迫由进攻转为防守，并迅速被金军击败，金军左副元帅仆散揆率部一路突击，攻占长江北岸的真州（今江苏仪征）。南宋在巨大的军事压力下，不得不杀死韩侂胄，斩其首级送去金朝议和。这一事件被时人讽刺曰："自古和戎有大权，未闻函首可安边。"[1]

南宋嘉定元年（1208年），南宋与金朝签订了"嘉定和议"，约定金宋双方叙伯侄之礼，宋向金增加岁币银帛各五万，纳犒师银三百万两，双方疆界依旧。这也是宋金最后一次和议。同年年底，金章宗去世，其皇叔卫王完颜永济即位，史称卫绍王。

完颜永济，史书记载其仪表堂堂，且为人简朴、不好奢华[2]，但治国韬略与相貌、个人品质无关，完颜永济性格优柔寡断，做事缺乏魄力，并不是一位合格的君主。

金明昌七年（1196年），金军在右丞完颜襄的率领下进入草原，征讨叛服无常的塔塔儿部（"阻卜"）。铁木真的祖先俺巴孩汗曾被塔塔儿部出卖，最后被钉死在了木驴上，其父也速该也是被塔塔儿人毒死，于是铁木真欣然出兵协助金军，战后因功被授予了"札兀忽惕里"的名号[3]，铁木真曾对金国册封他的这个官职颇为满意[4]。

然而，当中都城的朝廷信使来草原向铁木真通报金章宗驾

---

[1] [南宋]周密《齐东野语》卷三。
[2] 《金史》卷十三《卫绍王本纪》："卫王长身，美髯须，天资俭约，不好华饰。"
[3] 关于"札兀忽惕里"的词义众说纷纭，有部族官、百夫长、招讨使、节度使、昭武将军，等等。
[4] [元]佚名著，阿尔达扎布译《新译集注〈蒙古秘史〉》第179节："成吉思汗又说：'去对阿勒坛、忽察儿两人说：……如今你们好好地与我父汗做伴吧，别让人家说你们有始无终，别让人家说你们只不过倚仗着察兀惕忽里。'"

崩的消息时，已经建号成吉思汗的铁木真询问金国新一任皇帝是谁，信使回答说卫王，成吉思汗的鄙夷之色溢于言表："我以为中原的皇帝都是天上人做的，卫王这种庸懦之辈也能当了吗？"[1] 随后整军备战，金朝就此步入多事之秋。

金至宁元年（1213年）八月，成吉思汗再次逼近中都，负责中都防御的右副元帅胡沙虎发动政变，派宦官李思中用毒酒鸩杀了完颜永济，迎立金章宗完颜璟的异母兄长完颜珣为帝，是为金宣宗。不久，胡沙虎又被左副元帅尤虎高琪杀死，金宣宗得以掌握政权。次年三月，金宣宗遣使向蒙军求和，向成吉思汗献出卫绍王的女儿岐国公主，以及金帛、五百童男童女、三千匹马，成吉思汗随后引兵退回草原。

蒙古退兵之后，金宣宗决定南迁。

金代历史的研究长期受困于基础史料的极度匮乏（比如存世的金代文集不足十种）。更遗憾的是，其中甚至有数种真假难辨的"伪史"。这些由时人或后人无根无据编纂而成的伪史料，让历史的本来面目愈加扑朔迷离，但我们在讨论相关问题时，可能根本就找不到更可信的记载，所以还是无法绕开它们。比如以下这段金人对于贞祐南迁的"论辩细节"，便仅见于已被证为伪书的《南迁录》而别无所载。

按照《南迁录》的说法，最先提出迁都建议的，是大名府知

---

[1]《元史》卷一《太祖本纪》："会金主璟殂，允济嗣位，有诏至国，传言当拜受。帝问金使曰：'新君为谁？'金使曰：'卫王也。'帝遽南面唾曰：'我谓中原皇帝是天上人做，此等庸懦亦为之耶？何以拜为！'"

府俞崇义。

他的主要观点是，虽然说金朝定鼎燕京已经百年（其实不到，金朝建国至迁都开封确实正好一百年，但自海陵王迁都燕京计算则不满六十年），不过并非不能变通，中都城已经遭受了蒙军的三次围城，城防设施以及外围防御体系基本被破坏，不再具备固守的条件。现在中都正当敌冲，没有被蒙军攻下实属侥幸。为此，俞崇义还举出殷商时期盘庚的例子，认为既然盘庚因为河患都可以迁都，为何我朝现在不能因为兵患而迁都呢？所以他建议金宣宗先移驾前往大名府再做定夺。[1]

从事后来看，金宣宗放弃黄河以北的河北、河东、山东而南迁，实在是一步错棋。但在当时这确实是金宣宗内心最殷切的想法，一部分大臣也认为应该迁都，比如完颜宇、乌陵用章、张庆之、葛安民等人认为，之前之所以可以定都燕京，是因为燕山以北还有大定府等地作为缓冲，现在燕山防线洞穿，燕京处在边境上，敌人朝发夕至，迁都是有必要的，只不过大名府是否具备迁都条件，或者迁都至其他地方，还是应该斟酌斟酌。

为此，金宣宗召集大臣在明阳殿专门就迁都一事展开了

---

[1] [金]张师颜《南迁录》："二十八日，知大名府俞崇义奏曰：'生民薄祐，大行遗弃万国，遗诏所逮，民皆痛哭。伏思太宗及忠献王定鼎中京，已及百年，变通之理不可蹈常，自大兴以来灾变荐臻，七年之间三有大变，北兵猖炽，三次围城，虽人事之未修，亦天数之否运。盘庚以河患犹且迁亳，况今外敌如此，若燕中王公士民恋本重迁，畏闻移徙，臣恐为社稷之忧非细故也。一二年来侥幸，以今思之，迹已尽危，岂可为常？大福不再，如臣言可行，乞行下大名，容臣治办，俟山陵后，即乞大驾光临。'"

讨论。

　　不出金宣宗所料，迁都一议引起轩然大波，有大臣力主迁都，也有大臣则坚决反对。嗣庆王完颜琮、嗣安王完颜伸这两位宗室认为燕京"规模壮大"，不可轻迁，如果这次放弃了燕京，以后几乎没有机会恢复旧都，燕京就彻底失去了。张庆之则反驳说，失去燕京和失去江山社稷，哪个更值得选择不是一目了然吗？两害相权取其轻。嗣安王完颜伸无言以对。赞成迁都的完颜律明认为其他地方适不适合定都且不论，但断不可继续留在中都等死。聂希古接着完颜律明的思路，认为迁都的选择虽然很多——太原、成德（真定）、大名、东平、开封、洛阳、永兴（长安）八处"皆古帝都"，但是太原地瘠民贫，成德距离燕京太近，迁都无意义，永兴靠近西夏，开封、洛阳距离南宋太近，所以到底还不如大名府合适。[1]

　　中书舍人孙大鼎奏言说，蒙古兵锋正盛，中都即使不可迁，也应该暂时回避，等到消除了蒙军的直接威胁之后再"还于旧都"，再说金朝起于东北，害怕中原的炎热，恐怕无法适应南迁之后的河南暑热。张庆之作为力主迁都的代表，再次驳斥了孙大鼎的观点，认为从金初开始迁居河南山东的女真猛安谋克军户何

---

[1] [金]张师颜《南迁录》："完颜律明曰：'他处不知何如，中京断不可留。'聂希古曰：'今河东有太原，河北有成德，中山府有大名，山东有东平，河南有汴京、有洛阳，陕西有永兴，惟此八处，皆古帝都。太原地瘠民贫，迫近西夏，成德、中山亦非久计，永兴西迫夏，南迫蜀，汴京近宋，皆不如大名得两河之中。闻余崇义葺理甚有规模，亦可保恃。'"

止千万，也从未听说有人觉得河南无法居住、生活[1]。

大臣众说纷纭，莫衷一是，贞祐二年（1214年）春的这场迁都大讨论迟迟没有定论，一直拖到了五月，知永兴军大行台御史大夫邵纂上奏说，夏天马上过去，秋高马肥，如果蒙古再次用兵围城，中都如何处之？于是金宣宗连忙召集大臣开始第二次讨论。

枢密完颜宗鲁坚决反对迁都，认为盘庚迁亳与今天的形势相比没有可比性，周平王迁都之后周王室愈见衰微便是明证，金朝是以刀枪打下的江山，一旦南迁示弱，必然引起地方动摇，于是他引用《左传》名句"我能往，寇亦能往"[2]，表示金朝能迁都，蒙军也能追击到新都；东晋的苏峻起兵反叛，攻入建康，当时也有人提议东晋迁都会稽、豫章，但主持政局的王导坚持主张不迁都，最终又延续晋朝国祚百年；以古窥今，所以无论如何都不应该迁都，有中都则有河南河北，丢了中都，河北断然不能保住，没有河北作为屏障，河南又如何能坚守？[3]

---

［1］[金]张师颜《南迁录》："世宗始令上国人，筑土室以居河南北，以河南北人为上国，今七十年矣，亦不闻上国人以河南为不可居者，此小节耳，岂可妨大计？"

［2］[战国]左丘明《左传·文公十六年》。

［3］[金]张师颜《南迁录》："枢密完颜宗鲁对曰：'盘庚迁亳不可效袭，平王迁洛愈见衰微，我国家以雄强战斗奄有南北，今一旦示弱，远投梁魏，以此御敌，恐其不然。古人有言，我能往，寇亦能往。苏峻之乱，人皆欲迁会稽、豫章，而王导不听，迨能立国百年。今徒见北人有画河之议，欲自燕而南迁，舍河北以厌人之欲，则河南、山东为国家之久计，臣恐不然。不若以宗庙社稷之重，君臣上下竭力死守京都，以转输中原，使中外犹知我为雄强之国。臣以为，有中京，则有河之南北也；无中京，则河北不可保，河南其能独立乎？'"

枢密乌陵用章老成持重，表示放弃中都一事无须再议，迁都是肯定的，需要讨论的是迁都到何处[1]。聂希古重申了他的八处古帝都的思路，秘书监兼中书舍人俞宪之、著作郎雍迪认为这八处古帝都只有大名、洛阳、开封可以考虑，参政费钦认为汴京无险可守而且财赋仰仗东南，不如天下正中的洛阳。

聂希古认为：洛阳不如永兴，汴京不如洛阳，洛阳可以作为都城，但是洛阳已经没有了可以直接使用的宫殿，城池也多已坍塌，如果再耗时耗力耗财去修缮，恐国力不支，但如果不修，现有规模又不足以作为都城使用，所以不如迁都汴京开封。当初海陵王营建过开封宫阙，到现在并没有损坏，城防也比较完备，可以作为都城直接使用。侍郎李迪还是认为开封太靠近南宋，而且与南宋之间没有足够的缓冲空间，万一南宋用兵，也是一个潜在隐患。

直学士院孙大鼎对于这个顾虑提出了自己的看法。他认为南宋素无大志，而且不久前金军刚打退了南宋对河南派出的军队，有韩侂胄的前车之鉴，南宋哪还有北伐的心思？再者，金军的战斗力虽然跟蒙军比起来比较孱弱，但跟南宋相比还是绰绰有余[2]，南宋不足为惧。

孙大鼎最后总结道："我们大金国的军队虽然比不过蒙军，但打南宋还是易如反掌的。"他之所以得出这个结论，是基于一

---

[1] [金]张师颜《南迁录》："中京当迁，已无可议，今唯议所迁之地可也。"

[2] [金]张师颜《南迁录》："宋之用事似非有大志。彼方以韩侂胄为戒，谁敢议此？况吾国兵较北兵诚不如，较宋则制之有余力。"

个对南宋而言属于无法消除的梦魇——韩侂胄之事殷鉴不远。[1]

孙大鼎的这句话，不仅坚定了金宣宗南迁开封的决心，而且让他产生了通过南征南宋以弥补金朝在北方的损失的想法，即所谓"取偿于宋"。

贞祐二年（1214年，南宋嘉定七年）五月十一，趁着蒙军暂时退兵的时机，金宣宗完颜珣下诏南迁，留尚书左丞相兼都元帅完颜福兴、尚书左丞抹撚尽忠辅佐太子完颜守忠留守中都。十七日，装着三省及大内存留文书，以及秘书省蓬莱院、贲文馆书籍的三万车，连同载着犀玉、玛瑙等珍宝的三千头骆驼先行出发。十八日，金宣宗在瓢泼大雨里离开了中都，南迁南京开封府，史称"贞祐南迁"。

一年之后的贞祐三年（1215年）五月初二日傍晚，粮尽援绝的金中都山穷水尽，留守中都的右丞相兼都元帅完颜承晖回天乏术，仰药自尽，左副元帅兼平章政事抹撚尽忠弃城南逃。中都陷落。

贞祐南迁相当于金朝放弃了黄河以北，蒙军随即开始大规模南侵，席卷黄河以北的河北、河东、山东地区，金朝局势更显窘迫。

南宋对金朝迁都极为反感。

其实南宋反对的并非金朝迁都，毕竟金朝的都城中都就是海陵王完颜亮在贞元元年（1153年）放弃上京（今黑龙江哈尔滨市阿城区）南下所定的都城。只不过金朝这次迁到的"南京"开

---

[1] 韩侂胄之事详见后文。

封府,本来身份是"东京"开封府——大宋王朝的旧都。南渡之后的宋朝始终不曾放弃对旧都的力争,以至南宋都城临安只能称作"行在"——天子巡行暂驻之地。换言之,保持开封的旧都地位,事关南宋政权合理性,政治意义极大。

除政治意味外,金朝南迁还有个更值得深思的潜在现实可能:南迁意味着其军事中心的南移,一旦金蒙罢兵,金朝会不会再度南下侵宋?如果金朝南迁亦不免覆亡,那么能够灭掉不可一世的金朝的这个新兴政权,就成了南宋不得不面对的另一个新威胁。也就是说,无论如何,金朝的南迁都会对南宋造成新一轮边防威胁。

南宋诸多大臣对于这种情况是有一定预估的,比如权工部侍郎徐应龙就表示:"金人现在无计可施而南迁,恐怕还会南下侵犯我们;但如果金朝被灭了,就会多出一个新的敌人来,这恐怕更加危险。"[1]

南宋嘉定六年(1213年,金贞祐元年)年底,起居舍人兼太常少卿真德秀被任命为使臣前往金中都祝贺金宣宗即位,结果因为金朝大乱、道路不通而折返[2],在宋金边界上滞留两个月,探听到了大量诸如野狐岭之战、蒙古围攻金朝中都的消息。

真德秀对于金朝南迁以及蒙古崛起的新局面,有着更为深刻的认知:蒙古就如同一位猎人,金朝就如同一只鹿,鹿若逃脱,

---

[1]《宋史》卷三百九十五《徐应龙传》:"时金主徙汴,应龙言:'金人穷而南奔,将溢出而蹈吾之境。金亡,更生新敌,尤为可虑。'"
[2] [南宋]魏了翁《鹤山先生大全集》卷六十九《参知政事资政殿学士致仕真公神道碑》:"十一月至盱眙,北方乱,不克成礼而返。"

猎人一定会追捕。既然燕云关隘都没能阻挡得住蒙古人，难道一条黄河能阻挡得住吗？所以金朝南迁不会有什么好下场，中原战乱已成定局。如果蒙古人有志经略中原，那么蒙古就如同东晋时期的十六国，与南宋成为邻国。而与如此凶悍的国家为邻绝非好事。如果蒙古人效仿辽太宗耶律德光，打下中原掠夺金银财物之后返回北方，那么中原又会如五代一样群雄割据。无论如何，新局势对南宋都会是一个新挑战，南宋必须面对最新的局势，做出正确抉择。[1]

不过，蒙古人毕竟远在燕云之外，南宋还不需要考虑与蒙古的关系。但如何处理与金朝的关系，却是南宋急需面对的更为直接和现实的问题，到底要不要与金朝决裂、如何决裂、决裂程度如何，南宋朝廷对此极为纠结。最终，南宋君臣在一番讨论之下决定浅尝辄止，采取一些小动作，试探一下金朝的态度。

这个态度的试探，是从交纳了七十余年的岁币开始的。

南宋大臣们认为每年向金输送的岁币不可谓不多，如果停止输送这笔钱给金朝，用来操练军马，或许更为合适[2]。南宋嘉定

---

[1] [南宋]真德秀《西山先生真文忠公文集》卷三《直前奏事札子》："臣窃闻金人以鞑靼侵陵，徙都于汴，此吾国之至忧也。盖鞑靼之图取中原，犹猎师之志在得鹿，鹿之所走，猎必从之。既能越三关之阻以攻燕，岂不能绝黄河一带之水以趋汴？臣恐秋风一生，梁宋之郊，已为战场矣。使鞑靼遂能如刘聪、石勒之盗有中原，则疆场相望，便为邻国，固非我之利也。或如耶律德光之不能即安中土，则奸雄必将投隙而取之，尤非我之福也。"

[2] [宋]袁燮《絜斋集》卷四《论备边札子一》："然岁币之数，不为不厚，足以募勇敢，足以旌战功，自今以往，边防于此取办，国威由此复振。"

七年（1214年，金贞祐二年）七月十二日，金朝派人来南宋，正式告知金朝迁都汴京，半个月后的七月二十七日，南宋按照起居舍人真德秀的建议，暂时停止向金国输送岁币[1]。

为了进一步试探金朝对于宋朝停送岁币的态度，南宋在派使臣出使金朝时，又提出希望把岁币恢复到开禧之战前的主张[2]，不过此提议遭到了金宣宗的断然拒绝。

南宋表现出的种种"不臣之心"，让金宣宗大为光火，他开始考虑对南宋的军事报复行动。

贞祐三年（1215年）冬十月戊午，枢密院将王世安攻取南宋泗州的计划上报给金宣宗，金宣宗以王世安为招抚使，命其与泗州（今江苏泗洪东南、盱眙对岸）前线人员制订相关计划，正式开始谋划南下攻宋，"南侵之议自此始"[3]。

贞祐五年（1217年，南宋嘉定十年）四月，趁蒙古暂时退兵之机，金宣宗从前线调回金军主力，命元帅左都监乌古论庆寿、签枢密院事完颜赛不统领部队，南渡淮河侵宋，攻击信阳军、光

---

[1]《宋史》卷三十九《宁宗本纪三》："以起居舍人真德秀奏，罢金国岁币。"

[2]《金史》卷六十二《交聘表下》："是月丙子，宋使朝辞，因言宋主请减岁币如大定例。上以本自称贺，不宜别有祈请，谕遣之。"

[3] [清]李有棠《金史纪事本末》卷四十四《宋人构怨》："冬十月戊午，诏以王世安为安（招）抚使，枢密院进世安取盱眙之策，命与泗州帅府所遣人同往计度其事，南侵之议自此始。"

州（今河南潢川）、光化军[1]等地，另遣军队进攻川陕边境上的大散关，希望打开进入四川的通道，将被蒙古攻占的北方土地从南宋这里补回来，正式开始了"取偿于宋"的计划。

但金蒙之战使得金军战斗力大不如前，不仅未能像先前历次南侵那样势如破竹，甚至无力阻挡宋军的抗击。宋军渡过淮河，围攻淮河以北的颍州（今安徽阜阳市）、泗州，势不可挡。见此形势，宋宁宗大受鼓舞，下诏伐金，传檄召谕中原，颇有一雪开禧北伐之耻的势头。此后宋金断断续续交兵七年，双方你来我往互有胜负，但谁也无法彻底击败对方，再兼之金朝此时交恶西夏，又引发西夏联合南宋夹击金朝[2]，局势一片混乱。

南宋固然没有取得什么战果，但金朝更惨，南征不但没有得到预计的战果，甚至损失惨重，南征军队十不存一，攻陷南宋城池获得的本就不多的战利品也只不过饱了骄兵悍将的私囊。[3]

在这种情况下，金朝开始出现应该缓和南宋关系的声音。平章政事胥鼎等人开始反对对宋用兵，主张联宋抗蒙。侍御史许古认为即便是金朝世宗、章宗的兴盛时期，尚且不能对南宋保持绝

---

[1] 北宋乾德二年（964年）所设行政区域，治所在乾德县（今湖北老河口市西北西集街）。熙宁五年（1072年）废，后复置。南宋绍兴二十八年（1158年）改为通化军，绍兴三十一年（1161年）复名光化军，后废。

[2] 《宋史》卷四十《宁宗本纪四》："（嘉定十二年二月）乙丑，夏人复以书来四川，议夹攻金人，利州路安抚丁焴许之。……（十三年春正月）戊午，夏人复以书来四川，议夹攻金人。"

[3] 《金史》卷一百十二《完颜合达传》："宣宗南伐，士马折耗十不一存，虽攻陷淮上数州，徒使骄将悍卒恣其杀虏、饱其私欲而已。"

对优势,现在金朝风雨飘摇,恐怕更无能为力,而且即便对宋用兵,也非常容易打成拉锯战,届时南宋尚能以江南的税赋作为支撑,而此时的金朝只有黄河以南一隅之地,如何能占到便宜?所以他建议趁着现在北边蒙古已经暂时退兵的机会,赶紧与南宋修好关系,以得到一定的喘息之机。[1]

但此时南宋对金朝的示好嗤之以鼻:你们金国马上就要灭亡了,我们还有必要议和吗?议和之事不提也罢![2]

应该说,胥鼎、许古的观点是对的,其时金蒙战争正酣,又结怨于西夏,若再与南宋决裂,金朝就会被四面围攻。可惜金朝居南宋之上近百年,一时无法转变态度,"扩地"不成,反而损兵折将、腹背受敌。当然,最致命的后果是,金朝此番军事行动将南宋政权内部"存金障蒙"的主张声音也打压下去了,金朝的外部环境更加恶劣。

蒙古对金朝的攻击使得南宋逐渐意识到,北方那群陌生而凶悍的"鞑靼人"恐怕日后将成为自己的劲敌。一旦金朝不存,宋朝自己是否能抵挡得住蒙古人?这个疑问萦绕在许多南宋大臣心

---

[1]《金史》卷一百九《许古传》:"古以朝廷欲举兵伐宋,上疏谏曰:'……夫以世宗、章宗之隆,府库充实,天下富庶,犹先俯屈以即成功,告之祖庙,书之史册,为万世美谈,今其可不务乎?今大兵少息,若复南边无事,则太平不远矣。或谓专用威武可使宋人屈服,此殆虚言,不究实用。借令时获小捷,亦不足多贺。彼见吾势大,必坚守不出,我军仓猝无得,须还以就粮,彼复乘而袭之,使我欲战不得、欲退不能,则休兵之期殆未见也。况彼有江南蓄积之余,我止河南一路征敛之弊,可为寒心。'"
[2][南宋]刘克庄《后村先生大全集》卷四十五《丁丑上制帅》:"吾谁与和?和不足言也。"

头。于是，南宋出现了对金不一样的声音，与之前对金主战还是主和不同，嘉定六年（1213年）以后的南宋朝廷出现了一种意识上的分裂：是否应该助金抗蒙？

从南宋君臣的心理来说，这个问题的答案是很清楚的。金朝制造靖康之耻，欺凌南宋几近百年，而且数次背盟南侵，对南宋来说，金朝不仅不能成为一个靠谱的盟友，而且注定是自己不共戴天的仇敌。但如果加以深层次考虑，退保江南半壁的南宋既然连金朝都打不过，又如何招架得了打得金朝几无还手之力的蒙古？

当时金朝已经与蒙古、西夏开战，但蒙古、西夏又都不能彻底击败金朝，南宋就成了这架微妙天平的决定性砝码——助金则金可存，攻金则金可灭。

但结盟对宋朝而言，不可不谓血泪教训。北宋末年，宋朝与崛起于东北的金国签订海上之盟，夹攻辽国，希望借此收复燕云十六州，结果金国灭辽之后马上就灭了北宋。宋朝的本意是借助军事同盟消灭敌国，但盟国竟演变成了更强大的敌人。

不可否认的是，确实有一部分南宋大臣对此有自己的看法，比如此时正外放担任淮南转运判官兼淮西提点刑狱的乔行简，他就认为蒙古有足够力量灭金，金朝覆灭只是时间问题，等到蒙古灭亡金朝之后，与宋为邻，对宋朝来说并不是一件好事。金朝是宋朝的仇敌没错，但当下更重要的是作为宋朝的屏障，毕竟古语有云："唇亡齿寒。"所以他认为应该继续向金朝输送岁币，让金朝有足够的实力对抗蒙古，这样南宋也有时间积蓄力量，以对抗蒙古人的进一步南下。[1]

但南宋朝廷出于靖康故事的缘故，对金朝的态度迥异于其他周边政权。宋人对金人的恨是发自肺腑的，虽然宋朝一直积贫积弱，但收复失地以报世仇的呼声从来没有停止过，而且会在一切自己认为可乘之机时发动"北伐"。多年来，南宋兴兵动武损兵折将为的就是灭金复仇，眼看现在就是绝好的机会，一雪百年国耻就要成为现实，为什么还要继续屈辱地向金输送岁币？大多数人从感情上出发，认为乔行简的看法让人很难接受，所以乔行简此议一出，欲杀他以安社稷、以正人心的大有人在。[2]

然而，当时的秉权宰相史弥远对乔行简此议深表赞同，并决定恢复对金的岁币。

不过史弥远并非出于深谋远虑，而是基于前车之鉴以及自己的身家性命——他在其前任宰相韩侂胄悍然发动开禧北伐而又遭到失败后，派遣手下柣杀之，再函其首送金请和，之后他升任右丞相，专权宁宗一朝十数年。对他而言，如果宋金战事再起，宋朝的军事实力较之开禧北伐时仍不会有太大进步，议和还是必然之举，他自己当初是杀了主战的丞相才得以议和，届时会不会同样有人杀了自己去议和？

但朝堂上的大多数人都认为此时金朝日落西山，正是南宋进

---

[1] [南宋]叶绍翁《四朝闻见录》甲集："乔公行简为淮西漕，上书庙堂云云，谓'强鞑渐兴，其势已足以亡金。金，昔吾之仇也，今吾之蔽也。古人唇亡齿寒之辙可覆，宜姑与币，使得拒鞑。'"

[2] [南宋]叶绍翁《四朝闻见录》甲集："太学诸生黄自然、黄洪、周大同、家槟、徐士龙等，同伏丽正门，请斩行简以谢天下。"

取中原收复失地的天赐良机。对于乔行简的这种"卖国"言辞，真应该"斩行简以谢天下"。真德秀明确表示以金为屏障是靠不住的，应该乘金朝日落西山的大好时机出兵北上，收复失地，以报君父之仇，再"用忠贤，修政事，屈群策，收众心"[1]，应对接下来的蒙古。

然而，丞相史弥远不想与金决裂，欲保持和平相处的局面，大臣或赞同或反对，宋宁宗则似乎毫无主见。金章宗曾对宋宁宗发表过两个字的评价——"昏孱"，也就是昏庸懦弱。大臣提出与金朝决裂的建议，宋宁宗表示赞同；大臣认为应该存金障蒙，他也表示赞同。可到底该如何是好？宋宁宗自己也不知道。他节俭爱民，出宫之后见到在田间躬耕的农民，不禁感慨良深："朕平常在深宫之内，怎能知道劳动的艰苦！"[2]即位后的宋宁宗几乎每年都颁布蠲免各种赋税的诏书，个人日常生活上也力行节俭，三十年如一日，平时穿戴朴素，并不过分讲究，饮食器皿也不奢华，使用的酒器都是以锡代银[3]。可这些美好的个人品德，对能力的缺陷于事无补。

年届五十，且经历了惊心动魄的"开禧北伐"的宋宁宗，似

---

［1］[南宋]真德秀《西山先生真文忠公文集》卷三《直前奏事札子》。

［2］[元]佚名《宋史全文》卷二十九上《宋宁宗一》："高宗攒陵，上力请护送道间，因见田家作苦之状，谓左右曰：'居常在禁中，安得知此？'"

［3］[元]刘一清《钱塘遗事》卷二《庆元侍讲》："上始初虽为侂胄所误，然三十一年敬仁勤俭如一日，天文示变，斋心露祷，禁中酒以锡代银。上元夜尝荧烛清坐，小黄门奏曰：'官家何不开宴？'上愀然曰：'尔何知外间百姓无饭吃，朕饮酒何安？'"

乎丧失了对金朝的一切主动性想法。

南宋嘉定十七年（1224年）闰八月初三，宋宁宗病死于临安宫中的福宁殿，在位三十年，享年五十七岁。

宋宁宗已逝，然而宋廷的犹豫不决还在继续。

联蒙与抗蒙

南宋得知蒙古的存在，是在野狐岭之战后不久。

南宋嘉定四年（1211年，金大安三年）六月，奉命"贺金主生辰"的南宋户部员外郎余嵘，在金中都西南的良乡县附近遇到了一群毫无斗志的溃兵，原来这群人是从野狐岭之战中逃出的金军，向余嵘哭诉说蒙古人现在已经杀到了宣德县（今河北张家口宣化），距离这里只有三四百里。

在宋人眼里，金人已然足够凶悍善战，而那群"鞑靼"竟能把金人打得如此丢盔弃甲，足见其实力远在金人之上。余嵘想亲眼见识见识，于是便自制了蒙古使节旗帜藏于身上，以便在遇到蒙军时证明自己的身份，但这个大胆的计划不幸告吹了，他在向北进发后不久便被金国官吏拦了回来，没能实现宋蒙的第一次接洽。

两个月后，余嵘回到南宋，回想起这一幕，他一针见血地评价道：现在的蒙古就是昔日崛起之初的女真，现在的金朝却大有昔日灭亡前夕的辽国之相。[1]可谓一语成谶，考虑到日后发生的

---

[1] [南宋]刘克庄《后村先生大全集》卷一百四十五《龙学余尚书神道碑》。

事与宋朝在辽亡金亡时的表现,这番评价更是妙不可言。

蒙古对南宋的联络,在真德秀被阻淮河之后不久。

大约在1213年,成吉思汗派主卜罕"通好于宋",但并没有成功。蒙古人自己记载,主卜罕被金朝新即位的皇帝宣宗完颜珣阻挡了。[1]

然而按照南宋的历史记载,主卜罕并非被金宣宗所阻,而是宋朝自己拒绝与蒙古使者接洽。嘉定七年(1214年)正月初九的半夜,淮河南边濠州钟离县的巡检梁实发现对岸有三个骑马的人渡淮河而来,并出示了文书和地图,声称是成吉思汗派过来"纳地请兵"的使者。梁实第二天报告给濠州守臣,濠州的一众官员最后以没有朝廷旨意不敢接受为由,拒绝了此次的交往[2],而且加强了边境巡逻,并向巡逻的士卒下令,如果再遇到蒙古使臣前来就直接将其赶走,否则军法从事。

"纳地请兵"恐怕只是南宋的一厢情愿,但蒙古想联合与金朝有世仇的南宋完成南北夹击则是肯定的。这次南宋的拒绝并没有让蒙古人灰心,五年之后,成吉思汗派出使者葛葛不罕和山东

---

[1] [元]佚名著,阿尔达扎布译《新译集注〈蒙古秘史〉》第251节:"其后,汉地百姓的金帝阿忽台,阻挡了我们通好于宋国的主卜罕等众多使者。因此,成吉思汗于狗儿年再次出征金国。他说:'既已归顺,为什么要阻挡我们派往宋国的使者?'"

[2] [宋]李心传《建炎以来朝野杂记》乙集卷二十《鞑靼款塞》:"嘉定七年正月九日夜三鼓,濠州钟离县北岸吴团铺有三骑渡淮而南,水陆巡检梁实问所由,三人者出文书一囊,绢画地图一册,云是鞑靼王子成吉思遣来纳地请兵。翌日守臣知之,遣效用统领李兴等以本州不奉朝旨不敢受,谕道之。又翌日,遇诸庙堙,即以筏送之而去。"

人石珪再次联络南宋,因宋金此时正在交战,所以这次蒙古的出使获得了成功[1]。

对于蒙古的"远交近攻",金朝似乎也听到了一些风声,于是连忙派人前往南宋议和,结果使节抵达淮河边境之后"宋人不纳",金宣宗闻讯后龙颜大怒,当场下诏伐宋。[2]

此时,南宋淮东制置使贾涉面对愈演愈烈的金朝山东乱局,正在极力拉拢当地义军。

卫绍王时,金朝全力应付蒙古,对国内的控制较为松弛,加上当时金朝为了战事加紧了对华北的盘剥,于是华北汉人再度竖起反金旗帜。义军少则数万人,多则数十万,身穿红袄作标记,故名"红袄军"。

山东淮海地区向来是宋金之间的主要战场,此地汉人自靖康年始,反金起义几乎就没有中断过,辛弃疾曾分析道:"山东之民,劲勇而喜乱,虏人有事,常先穷山东之民。天下有变,而山东亦常首天下之祸。"[3]此时山东之民不仅要面临着金军的剿杀,还被抄掠华北的蒙军不分阵营进行同等攻击,于是大量的山东军民以归宋为名,纷纷南下淮滨,希望得到南宋朝廷的支援。

应该说,这些人是宋金之间的关键筹码,但南宋对此并没

---

[1] 按,《元史》卷一百九十三《忠义传一·石珪》只说"岁戊寅,太祖使葛葛不罕与宋议和",并未说这次议和的结果如何,但后文有"庚辰,宋果渝盟"语,可见这次的结盟应该是成功了的。

[2]《金史》卷十五《宣宗本纪中》:"三年春正月庚午,吕子羽至淮,宋人不纳而还。诏伐宋。"

[3] [南宋]辛弃疾《美芹十论》《详战第十》。

有十足的把握，毕竟开禧北伐殷鉴不远，目前停止输送岁币已经激怒金朝，若再大力招降纳叛，势必引起宋金之间的全面战争。于是南宋老老实实地封锁淮河天堑，阻止这些人南渡，并将其视为盗贼，要求守淮将臣对企图南渡的红袄军以及山东民众进行剿杀，一些南宋大臣甚至将其视为与金朝、蒙古一样的敌人[1]。

但南宋内部的分裂在这里再次体现。

尽管南宋并不希望彻底激怒金国，并对试图南下的山东红袄军进行剿杀，但对于这些声势浩大的反金武装，部分南宋人还是心存想法，虽然不愿也不敢光明正大地招纳他们，却在暗地里对其进行支持，给他们提供一定的粮草给养，甚至许以官爵身份，称之为"忠义军"。于是临近宋境的山东豪杰相继南下淮河以北的海州（今江苏连云港）、邳州（今江苏邳州、睢宁、宿迁一带，治所在睢宁县古邳镇）一带，形成了一股强大的势力。

嘉定年间宋金战争以来，淮东加大了对忠义军的招抚力度，一时间山东豪杰纷纷归正。嘉定十二年（1219年），山东义军李全配合南宋军队击败金将纥石烈牙吾达，取得了涡口[2]大捷。这让宋军从义军身上尝到了甜头，意识到可以更好地将这些人马利用起来。同年六月，山东义军里势力较大的益都人张林将麾下七十余座城池奉表献给南宋，次年东平人严实也带着魏、博、

---

[1] [南宋]刘克庄《后村先生大全集》卷一百四十六《陈观文神道碑》："今为边患者三，有垂亡之金，有新造之鞑，有归附之忠义。"
[2] 在今安徽怀远涡水入淮河处。

恩、德[1]等数十府州来归。南宋的一番努力确实得到了回报,有忠义军在前方抵挡,金军长达六七年时间都没能对南宋的淮东战线发起行动。

贾涉出任淮东制置使之后,积极拉拢这些山东义军,并传檄中原"以地来归及反戈自效者,朝廷裂地封爵无所吝"[2]。于是忠义军的军事行动更加大胆,其中翘楚彭义斌,趁着蒙军西征而华北空虚的时机,挥师进入河北,一度攻占大名、真定,使得华北的蒙古汉军"皆壁,不出犯其锋,或闻风景附"[3]。

此时,贾涉派都统司计议官赵珙出使河北,与留守经略中原的蒙军接洽,拜见了太师国王木华黎,他将自己出使期间的见闻著录成书,取名《蒙鞑备录》。

赵珙在这本书里详细描述了蒙古人的制度、习俗、起居,并如实记录了木华黎对自己、对南宋的态度。

在赵珙眼里,这些不喜欢洗手的蒙古人颇为敬重天地,日常没有那么多繁文缛节,"礼文甚简,言辞甚直""大抵其性淳朴,有太古风"[4],对宋人表现出了足够的真诚与友好。木华黎对这些远道而来的宋人极为热情,甚至埋怨使者太见外,不来一

---

[1]魏、博、恩、德:魏州即大名府,今河北大名;博州,今山东聊城;恩州,今山东武城;德州,今山东德州陵城区。这四个区域位置相邻,辖二十二个县,在大定、泰和年间统计人口多达五十一万余户,人口稠密,位置十分重要。

[2]《宋史》卷四百零三《贾涉传》。

[3][元]苏天爵《元文类》卷六十三《戍守邓州千户杨公神道碑》。

[4][南宋]赵珙《蒙鞑备录》。

起打球。[1]木华黎还赞不绝口道:"大宋好皇帝,好宰相。"在赵珙一行离开蒙军营返回南宋时,木华黎还特地对伴使交代:"凡好城子,多住几日,有好酒与吃,好茶饭与吃;好笛儿、鼓儿,吹着、打着。"[2]

赵珙在蒙古大营期间,还收到了蒙古将领孛里海的一份特殊礼物——一枚镌刻着"皇天恭膺天命之宝"的玉印,这是徽宗遗物,靖康之变时被金人掠去北方,不久前蒙古人攻占金中都时为其所获。

先朝宝玺失而复得,山东州郡重入版图,丞相史弥远认为这是两件可以合二为一的大喜事,必是大宋天命所归的中兴之兆,朝廷内外免不了又是一场歌功颂德,临安城里洋溢着胜利的气息,能文之士竞相讴歌,各地监司帅守也纷纷呈进贺表,俨然一幅升平景象。

由于蒙古西征以及征讨西夏,金蒙之间一直战和不断,南宋则犹恐金朝与蒙古议和之后腾出手来南征,于是有人开始"献策北通鞑靼"[3]。

南宋嘉定十四年(1221年),宋宁宗派出使臣苟梦玉出使蒙古。

---

[1] [南宋]赵珙《蒙鞑备录》:"遣介来请我使人至彼,乃曰:今日打球,如何不来?答曰:不闻钧旨相请,故不敢来。国王乃曰:你来我国中,便是一家人。凡有宴聚打球,或打围出猎,你便来同戏,如何?"

[2] [南宋]赵珙《蒙鞑备录》。

[3] [南宋]刘克庄《后村先生大全集》卷一百二十八《与方子默佥判》。

四月，苟梦玉在中亚铁门关（遗址在今乌兹别克斯坦）见到了西征驻跸于此的成吉思汗，不巧此时金朝使者乌古孙仲端也抵达了铁门关朝见成吉思汗。在此之前，宋蒙联络基本都是蒙古主动，即便有赵珙联络蒙古也是前线便宜所为，而苟梦玉以官方身份代表南宋朝廷出使蒙古，表明南宋内部基本达成了联蒙抗金的共识。

但是对于"联蒙"的"联"，南宋其实还在犹豫不决：到底联到什么地步、什么程度，都有待商榷。所以，联得快，散得也快。

金元光二年（1223年，南宋嘉定十六年，蒙古太祖十八年）十二月二十二日，内外交困中的金宣宗油尽灯枯，病死于南京开封府，时年六十一岁，太子完颜守绪灵前即位，是为金哀宗。

金哀宗即位后，大臣认为宣宗之死可以作为缓和宋金关系的一个契机，不妨以报丧为由，与南宋讲和，双方共守边界[1]。金哀宗深以为然，将先前力主缓和金宋关系的平章政事胥鼎重新启用，数次主动遣使赴南宋讲和[2]，公开宣布"更不南伐"，并多次下令驻守宋金边境的金军将领不得随意过境挑起事端，希望能借此得到休整。南宋见金朝确实将停战诺言付诸行动，也投桃报

---

[1]《金史》卷一百十二《完颜合达传》："哀宗即位，群臣建言，可因国丧遣使报哀，副以遗留物，因与之讲解，尽撤边备，共守武休之险。"

[2] [南宋]魏了翁《鹤山先生大全集》卷十六《论事变倚伏人心向背疆场安危邻寇动静远夷利害五机》："敛成息民，招携弃怨。"

李，开始与金朝接洽全面停战事宜。[1]

南宋嘉定十七年（1224年，金正大元年，蒙古太祖十九年）八月，宋宁宗病危。闰八月初二，自知即将"大行"的宋宁宗对自己做了一个似乎很贴切的评价："虽不明不敏，有惭四海望治之心；然克俭克勤，未尝一日纵己之欲。"[2]

夜漏未尽，初三凌晨，宋宁宗驾崩于临安府行在大内福宁殿，终年五十七岁。宰相史弥远拥立过继的皇子成国公赵昀即位，定新皇年号宝庆，南宋步入宋理宗时代。

南宋与蒙古交往本就内部争议极大，是否应与金休战的呼声也越来越高。金朝递出橄榄枝之后，南宋也借着新君即位就坡下驴，延续七年的嘉定年间宋金之战就此告一段落。联蒙之议声音渐小，而"存金障宋"的主张开始大行其道。

南宋嘉定十五年（1222年），木华黎派麾下将领蒙古不花越过秦岭牛头关，窥伺南宋山川关隘，兵至南宋凤州（今陕西凤县）而去[3]。嘉定十七年，附蒙汉军史天泽又擒斩忠义军将领彭义斌，迫降李全。

李全降蒙，彭义斌遇害，标志着南宋对山东义军的借用招抚政策破产。那些名义上归附大宋的山东河北州县，自此改归蒙古。不仅如此，蒙古势力还借助李全开始向淮河以南地区渗透，

---

[1]《金史》卷一百一十二《完颜合达传》："屡敕边将不妄侵掠，彼我稍得休息，宋人始信之，遂有继好之意。"

[2] [南宋]罗大经《鹤林玉露》甲编卷三。

[3] [元]苏天爵《元朝名臣事略》卷一《太师鲁国忠武王》："壬午秋七月，令蒙古不花引游骑出秦陇，以为声势，且视山川夷险强弱处。"

这使得在联蒙政策上本就首鼠两端的南宋对蒙古更加不信任。蒙军的种种越界行为让南宋越发不满，使得南宋不再试图与蒙古结盟，并开始重新审视蒙古人带来的危机[1]。

宋蒙的接洽中断，随之而来的是蒙古人的报复性行动。

蒙古太祖二十二年（南宋宝庆三年，1227年）春，进攻西夏的成吉思汗留下一部分军队继续围攻西夏都城中兴府（今宁夏银川），然后亲自率领大军渡黄河南下，攻占金朝西南的临洮府（今甘肃临洮）、河州（今甘肃临夏）、洮州（今甘肃临潭），从西面接触到了南宋。随后，成吉思汗派出两名使臣进入南宋，向当地守臣递上了一封措辞傲慢的国书。

南宋在看到成吉思汗给使臣发放的"虎头金牌"上有"如朕亲行，便宜行事"字样之后，开始计较起了外交礼仪和措辞问题，认为成吉思汗狂妄无礼，借道之事乃是蒙古要南宋俯首称臣的悖逆要求[2]，于是对蒙古提出的"议和"借道之事断然拒绝。

几乎与蒙古使者同时出发的，是开往西和州[3]的蒙军。

二月初八，蒙古骑兵劫掠了南宋西和州的人畜，随后又越过宋军未曾设防的摩云岭，兵分两路，分别向西和州、阶州（今甘肃陇南武都区东）发动了攻击。

---

[1] [南宋]魏了翁《鹤山先生大全集》卷十六《论择人分四重镇以备金夏鞑事》："自江淮以来，闻之道路，则重以鞑人为忧。"

[2] [明]杨士奇、黄淮等《历代名臣奏议》卷九十九《经国》："观其金牌所锡，狂僭殊甚……盖欲臣妾我也，欲使吾国中尽行投拜也。"

[3] 南宋绍兴十二年（1142年）以岷州改名，治白石镇（今甘肃西和县西南），属利州西路。因淮南亦有和州，故加"西"以区别。辖境约相当于今甘肃西和、礼县、宕昌、岷县等地。

宋军受制于不得擅开边衅的命令，不敢与蒙军作战，只能坐视蒙军攻下阶州，而西和州则在守将——利州（今四川广元）副都统何进的率领下凭城坚守，击退了蒙军，宋将麻仲、马翼、王平等人战死。

消息传至蜀口，四川制置使郑损大惊失色。之后，蒙军诈败引诱宋军追击，在皋兰镇（今甘肃康县西）击败宋军，宋军损失惨重。郑损不顾利州戎帅赵彦呐的反对，下令坚壁清野，全军撤退，轻率地放弃了关外五州（成州、凤州、天水军、阶州、西和州）及三关（仙人关、七方关、武休关），全然不顾西和州、成州、天水军仍在婴城固守，凤州尚未遭到攻击。

此举使南宋"五州焚荡"，倚为西边屏障的成凤诸州大受摧残，史称"丁亥之变"。宋军在陇蜀之间的军事布置，以及南宋孱弱的军事能力被蒙古人一览无余。

对南宋来说，深处延绵群山之中的关外五州并不是无法割舍的膏腴，但依托其羽翼的川蜀是国家的根基。从宋孝宗开始，蜀地每年向国家府库上缴的钱赋，几乎占到了南宋国家财政收入的三分之一，此外还有大量茶、马、绢、布、酒、盐、商税等其他贡赋，所以蜀地安危事关南宋整体，容不得丝毫闪失。五州三关所在的山区是四川北面的屏障，号称"蜀口"，"丁亥之变"中蜀口残破，让南宋君臣大为震撼。

同年夏天，在六盘山避暑的成吉思汗病逝，留下遗言让蒙古联合南宋，借道攻金。受制于蒙古旧俗，成吉思汗钦定的继承人窝阔台必须等待忽里勒台的最后决定才能继承汗位，其四子拖雷暂时监掌国事。

1229年（金正大六年，南宋绍定二年）八月，经过忽里勒台的推选，成吉思汗第三子窝阔台正式成为新一任蒙古大汗，旋即发动了三路南征金国的军事行动，其中拖雷率西路军攻陕西，拟借道南宋的汉中，绕过金朝的关河防线，攻其西南后方的唐、邓诸州。绍定三年（1230年）十月，拖雷先派出使臣到凤州，向南宋提出了假道、借师、贷粮三项请求，不出所料，南宋坚决不允。

　　利州路安抚使郭正孙根据蒙古使臣入宋的路线，推测出蒙军一定会从川蜀防线东部的凤州入侵南宋，于是建议着重防守马岭堡、凤州一带。但接替郑损四川制置使职务的桂如渊却坚持认为蒙古人即便攻宋，也应该是如"丁亥之变"那样由川蜀防线西部的西和州一带发起攻击，因此对郭正孙的提议置若罔闻。

　　绍定四年（1231年）正月，拖雷派部将速不罕前往武休关与南宋"议和"，索要粮二十五万斛，再议借道之事，四川制置使桂如渊对于蒙古索粮一事当即应允，但对借道一事再次断然拒绝。

　　二月，拖雷攻陷金朝凤翔府，随后过宝鸡南下，经大散关，攻入宋境。第一个出现在拖雷面前的阻碍，就是郭正孙担心的马岭堡，马岭堡将寡兵单，坚守三天之后陷落。蒙军接着转攻凤州，凤州知州李寔、通判张度、教授张叔寅组织军民誓死抵抗，但驻守在凤州南边武休关的兴元府代理都统潘福却以桂如渊"令诸将毋得擅出兵沮和好"[1]的命令为由，按兵不动，坐视凤州陷落。

---

[1] [南宋]魏了翁《鹤山先生大全集》卷八十二《故太府寺丞兼知兴元府利州路安抚郭公墓志铭》。

凤州失陷，武休关正当敌冲，但郭正孙认为蒙军不太可能强攻武休关，因为武休关太过险峻，而蒙军意在借道攻金，不可能攻击重兵把守的险关，所以他断定蒙军可能绕过武休关，攻击处于后方的兴元府（今陕西汉中）。[1]

事实证明，郭正孙再次言中。

五月初六，拖雷派出一小股部队攻打武休关，以牵制驻守武休关的大批南宋守军，主力蒙军则开进到武休关东边兵分两路，一路从华阳关进攻洋州（今陕西洋县），另一路从焦崖山绕到武休关东南部，直取兴元府。

桂如渊对此的反应颇为迟钝。

他先是对当地守将提出的加紧布防洋州的建议置若罔闻，接着又在洋州被围之时仓促组织赴援，结果自然非常被动，五月初八日沙窝之战，利州安抚使郭正孙三战三败，死伤过半，次日全军溃败，郭正孙战死，随从民众数十万死于兵火。

洋州、兴元接连失陷，蒙古对二城展开屠城。

与此同时，蒙军在川蜀防线西部也发起攻击，进围西和州，知州陈寅、通判贾子坤固守待援，而援兵以道路不通为由，观望不进，坐视西和州沦陷。最终守军寡不敌众，九月十四日西和城

---

[1] [南宋]魏了翁《鹤山先生大全集》卷八十二《故太府寺丞兼知兴元府利州路安抚郭公墓志铭》："公为言：武休险绝，且重兵在焉，彼决不自此入。彼不右阚石顶原，则左攻褥子关，若阳明、日落、黄竹、苟谷一处透过数十百骑，则武休虽众，无所用之。顾乃惜不加省。五月丙戌朔，越六日辛卯，彼果以轻师缀武休，而自阳明、黄竹趋迫兴元。"

破，陈寅自刎。东线蒙军则攻破仙人关、七方关，横行陇蜀十七州。至十月下旬，南宋的蜀口三关全部为蒙军所控制。

十月十七日，拖雷再次派出使者速不罕到沔州（今陕西略阳），与南宋沔州都统张宣谈判"假道"和"索粮"等事宜。张宣部将冯泽以诈降为手段，诱杀速不罕。拖雷闻讯大怒，认定南宋败盟，于是兵分两路，东路留驻兴元、洋州一带，西路南下攻入四川。

十月二十日，西路蒙军攻沔州，沔州旋即陷落，沔州都统、知州杨起战死。二十四日，蒙军攻大安军，南宋守将利州副都统何进斩杀蒙军七百余人，蒙军绕至何进后方，斩杀何进及统制王浩、王侃等。击溃何进部后，蒙军继续南下，拆毁民居，取木料扎成筏子，强渡嘉陵江，攻破葭萌关，一直攻至四川阆中方才北撤，前后攻陷的南宋城池达一百四十余座。[1]

另一部蒙军于十一月二十三日攻破同庆府（今甘肃成县），知府李冲等战死。二十五日，蒙军又进攻仙人关外的杀金坪，南宋统制赵章战死。东、西两路蒙军会合后，在十一月二十五日穿过饶凤关，直趋金州（今陕西安康），沿汉水东进，进入南宋京西南路，烧毁房州（今湖北房县）、竹山两城，并在武当山地区大败宋军十余万。南宋京湖制置司命驻军枣阳的孟珙率精锐万人阻截蒙军东进。十二月十七日，拖雷率蒙军在光化军涉水渡汉江

---

[1] [清]顾祖禹《读史方舆纪要》卷五十六《陕西五》："宋绍定四年蒙古拖雷入汉中，分两军：东军屯于兴元、洋州之间以趋饶凤关；西军由别路入沔州，取大安军路，开鱼鳖山，撤屋为筏，渡嘉陵江入关堡，并江趋葭萌，略地至西水县，破城寨百四十而还。"

而北[1],历时四日,全军渡河完毕,进入金境,完成了假道宋境对金实施战略大迂回的预定计划。

这次因蒙古借道而引发的对宋攻掠之战,宋朝"十七州生灵死者不知其几千万"[2],史称"辛卯之变"。蒙军深入四川腹地,对四川的山川险易、水陆交通也尽数掌握,更是对南宋形同虚设的防御以及军事战斗力了然于胸。

南宋在抗蒙未成的情况下,只好再次考虑联蒙。

---

[1]《元史》卷一百一十五《睿宗传》。
[2] [南宋]魏了翁《鹤山先生大全集》卷十八《应诏封事》。

第二章　汝南遗事：海东青的悲壮挽歌

最后的重阳

"辛卯之变"的发生，使南宋少许"存金障蒙"的理智和勇气荡然无存。

窝阔台正面攻击黄河，将金军在黄河以北仅存的河中府、卫州等几处据点挨个拔掉；斡陈那颜攻入山东，将金朝坚守在山东的几处零散区域悉数攻克，甚至顺手解决了南宋"恢复"的山东州郡；拖雷由陕西绕道宋境，烧杀劫掠一番之后成功渡过汉水北上，攻入金朝的唐、邓腹地。正月三峰山之战，"金之精锐尽灭于此"；随后蒙古攻开封，守城金军战死无数，开封又突然爆发特大瘟疫，蒙古撤围之后开封城门抬出九十余万具尸骸[1]；八月郑州之战，自陕西而来的金军援兵十余万被击溃，金军再无成建制援军；年底，金哀宗放弃南京开封府宣布"亲征"，不久逃往归德府，开封在西面元帅崔立发动政变之后也为蒙军所占。

---

[1]《金史》卷十七《哀宗本纪上》："汴京大疫，凡五十日，诸门出死者九十余万人，贫不能葬者不在是数。"

或许对于南宋而言，此时再想让支离破碎的金朝恢复元气，守住关河防线继而作为南宋的屏障而存在，已经是不可能的事情。既然如此，那就不如像秃鹫那样，从金朝行将就木的枯瘦躯体上撕扯一些腐肉下来充饥。

既然无法抗蒙，那就只能联蒙了。

联蒙，对于刚刚经历了"辛卯之变"的南宋来说可以说是轻车熟路，毕竟之前双方已经有一定的联系。然而南宋君臣纠结的还是那个老问题："联蒙"的程度到底该如何把握？

南宋绍定五年（1232年）年底，蒙古再次遣使入宋，以王楫为首的蒙古使者抵达襄阳，与南宋京湖制置使史嵩之谈判，目的一如从前：求兵、求粮、联兵灭金。

史嵩之，尚书右仆射史浩从孙、右丞相史弥远从子。换句话说，此时在朝廷一言九鼎独掌大权的右丞相史弥远，是其叔父。有这个身份，久在荆襄前线、对金蒙战事了解颇多的史嵩之的意见，就是史弥远出台政策的直接参考，也就是南宋政策的直接参考。

有人说，金朝覆亡在即，不妨攻金以雪靖康之耻；也有人说，蒙古人贪得无厌，得陇望蜀，金朝苟延残喘至此不足为惧，还是应该以防蒙为主要任务。王楫的到来，让襄阳成为此话题讨论的中心。

史嵩之咨询麾下部将的意见，有人表示，如果国家有能力对抗蒙古，那就不用跟蒙古结盟，也不用给粮给兵；如果没有这个能力，那最好还是满足蒙古人的要求，否则招惹了蒙古人，我们也会遭其攻击。[1]

发言者,京西兵马钤辖孟珙。

孟珙,字璞玉,号无庵居士。原籍河东绛州(今山西新绛),靖康之变北宋灭亡时与宋室南渡,落籍随州枣阳。其曾祖父孟安、祖父孟林都是岳飞的部将,其父孟宗政官拜右武大夫、和州防御使、左武卫将军。在抗金的过程中,孟氏父子招募划入金朝境内的邓、唐、蔡三州归化壮士,选拔出一支英勇善战的"忠顺军"。这些人或多或少都受到过金朝的迫害,对金军恨之入骨,所以与金军作战尤其勇猛。孟珙早年随父于枣阳抗金,并在孟宗政死后接管忠顺军。

可以说,孟珙的发言代表了绝大多数主张联蒙的大臣的想法:联蒙不是出于这么做有什么好处,而是为了避免不这么做有什么坏处。

史嵩之对孟珙的发言深表赞同,于是很快将草拟的对北方略呈送临安,并在获得批准之后派出京湖制置使参议官邹伸之出使蒙古[2]。

不过宋朝这次之所以能如此痛快地答应蒙古的要求,还与蒙古使臣王楫出色的口才有莫大的关系。

---

[1] [南宋]刘克庄《后村先生大全集》卷一百四十三《孟少保神道碑》:"初,鞑使王楫约共攻蔡,且求兵粮,请师期。或谓金垂亡,宜执仇耻。或言鞑贪,宜防后患。议不决,帅以访公。公言:'倘国家事力有余,则兵粮可勿与,其次当权以济事,不然,金灭无厌,将及我矣。'"

[2] [元]佚名《宋季三朝政要》卷一:"鞑靼国遣使来议夹攻金人,史嵩之以邹伸之奉使草地,报聘北朝。"

河南自金朝南迁之后被敲骨吸髓式地盘剥近二十年，早就不足以支撑起庞大的蒙军的日常用度，所以对蒙古而言，借助南宋的粮草接济是一个很重要的目的；而对南宋来说，既然存金障蒙策略已经失败，那么借助蒙古势力联合灭金，借此一雪百年之耻，并尽量多地获取淮河以北的北宋故地，也就成为最优选择。

王楫深知蒙古与南宋在关于联手灭金问题上的需求与底线，所以在这个问题上左右逢源[1]，宋蒙终于难得地达成了一致意见。

邹伸之见到蒙古大汗窝阔台之后，表达了南宋的意见："我大宋与贵国素来无冤无仇，先帝（宋宁宗）还派使者出使贵国结好，后来之所以未能与贵国联络，是因为山东被李全所占，河南又被金朝阻隔。贵国上顺天心下顺人意，还派王楫王宣抚来我国通好，所以官家也派我前来与贵国商讨相关事宜。"[2]

双方到底讨论了什么，已经无从得知，但这次邹伸之全权代表南宋与蒙古讨论联合攻金的事情，与蒙古初步达成了联合协议，因为蒙古开出了一个南宋不可能拒绝的条件：河南。

蒙古"许以河南归本国"[3]，这就意味着南宋心心念念了一百多年的恢复故都的梦想即将实现，这个诱惑对于南宋是无法

---

[1] [元]郝经《郝文忠公陵川文集》卷三十七《宿州与宋国三省枢密院书》："王楫挟两国而庇一身，言于北则以为降，使于南则以为和。"

[2] [元]佚名《宋季三朝政要》卷一："鞑靼国遣使来议夹攻金人。史嵩之以邹伸之奉使草地，报聘北朝。伸之曰：'本朝与贵国素无仇隙，宁宗尝遣使臣苟梦玉通和。自后山东为李全所据，河南又被残金所隔。贵国今上顺天心，下顺人心，遣王宣抚来通好，所以伸之等前来。'北朝从之。"

[3] [元]佚名《宋季三朝政要》卷一。

抗拒的。

国用安在金哀宗迁蔡前夕发出的南宋有可能配合蒙古攻金的担忧[1]，也就此成为现实。

邹伸之去蒙古谈判的同时，南宋也开始策划出兵攻金，这份重任被委托给了时任京西路兵马钤辖的孟珙。

当时驻扎在唐、邓一带的是三峰山之战的漏网之鱼——恒山公武仙。

武仙因为早年在河北袭杀了后来投降蒙古的真定汉人世侯史天泽的哥哥史天倪以及任存，自知落入蒙军之手绝对不会有好下场，于是在三峰山兵溃之后逃至登封嵩山绝顶清凉寺，就此躲过一劫。随后蒙古转攻开封，武仙则赶回到唐、邓一带，聚集起散落至此的金朝溃军，竟然又拉起了一支有十万乌合之众的队伍。不仅如此，武仙甚至还有一项更为宏伟的计划——带金哀宗攻入四川，作为大金国的立足之地。为此，他和驻守邓州的另一名金军将领、邓州便宜总帅移剌瑗，以及南阳地区义军领袖武天锡三人互为犄角，对南宋军队驻守的光化军发起了主动进攻，声势颇为浩大。[2]

武仙所在的唐、邓地区因为刚经历了拖雷率领的蒙军过境，粮草不济，于是在金天兴二年（1233年）三月派出讲议官朱概、刘琢二人前往襄阳，找制置使史嵩之借粮。但武仙所托非人，朱

---

[1]《金史》卷一百十七《国用安传》："蔡去宋境不百里，万一资敌兵粮，祸不可解。"

[2]《宋史》卷四百一十二《孟珙传》："仙时与武天锡及邓守移剌瑗相犄角，为金尽力，欲迎守绪入蜀，犯光化，锋剿甚。"

概、刘琢并不是优秀的外交官，不仅没能借到粮食，反而将武仙窘迫的实际情况告诉了史嵩之。

五月，移剌瑗吃尽了邓州的最后一粒粮食，再也无力坚持，将邓州献降给了史嵩之，投降名单上开列的是邓州五县二十二镇的"官吏一百九十三，马军千五百，步军一万四千，户三万五千三百，口十二万五千五百五十三"[1]。移剌瑗投降后，将武仙的底细和盘托出，史嵩之命令孟珙迅速带兵进入金境，攻打武仙。

天兴二年五六月间，孟珙率领五千宋军由顺阳（今河南淅川）向武仙发动进攻。

不料这次进攻很不顺利，武仙居然靠着残兵败卒击破了宋军的进攻，孟珙带着残余宋军退走，金军大获全胜，生擒宋军统制、统领数十人，缴获战马千余。[2]

但顺阳的胜利并不能缓解武仙的窘境，不久顺阳县令李英、申州安抚张林投降了宋军。七月，武仙的爱将刘仪也投降了孟珙，并再次将武仙屯军的山寨最新虚实情况告知宋军，孟珙再次出兵攻打武仙，派出一支宋军乔装打扮成金兵，乘夜突入武仙兵寨，这次武仙大败，屯军的九处山寨被宋军悉数攻陷，仅被宋军俘虏的军士就超过七万人，武仙进退失据，最后乔装逃走。

如果按此时主政蔡州的完颜仲德的思路，蔡州是断然守不住的，他早在金哀宗还在归德府时就在考虑下一步应该怎么走。按他的设定，金哀宗应该去陕西，那里的巩昌府（今甘肃陇西）等

---

[1]《宋史》卷四百一十二《孟珙传》。
[2]《金史》卷一百一十八《武仙传》："大败珙兵。珙与数百人脱走，生擒其统制、统领数十人，获马千余。"

地仍处于金朝的控制之下,而且相连成片,较之河南的蔡州、陈州这种几近于孤悬的州郡,会相对安全得多。

但金哀宗并不想这么做。从归德到蔡州,沿途的危险让他心有余悸,抵达蔡州城之后,没有蒙古人的袭扰让他尤其珍惜这来之不易的片刻安稳。

完颜仲德在抵达蔡州后,开始想尽办法寻找可以作为长途跋涉迁徙到陕西的马匹,并招募精壮兵士以充实宿卫,最后得到了一千多匹战马,以及近万人的精锐士卒。他还命人修缮军械,种种努力让金哀宗看到了久违的整齐军阵。但这种军威并没能说服金哀宗前往陕西,反而起到了副作用——偏安蔡州的金哀宗君臣认为有此精锐足以守住蔡州,更不愿意离开"固若金汤"的蔡州城池而踏上前往陕西的生死未卜之路。[1]

此时,金哀宗反倒开始犹豫了。

金哀宗先前努力改善宋金关系,希望能舒缓与南宋的紧张气氛,企图让南宋支持金朝,但是三峰山之战金军野战主力全军覆没,以及开封、归德接连失陷,抵达蔡州的金哀宗的思想出现了矛盾:他一方面还在试图用"唇亡齿寒"的道理联合南宋,另一方面又开始琢磨其父金宣宗在贞祐年间制定的"取偿于宋"策略的可行性。

---

[1]《金史》卷一百十九《完颜仲德传》:"七月,定进马迁赏格。每甲马一匹或二匹以上,迁赏有差。自是,西山帅臣范真、姬汝作等各以马进,凡得千余匹,以抹撚阿典领之。又遣使分诣诸道征兵赴蔡,得精锐万人。又以器甲不完,命工部侍郎术甲咬住监督修缮,不逾月告成。军威稍振,扈从诸人苟一时之安,遂以蔡为可守矣。"

第二章　汝南遗事：海东青的悲壮挽歌

孟珙击败武仙后的不久，天兴二年八月初一，金哀宗升授秦州元帅粘葛完展为参知政事，命其行省陕西，并授意其在九月中旬与蔡州等处的兵马一起会师饶风关，出其不意，攻取南宋兴元（今陕西汉中）[1]。

但这种雄心壮志仅仅维系了一天。八月初二，金哀宗就得到了一个令他感到恐惧的消息——宋蒙有可能结盟了。

这一天，青尖山招抚使卢进向金哀宗汇报说，有一支奇怪的队伍出现在他们的视野里，这支队伍有百余蒙古骑兵，却又夹杂着大量宋军，前往侦查的人员回来报告说这是蒙古派去宋朝的使臣王楫，在南宋完成使命后返回蒙古，南宋也派人跟随蒙古使者返回蒙古，与之商讨下一步行动，还带了很多礼物送给蒙古。[2]

其实，此时的金朝已经不需要再考虑南宋出兵助蒙了，因为无论南宋出不出兵助蒙，蒙古都会灭亡金朝，南宋的参与可能也就是把这个时间往前提早一些。但南宋的军事决策不仅是一个态度，也是金朝军民内心的底线，如果南宋不出兵，金朝军民就可以一直欺骗自己，南宋早晚会明白皮之不存毛将焉附的道理，早晚会来支援自己。这是金朝到现在都可以苟延残喘下去的一个心理因素，可一旦南宋也出兵攻金，这个幻影就立刻破灭。

---

[1] [金]王鹗《汝南遗事》卷二："八月癸酉朔，以秦州元帅粘葛完展权参知政事，行省事于陕西。且以蜡丸为诏，期以九月中聚集大军，与上会于饶丰关，出其不意，取兴元。"按："饶丰关"在《宋史》《金史》中有时写作"饶凤关"，多写作"饶风关"。

[2] [金]王鹗《汝南遗事》卷二："甲戌，青尖山招抚卢进奏：'顷有敌骑百余，杂以宋人北行护。覘者谓北使王楫以奉使还，宋复遣人议和，辎重礼物甚多，以军防护故也。'上闻之，惧。"

对于这个可怕的消息，金哀宗绝不能接受，他不得不考虑派人去稳住南宋。

八月初七，金哀宗派出使臣完颜阿虎带前往南宋借粮。借粮是一个目的，另一个目的则是给南宋重申唇亡齿寒的道理，甚至于借粮只是个借口，金哀宗几近于哀求南宋不要联合蒙古攻金。

使臣临行前，金哀宗颇为失落地对其表达了自己内心对南宋的不满。他说："朕自从即位以来，多次告诫前线的将士不要侵犯宋朝领土，大臣但凡有侵宋的提议，朕都一概否决，即便是边境纷争攻占了宋朝的州县，随后也都归还给了宋。不久前宋朝淮阴兵变投靠了我们大金，朕还是把城池归还给了宋朝，秋毫无犯，在战场上获得的宋军俘虏也悉数放回。朕感觉自己做的已经够多了，可宋朝又做了什么？他们趁着我们大金现在正值多事之秋，占领了我们的寿州、邓州，又攻打我们的唐州。宋朝君臣也不妨想一想，现在蒙古攻灭了几十个国家，西夏被灭了，现在轮到我们金国，可我们大金亡了之后蒙古人就会收手吗？错了！他们下一步就是饮马长江，南下灭宋！唇亡齿寒，宋如果帮助我大金，其实就是在帮他们自己。"[1]

---

[1]《金史》卷十八《哀宗本纪下》："假蔡州都军致仕内族阿虎带同金大睦亲府事，使宋借粮，入辞，上谕之曰：'宋人负朕深矣。朕自即位以来，戒饬边将无犯南界。边臣有自请征讨者，未尝不切责之。向得宋一州，随即付与。近淮阴来归，彼多以金币为赎，朕若受财，是货之也，付之全城，秋毫无犯。清口临阵生获数千人，悉以资粮遣之。今乘我疲敝，据我寿州，诱我邓州，又攻我唐州，彼为谋亦浅矣。大元灭国四十，以及西夏，夏亡及于我。我亡必乃于宋。唇亡齿寒，自然之理。若与我连和，所以为我者亦为彼也。卿其以此晓之。'"

但是他可能忘了，一个月前的七月十八日，扶沟县招抚司知事刘昌祖提出的"大举伐宋"建议，金哀宗对此是非常赞同的，史官记载说："颇合上意。"[1]在得知南宋有窥伺息州（今河南息县）的举动时，金哀宗派人前往息州加强戒备，他告诉将领："蒙古人仰仗着战马和北方的技术，我们打不过他们，但南宋又何足道哉？朕若有三千精锐甲士，别的不敢说，纵横江淮还是很有把握的。"[2]

如果金哀宗屡屡说出的这些话是其内心真正所思所想，那么孟珙在天兴二年秋发动的对金朝唐、邓一带的攻击，反而在无意中打消掉了金哀宗的这种异想天开，也粉碎了金哀宗想逃亡四川的计划。

不久，前往南宋借粮的完颜阿虎带从临安回来，带回了宋朝的态度："至宋，宋不许。"[3]

八月二十三日，金哀宗生日"万年节"。生日这一天，金哀宗想念起了待他视如己出的仁圣太后，不禁痛哭流涕。去年南京政变之后，一如当初靖康之变故事，崔立将仁圣太后、徒单皇后、其他后宫妃嫔、金朝宗室以及开封城内的三教、医流、工

---

[1] [金]王鹗《汝南遗事》卷一："庚申，扶沟县招抚司知事刘昌祖上封事，请大举伐宋，颇合上意。"

[2]《金史》卷一百十九《完颜娄室传》："朝廷以参知政事抹撚兀典行省事于息州，……将行，上谕之曰：'北兵所以常取全胜者，恃北方之马力，就中国之技巧耳，我实难与之敌。至于宋人，何足道哉。朕得甲士三千，纵横江、淮间有余力矣。卿等勉之。'"

[3]《金史》卷十八《哀宗本纪下》。

匠、绣女集体押送北方，送给了蒙古。[1]金朝皇帝生日，各地府州依制需要奉上祝寿的贺表。泰和八年（1208年），鼎盛的金朝有二十九路、一百八十四府州、六百九十一县[2]，但天兴二年的金哀宗生日，各地仍在金军控制下的府州通过各种渠道送来的贺表仅有二十余封。盛极一时的大金国，已经十亡其九，此时南下的蒙古铁骑已经越过钧州（今河南禹州）、许州（今河南许昌）一带[3]。

不过，金朝仅存的这十数府州也是残损严重，比如亳州守将温迪罕达就说过，亳州在承平年月尚有六万户人口，但自贞祐南迁以来，差发、调度日甚一日，居民逃散，幸存者十不存一，所属砀山、夏邑县已经快没有居民了。[4]

金哀宗对此也有一定的认识。正大八年（1231年）十一月，当金哀宗接到消息说，拖雷率领蒙军绕过南宋饶风关由邓州入境的时候曾表示："朝廷南渡二十年，河南军民毁家纾难，竭尽全力供养军队，结果现在军队堪堪只能自保而不能反攻，即便保住了京城又能如何？天下其他地方怎么办？"所以，当时的他觉

---

[1]《金史》卷一百十五《崔立传》："是日，宫车三十七辆，太后先，中宫次之，妃嫔又次之，宗族男女凡五百余口，次取三教、医流、工匠、绣女皆赴北。"
[2] 余蔚《中国行政区划通史·辽金卷》第四编《金代京府州县沿革》。
[3] [金]王鹗《汝南遗事》卷三："时州郡上表称贺者二十余处，敌人大势已过钧、许矣。"
[4]《金史》卷四十六《食货志一·户口》："时河壖为疆，烽鞞屡警，故集庆军节度使温迪罕达言：'亳州户旧六万，自南迁以来，不胜调发，相继逃去，所存者曾无十一，砀山下邑，野无居民矣！'"

得国家存亡自有天数，但他不能辜负民众期望，于是否定了朝廷大臣提出的固守关河防线，在拖雷率兵抵达开封附近时以逸待劳击败蒙军的建议，毅然将军队调离黄河潼关防线前往唐、邓御敌。[1]

天兴二年九月九日，重阳节。

作为金朝的官方节日，重阳节是比较重要的。金朝沿袭辽代旧俗，端午节、中元节、重阳节都要举行拜天仪式。重阳节这一天，朝廷会在都城之外的旷野用木头雕刻成小船，放上食物，皇帝带着宗室大臣一起祭拜，然后再举办射柳、蹴鞠、马球之类的娱乐活动[2]。不过这一次的重阳拜天，相比之前的仪式而言无比寒酸，举办地也没能循例设在城外——敌人随时会到达，城外太危险，于是就在城内的镇南军节度使厅宅之内举行了金朝历史上最后一次拜天仪式。

很多强盛的少数民族王朝都会出现这种问题：开国一代人武功赫赫，打下了百年基业，但是子孙后代往往被这样伟大的建国神话所迷惑，将一切原因归功于本民族的独特风俗习惯，而忽略了开国一代的艰苦卓绝、睿智勇敢。

金朝上下普遍存在着这样一种认识：太祖太宗两朝吞辽灭

---

[1]《金史》卷十八《哀宗本纪下》："十一月丁未，大元进兵崤峰关，由金州而东。省院议以逸待劳，未可与战。上谕之曰：'南渡二十年，所在之民，破田宅，鬻妻子，竭肝脑以养军。今兵至不能逆战，止以自护，京城纵存，何以为国，天下其谓我何？朕思之熟矣，存与亡有天命，惟不负吾民可也。'乃诏诸将屯军襄、邓。"

[2]《金史》卷三十五《礼志八·拜天》。

宋，武力强盛，是因为当时的女真人风俗纯朴，所以只要勒令女真人保持建国时期的风俗，就能保持军队的战斗力。

这种刻舟求剑式的价值迷信，与太平洋岛国土著的船货崇拜（Cargo Cults）如出一辙，如果金人真的细究一下本国的建国历史就会意识到：耶律阿保机的契丹和孙万荣[1]的契丹是完全不一致的，完颜阿骨打时代的女真和完颜函普[2]时代的女真也大相径庭，李元昊时代的党项和拓跋思恭[3]相比也有本质的进步——他们开创的辉煌基业，正是在变化的基础上实现的，后世却将原因都归结于具体的一个个风俗上。

金人为了维持女真旧俗费了很大的功夫，猛安谋克户实行父子相聚而耕的原始村社，还屡次商议重新均贫富平分地产。直接结果就是落后的生产关系导致军户经营极差，根本竞争不过周围的汉族农民，国家为了保障这些"国人"根本的生存和利益，不得不屡次强征汉人的良田供给他们，大大激化了金朝的民族矛盾。

对建国神话的痴迷又导致他们对早先女真人的武力产生了过度想象，金末时期他们幻想着建立一支新的骁勇善战的女真人军队，继续实行汉族耕田供给女真人打仗的制度，但这注定是与现

---

[1] 唐高宗、武则天时期的契丹大贺氏部落联盟首领。
[2] 金朝始祖，大约在五代后晋时期从高丽境内迁入到辽东女真地区，加入当地女真联盟，成了女真首领。后来金熙宗追封其为景元皇帝，庙号始祖。
[3] 唐朝末年党项族平夏部的首领，因协助唐军平定黄巢起义有功而被赐皇姓李，他奠定了拓跋部脱离中原统治、建立独立政权的基础。李元昊是其从弟拓跋思忠的七世孙。

实南辕北辙的，时代在变化，是趋势，也是必然。

在拜天典礼上，金哀宗对着大臣以及军士们动员道："我大金开国已有一百余年了，你们都是朝廷重臣，有的是因为先人立功，有的是因为自己为国效力，披坚执锐多年，现在国事至此，与朕同生死，共患难，这就是忠义！朕听说蒙军也快到了，这正是你们立功报国的时候，即便战死也是为国效命的忠魂。以前你们立功，经常怕朝廷不知道，现在你们杀敌，朕作为大金国的皇帝，能亲眼见证，你们要努力啊！"[1]说罢，下令给将士们倒酒。

结果御酒尚未饮完，城外负责巡逻警戒的游骑慌慌张张地闯进来告知金哀宗：数百蒙军已经抵达蔡州城下。

该来的，终究还是来了。

最后的突围

重阳节拜天这一天抵达蔡州城下的，是蒙古大军的先锋。

听说蒙军进抵城下，这些刚刚受到金哀宗激励的金军将士纷纷请求出战，士气可用，金哀宗在完颜仲德的主持下，分军防守

---

[1]《金史》卷十八《哀宗本纪下》："庚戌，以重九拜天于节度使厅，群臣陪从成礼，上面谕之曰：'国家自开创涵养汝等百有余年。汝等或以先世立功，或以劳效起身，被坚执锐，积有年矣。今当厄运，与朕同患，可谓忠矣。比闻北兵将至，正汝等立功报国之秋，纵死王事，不失为忠孝之鬼。往者汝等立功，常虑不为朝廷所知，今日临敌，朕亲见之矣，汝等勉之。'"

蔡州城的东西南北四面城墙以及蔡州子城：

  东面：总帅孛术鲁娄室，都尉完颜承麟
  南面：参知政事乌古论镐，总帅元志
  西面：殿前都点检兀林答胡土，忠孝军元帅蔡八儿
  北面：忠孝军元帅王山儿，元帅纥石烈柏寿
  子城：殿前右卫将军完颜斜烈，都尉王爱实[1]

  除此之外，金哀宗还命令殿前右卫将军女奚烈和元帅左都监夹谷当哥协防东南，准备迎接蒙军即将对蔡州城发动的全面攻击。

  金开兴元年（1232年）三月，蒙军围困南京开封，窝阔台离开前线返回官山驻跸，塔察儿与另一位宿将速不台领军三万留守河南，继续攻击开封城。九月初十，塔察儿率蒙军抵达蔡州城下，对城内喊话："赶快投降，投降尚可免去一死，否则城陷之后鸡犬不留！"[2]

  蒙军的喊话并非只是恫吓，毫无疑问他们会对抵抗者进行屠

---

[1]《金史》卷十八《哀宗本纪下》。
[2]《金史》卷一百二十四《忠义传四·蔡八儿》："大将奔盏遣数百骑驻城东，令人大呼曰：'城中速降，当免杀戮，不然无噍类矣。'"

城，比如花剌子模的玉龙杰赤。[1]

金军与蒙军厮杀二十余年，双方在华北、关中、东北反复拉锯，守城金军心中的国仇家恨不是几句恫吓之语就能被压下去的。金哀宗在一众文武大臣的簇拥之下登上东面城门，望着远处的蒙军，下令让忠孝军元帅蔡八儿带着百余名强弓手从暗门出城，对蒙军进行射击。

蒙军随即放弃了劝降这一打算，整军后撤，最后在金军弓弩的射程之外停住，开始构筑用于长期围困的长壕。[2]

此时，有人向金哀宗提议：趁着蒙军立足未稳，且城中金军休整得当的机会，出城迎战，在野战中击败这群来犯之敌。或许是因为三峰山之战给金哀宗留下了心理阴影，也可能他认为据城坚守才是正道，最后他拒绝了这一提议。拒绝的理由，是担心人心未定，这些人出城之后四散而逃不再回城。

从这一天开始，蔡州内外的金军和蒙军开始各自修筑工事，

---

[1] [波斯]拉施特编，余大钧、周建奇译《史集》第一卷第二分册，第二编，《成吉思汗纪》（六）："蒙古人展开了激战，将城内一个街区接着一个街区、一个院子接着一个院子地攻占下来，然后拆毁，付之一炬，就这样用了七天时间才将全城整个儿占领。他们将居民一下子全部驱到野外，从他们中间将十万名左右的工匠分出来，押送到东方去。青年妇女和孩子们也驱入俘房队，剩下的人则分配给军队屠杀。据人们确定地说，五万多蒙古兵每人分配到二十四人。简单说来，蒙军将所有的人杀死后，便川流不息地入城任意洗劫。剩下的房屋和街区一下子全被毁掉了。"

[2] 《金史》卷一百二十四《忠义传四·蔡八儿》："上登城，遣八儿率挽强兵百余潜出暗门，渡汝水，左右交射之。自是兵不复薄城，筑长垒为久困计。"

战场上出现了诡异的寂静。

寂静没能持续太久。

十月初一,蒙军耀兵于城外,"旗帜蔽天",焚毁了蔡州的四个关厢,鸣金收兵。蒙军这次试探性的攻击并没什么斩获,所以蒙军再次开始围而不攻。城内的金军倒是几次试图出城夜袭,但一无所获。

十月十七日,蒙军开始攻城。

对金哀宗而言,这无疑是一个沉重的消息。自今日起,恐怕蔡州再无宁日。但随即第二个噩耗也来了:东门护卫把亦把然、北门奉御蒲察孛干二人分别单骑出城,投降了蒙军。

守御东、北两面的元帅大怒,下令彻查,这二人的部属因受到牵连而人人自危。最终金哀宗不得不亲自出面,用天子降诏的超高规格赦免其中的大部分人,只问罪那些参与者。[1]

二十六日,殿前左副都点检温敦昌孙战死。

温敦昌孙,本姓王,其姑姑是金宣宗皇后王氏。王昌孙被赐姓温敦,算起来与金哀宗是表兄弟。蒙古人围困蔡州之后,温敦昌孙多次率人潜出城去巡查探听情报。金哀宗本来很喜欢吃鱼,蔡州城外就是汝河,汝河里的鱼颇为肥美,但因为金蒙交兵,常有泡得发白的浮尸自上游漂来,这汝河里的鱼便无法食用了。蔡州城西有个大水泊叫练江,鱼多且大,只不过练江距离蔡州还有数里距离,城外又有蒙古人的营地,所以单人独骑前往捕鱼是行

---

[1] [金]王鹗《汝南遗事》卷三:"丁亥,敌人复以大军薄城,东门护卫把亦把然、北门奉御蒲察孛干各单骑出降,有司鞫问其属,延坐甚众。诏止诛预谋者,余皆赦之。"

不通的。于是，温敦昌孙每天带着一小支军队前往捕鱼，一来可以作为军粮，减少蔡州城内粮草消耗，二来也可以向皇帝进献美食。一来二去，金军的动向就被蒙古人发现了。这一天蒙军在路上设伏，对此一无所知的温敦昌孙不出意料地中了埋伏，死在了捕鱼的路上。[1]

自九月初十蔡州围城以来，粮草就成为守军最大的问题，金军不得不想尽办法筹措粮草。九月十五日，金哀宗减定官兵的月俸支粮，三天之后的九月十八日又下令全城括粟，每个成年人最多存粮八斗，十岁以下儿童存粮五斗，除此之外胆敢藏匿任何粮食者，不问多寡，一概处死。最终在括粟金军拆房挖地的搜索之下，征集出了二万五千余石的粮食。[2]

十一月初一，金哀宗交给殿前右副都点检阿勒根移失剌一份差事，命其弹压开始失控的蔡州军民。尽管多方征集粮草，但蔡州城内的粮草还是逐渐不敷使用，粮食一天贵过一天，斗米白金十两。不得果腹的饥民逐渐成为暴民，三三两两地藏匿于空街净巷之间，遇到有人经过就发动偷袭，用绳索勒死行人，然后分而食之。有些士兵凭借着手里有刀，也逐渐加入这些队伍，甚至一

---

[1] [金]王鹗《汝南遗事》卷三："丙申，殿前左副都点检温敦昌孙以战殁。……敌人围城，数引兵潜出巡逻，常得觇者。时上食须鱼，汝河鱼美，上以浮尸东下恶之。城西有积水曰练江，鱼大且多，然距城数里，必以军卫翼，乃得捕。昌孙日领军以往，所得动千余斤，进余分赐将士。敌人觇之，左右设伏，伺其归击之。我军败走，昌孙力战不退，遂被害。"

[2] [金]王鹗《汝南遗事》卷三："己未，括粟于城中，人存粮八斗，十岁以下五斗，敢匿斗升者处死。……凡得粮二万五千石有余。"

度出现买卖人肉的乱象。

被任命为宣差镇抚军民都弹压的阿勒根移失剌,派人立起几根高高的旗杆,凡是遇到这种枉杀人命的亡命徒便砍下其首级悬挂上去。北风呼啸中,孤零零的旗杆上挂着一串头颅,随风摇曳,如此景象确实镇住了一部分刁民,当街杀人食肉的乱象随之减少。但王法易犯,饥饿难当,解决不了粮食问题,人吃人的惨剧就不会结束,无非从白天转入夜晚,即便移失剌对此现象毫不姑息,最终还是无法杜绝这种现象,天黑之后仍然时有发生[1]。夜幕之下的蔡州,如酆都地狱一般。

十一月初五,宋军到了。

在此之前,金哀宗虽然早已通过各种途径得知了宋蒙似乎达成联盟的消息,但他一直不愿接受这一现实,一直幻想着南宋能懂得"唇亡齿寒"的道理,为此他派完颜阿虎带前往南宋借粮,表达自己的"善意",并告诉南宋,蒙古人绝不会就此收手,灭金之后定会挥师南下攻宋。在他看来,宋朝若能帮助自己最好,即便宋朝保持两不相帮,自己也还有机会——毕竟此时大金尚有二十余府州,如果每个府州都像现在这样逐个抵抗蒙古,自己起码还能支撑数年。

并不是说没有南宋的帮助,蒙古就无法完成灭金的事业。

---

[1] [金]王鹗《汝南遗事》卷三:"十一月辛丑朔,以殿前右副都点检阿勒根移失剌为宣差镇抚军民都弹压,……时谷价日腾,斗米白金十两,空街净巷,往往缢人而食之,军卒尤甚,至有鬻其肉者。移失剌乃立高竿于市衢,有犯者钩其首悬之。犯者少止,然遇夜亦不能禁。"

自野狐岭之战以来已经过去二十三年，金蒙拉锯交锋，每个城池都反复易手，双方之间早就结下了血海深仇。但金朝现在几近崩溃，金人心中所存的唯一幻想，或者说唯一的慰藉，就是宋朝会助金抗蒙，即便南宋两不相帮，金军也可以自我欺骗：宋朝早晚会助金抗蒙。

但现在，擎着随风摇曳的赤红火焰脚大纛旗的宋军，已经抵达蔡州城下。

抵达蔡州城下的宋军有两万余人，统帅是之前在唐、邓一带大出风头的鄂州江陵府副都统制孟珙，另一名将领京西忠顺军统制江海是副手。随两万宋军一同到达蔡州城下的，还有南宋带来"犒赏"蒙军的三十万石粮食。[1]

宋军抵达蔡州城下之后，扎营于城南，并将招抚的书信用强弓射入城中，右丞完颜仲德捡到之后看都不看便扔进水中。此时，有数十名宋军冒着城头金军的箭雨突入到城墙之下，靠近了城门。金军见大势不妙，当下打开城门派人出城反击，在城上城下的双重反击之下，宋军开始撤回，其中有两名宋军撤退不及，

---

[1]《金史》卷十八《哀宗本纪下》："宋遣其将江海、孟珙帅兵万人，献粮三十万石助大元兵攻蔡。"宋军带来的粮食各书记载不同，《宋史》言是十万石，此暂从《金史》。至于宋军的人数，《金史》说"万人"，而在南宋的记载中则说"公请二万"（见[南宋]刘克庄《后村先生大全集》卷一百四十三《孟少保神道碑》），今从后者。

被金军俘获[1]。

宋金在蔡州的第一次交锋,就此结束。

蒙古统帅塔察儿听说宋军抵达,派兔花忒、没荷过出、阿悉三人来邀请孟珙前往蒙军营。孟珙毫不拘束,与前来迎接自己的蒙古人一同打猎,并按照蒙古人的习俗,将猎物的血滴入酒中痛饮,尽显慷慨气概[2]。

随后,孟珙骑马直入蒙军营中,见到了在此等候的塔察儿,两人一见如故英雄相惜,相扶入帐,痛饮马奶酒,席间还谈起了不久前孟珙在唐、邓一带的军事行动。愤恨于恒山公武仙的塔察儿听说击败武仙的就是眼前这位将军,顿时肃然起敬,大加赞赏,直夸孟珙"你杀得武仙赛因"[3]。"赛因"就是蒙古语"好"的意思。

两人频频举杯,并分析了当下的形势。二人似乎非常对脾气,还"约为兄弟"[4]。在四散飘绕着酒气和烤肉香味,旁边篝火中的木头不时发出噼啪响声的蒙军营大帐里,孟珙和塔察儿两

---

[1] [元]王鹗《汝南遗事》卷三:"乙巳,宋人遣襄阳太尉江海、枣阳太尉孟珙以兵万人助敌,耀于城南,且以射书入城中,招谕军民。右丞仲德得之,投诸水中。忽敌兵数十卒至城下,几及门,我军逆战,敌人甚勇。俄而翼伏发矢下如雨,敌惧,突围夺桥道以出,唯二人不及,为我军所得。"

[2]《宋史》卷四百一十二《孟珙传》:"倴盏遣兔花忒、没荷过出、阿悉三人来迓,珙与射猎,割鲜而饮,驰入其帐。"

[3] [南宋]刘克庄《后村先生大全集》卷一百四十三《孟少保神道碑》:"遣先归轻骑直造其帐,倴盏喜,取马乳酳之,且频觞以饮公,曰:'你杀得武仙赛因。''赛因'者,华言极好也。"

[4]《宋史》卷四百一十二《孟珙传》。

人制定出了一份对蔡州初步的攻击方案。

当塔察儿告诉孟珙，在前几日的试探攻击下有金军统领出城投降之事时，孟珙得出了判断：金军已经无法继续坚持了。他当即建议塔察儿，宋军和蒙军分开扎营，分别防守，以免金军趁势突围逃走。最终两人商定好，宋军驻扎于蔡州城南，负责蔡州南面、东面的攻击和防务，蒙军扎营于城西，负责蔡州西面、北面的攻防任务。为了避免双方士兵误伤或者其他可能误会、引起摩擦的情况，双方约定各自约束好自己的士兵，宋军不进入蒙军防区，蒙军也不进入宋军防区。[1]

次日，双方尝试着联手攻击，这也是双方第一次联合作战。

在此之前，虽然宋蒙双方在陕西、山东交过手，但蔡州城下的这两支部队并未接触过。塔察儿指派一位汉军万户带着五十名"拔都"——也就是勇士，身穿重甲，突入到蔡州城下。金军则将带铁钩的绳索抛掷下来，试图生擒这些"拔都"，有三名拔都勇士被敌军铁钩钩住，包括万户本人。孟珙见状，带一队骑兵赶过去救人，隔着护城河将手中的宝剑掷了出去，宝剑在空中割断绳索，把万户救了回来。[2]

被孟珙亲手救下的蒙古汉军万户，名叫张柔，易州定兴县

---

[1] [南宋]刘克庄《后村先生大全集》卷一百四十三《孟少保神道碑》："得蔡降人，言城中饥。公曰：'虏已窘矣。当画地而守，以防突围。'我得东南，鞑得西北。公语倴盏：'已戒南军毋入北营，汝亦当戒北军毋入南寨。'"

[2] [南宋]刘克庄《后村先生大全集》卷一百四十三《孟少保神道碑》："倴盏诺，令其万户张柔领八都鲁五十人逾濠突城，城中钩二人以往，柔亦罣钩。公麾兵救之。池深，飞剑斫钩，挟柔以出。"

（今属河北）人，本是金军在河北任命的义军将领，元太祖十三年（金兴定二年，1218年）兵败被俘，归降蒙古，从此开始了纵横华北的军事生涯，"辟地千余里"[1]，一月之内十七次击败武仙，威震河朔。张柔在灭金之后返回河北老家。四年后的蒙古太宗十年（1238年），他的第九个儿子出生，取名弘范。

正是这个张弘范，在元世祖至元六年（宋度宗咸淳五年，1269年）被委任为益都淄莱等路行军万户，前往襄阳协助丞相伯颜攻宋。至元十三年（宋恭帝德祐二年，1276年），张弘范作为先遣人员进入临安接受南宋的投降，随后又担任蒙古汉军都元帅，全权统率元军追击在广东即位的南宋末帝赵昺。至元十六年（宋帝昺祥兴二年，1279年）二月，丞相陆秀夫背负着八岁的末帝赵昺投海自尽，南宋彻底灭亡。张弘范在崖山之上刻下了"镇国大将军张弘范灭宋于此"[2]。

十二月初四，蔡州迎来了一波前所未有的超强度攻击，四面防御全部告急，金哀宗宣布城内所有人员悉数登城参战，连强壮的女子都换上男子衣服，负责运输守城用的石头。金哀宗本人也离开了临时皇宫，像当初在南京开封一样，亲自往来各防御阵地慰抚军士。苦苦支撑到日暮时分，宋蒙军缓缓撤去，但金军并不敢离开防御阵地，只能在城墙上和衣而睡，枕戈待旦，迎接更血腥的新一轮太阳升起。

初七，蒙军将城西的练江掘开，希望借助水势来攻击蔡州

---

[1]《元史》卷一百四十七《张柔传》。
[2] [清]屈大均《广东新语》卷二。

城墙。蔡州南城外，紧贴着城墙有一口叫柴潭的池塘，高出汝河五六尺，金军在贴着柴潭的城墙上设置了防御工事"金字楼"。传说，柴潭深不见底的潭水里有一条龙，保佑着蔡州城，攻击的宋军都在想办法避开柴潭，不敢接近，以至于"金字楼"里的金军可以用巨弩从容击杀靠近城墙的宋军，对宋军构成了致命威胁[1]。孟珙见蒙军掘开练江，大受启发，于是避开柴潭结实的堤首，从两侧薄弱之处掘开潭堤，滔滔潭水注入汝河，柴潭很快见底，没有了"巨龙"，柴潭就不能继续屏障"金字楼"，宋军成功推进到土门之下。

初九，蒙军攻破了金军设在蔡州城外的防御工事，宿州副总帅高刺哥战死，蒙军开始直接攻击金军防守的城墙。

十九日，蒙军攻破了蔡州西城，都尉王爱实战死，炮军总帅王锐杀掉了自己的上司元帅谷当哥，带着三十人投降蒙军。

金哀宗接到西城被蒙军攻破的消息之后，以为城陷在即，错愕之下，对身边的侍臣吐露了绝命之言：自己做了十年皇子、十年太子、十年皇帝，没什么大的过错，所以即便死了也没什么可以悔恨的；唯一不甘心的，是列祖列宗传承百年的大金王朝，却偏偏亡在了自己手里，自己竟要与吴末帝、陈后主、隋炀帝那些

---

[1] [南宋]刘克庄《后村先生大全集》卷一百四十三《孟少保神道碑》："恃潭为固，外即汝河，潭高于河五六尺，城上金字号楼，伏巨弩。相传云：岸下有伏龙。人不敢近，将士疑畏。"

荒淫无道的亡国之君同列。[1]

或许是想到了百年之前金朝如何对待俘获的辽天祚帝、宋徽宗宋钦宗父子，片刻之后金哀宗又说："自古没有不亡之国，亡国之君从来不会有好下场，被囚禁，被献俘，受尽屈辱。"他绝不允许自己受辱。[2]

但攻破城墙防线的蒙军未能继续扩大战果，在城墙被蒙军打开缺口之后，防守西城的完颜仲德将事先准备好的木栅栏等堵塞设施摆上，填到了蒙军攻破的豁口里，还将战事不太紧张的东、北、南三面守军精锐也抽调过来，勉强挡住了志在必得的蒙军。[3]

第二天，大有劫后余生之感的金哀宗下令赏赐昨日守城有功的将士，但府库早已空虚，无物可赏，金哀宗便下令御用金银器皿拿去赏赐；御用器皿不够，就让百官各自捐献；最后百官捐献也不够了，下令将民间之物征缴上来做赏赐之用，甚至将民众的棉衣全部扒下来赏给那些在战斗中衣服破损的军士。天兴二年的腊月，似乎格外寒冷，被扒掉棉衣、敛去财物、括尽粮食的民

---

[1]《金史》卷十八《哀宗本纪下》："上谓侍臣曰：'我为金紫十年，太子十年，人主十年，自知无大过恶，死无恨矣。所恨者祖宗传祚百年，至我而绝，与自古荒淫暴乱之君等为亡国，独此为介介耳。'"

[2]《金史》卷十八《哀宗本纪下》："又曰：'古无不亡之国，亡国之君往往为人囚絷，或为俘献，或辱于阶庭，闭之空谷。朕必不至于此。卿等观之，朕志决矣。'"

[3]《金史》卷一百十九《完颜仲德传》："己丑，西城破，城中前期筑栅浚濠为备，虽克之不能入也。但于城上立栅，南北相去百余步而已。仲德摘三面精锐日夕战御，终不能拔。"

众，冻死、饿死者不计其数，试图反抗之人一律被身为都弹压的阿勒根移失剌当场斩杀[1]。

二十四日，金哀宗终于想跑了。

之前他要来蔡州，许多大臣都表示反对，甚至连形同军阀的国用安都反对，但金哀宗还是一意孤行来到蔡州。到蔡州之后，完颜仲德就积极谋划下一步的逃亡，力劝金哀宗前往陕西，为此他想尽办法收拢马匹，规定但凡进献马匹者都可升迁赏赐，又积极募兵、练兵。但担心路上出事的金哀宗又怎么可能离开现在这个看起来安全无比的蔡州呢？不久，蒙军围城，他想走也走不了了。

但十二月二十四日这一天，金哀宗又想通了：蔡州既然守不住，不如撤走寻找下一个可以落脚的地方。入夜之后，他换下龙袍，穿上普通军士的衣物，带着贴身侍卫悄悄溜出东门，试图重演年初他在黄河北岸放弃大部队潜逃的旧事。但这次他没有成功，城外密布的金军防御木栅工事挡住了他逃命的脚步，随即又被守候在外的宋军察觉，在侍卫的拼死护卫下，金哀宗逃回蔡州城内。[2]

看来已经晚了。

---

[1] [金]王鹗《汝南遗事》卷四："庚寅，上欲赏战士，而府库空竭，乃悉出御用器皿，然后总百官进献，不足则敛于民。又虑将士衣甲其有不完者，尽括民衣袄赐之，谓之'软缠'。诏军民都弹压阿勒根移失剌办其事，移失素苛暴，有犯必诛，血流于市。"

[2] 《金史》卷十八《哀宗本纪下》："甲午，上微服率兵夜出东城谋遁，及栅，不果，战而还。"

二十五日，城内粮食已然见底，甚至出现了一幕幕惨绝人寰的恐怖场景：军士们将年迈的老人和不成丁的小孩杀掉吃肉，将脂肪熬成用于烧杀进攻者的油，还起了个名字叫"人油炮"[1]。自知逃亡无望的金哀宗，下令杀掉马厩中的五十匹御马、一百五十匹官马，将马肉分给守城将士，只留下十匹马用于骑乘，有资格骑乘的，也只是四五位最高长官以及负责弹压地面的移失剌，其他人无论文武、品秩，一概徒步[2]。随着当初完颜仲德费尽心思征集来的战马被一匹接一匹杀掉、分割，金哀宗出逃的希望也渐渐渺茫。

城墙上的守御工事在宋蒙军连日不辍的攻击之下多处受损，为加固这些防御设施，城内的树木和木料早已告罄。随着催促索要木料的人越来越多，金哀宗下令，将靠近城墙的民户屋舍尽数拆掉，拆出来的木料用于军事防御。一时间，蔡州城内鸡飞狗跳，各处民居几乎拆平。隆冬腊月的寒风之中，无家可归的难民冻得瑟瑟发抖，"相望空墙"[3]。

二十九日，除夕夜。这一天蒙军和宋军暂停了攻城，城内稍得安宁。一片死寂中，一个被人称作"菩萨"的疯癫僧人来来

---

[1]《宋史》卷四百一十二《孟珙传》："金人驱其老稚熬为油，号'人油炮'，人不堪其楚。"

[2][金]王鹗《汝南遗事》卷四："乙未，杀尚厩马五十匹、官马百五十匹，分犒将士。尚厩饲马止十匹，百官唯执政四五人与都弹压移失剌乘马，余皆徒行矣。"

[3][金]王鹗《汝南遗事》卷四："时西城上下增置堡楼硬栅，公私材木俱罄，大小杂树斩伐亦尽，乃撤民屋用之，自城及市，几四五里，相望空墙而已。"

回回地走着，嘴里叫喊着："我有退敌之策！"但当闻讯赶来的金朝官员问他有何良策时，他只是傻笑着走开，嘴里仍在喊着："我有退敌之策！"有个女巫一通做法之后，仿佛鬼神附体，用诡异的声音告诉众人有救兵会从西南方向赶来。在街上巡逻的完颜仲德听到之后，派人过去向女巫行礼，表示谨遵神仙的法旨云云，借此安定已经崩溃的人心。[1]

马上要过年了，大金国总算又延续了一年。

最后的十日

　　古人上寿皆以千万岁寿为言，国初种人纯质，每举觞，惟祝百二十岁而已。
　　　　　　　　——[金]元好问《续夷坚志》[2]

1234年，金天兴三年，宋端平元年，蒙古太宗六年。

正月初一，庚子，朔。

蔡州城外，蒙军和宋军都没有发动进攻。这一天是新年第一天，崇拜长生天的蒙古人要举办盛大的祭天仪式[3]。宋军主将孟

---

[1] [元]王鹗《汝南遗事》卷四："己亥，有狂僧号菩萨，自言能退敌。有司闻之，但含笑不答。数日忽不见。又有女觋亦作鬼语，称有救兵自西南来。右丞仲德皆遣人致礼，以安人心。"

[2] [金]元好问《续夷坚志》卷二。

[3] [南宋]赵珙《蒙鞑备录》："正月一日，必拜天，重午亦然，此亦久住燕地，袭金人遗制，饮宴为乐也。"

珙则接到了大宋皇帝自临安发来的慰问前线将士的书信[1]，一时全军激奋，山呼万岁的声音连城内的金军都能听见。

而城内的这一天，却是交织着希望与失望的一天。

这一天，金军听着城外宋蒙军营里不断传来的劝酒声，以及隐约可闻的丝竹声，还时不时能闻见香飘数里的酒肉香味，但是城内没有丝毫过节的气氛，连像样的吃食都早已没有了，金军只能忍饥挨饿，看着远处蒙军与宋军大快朵颐而唉声叹气。

自去年九月蒙军围城以来，城内金军已经战死总帅一人、元帅三人、都尉二人，至于总领、提控级别以下的军官更是不可胜数[2]，每天都有很多熟悉的面孔消失。

这一天也是金军满含希望的一天。

两个月前，天兴二年十月十八日，金哀宗派出一批使臣，向各地的金军将领送去了求援书信，包括兖王国用安、恒山公武仙、徐州（京东）行省完颜赛不、巩昌（陕西）行省粘葛完展、息州行省抹撚兀典，以及仍在金军控制之下的陈州、颍州、宿州、寿州、泗州等地长官，还有那些聚集在山寨上的各处义军，约定好在天兴三年正月初一这一天汇集蔡州城下，内外并举，共同夹攻敌人。

---

[1] [南宋]刘克庄《后村先生大全集》卷一百四十三《孟少保神道碑》："端平甲午正月，围蔡逾两月矣，御札勉谕将士，众感激思奋。"

[2]《金史》卷一百十九《完颜仲德传》："三年正月庚子朔，大兵以正旦会饮，鼓吹相接，城中饥窘，愁叹而已。围城以来，战殁者四帅、三都尉，其余总帅以下，不可胜纪。"又，[金]王鹗《汝南遗事》卷四："是月，四城将士战殁者，总帅一、元帅三、都尉二。"

城楼上的哨兵盯着城外的地平线望眼欲穿，却始终没有看到一个援军。入夜之后，军士按照事先约定，将点燃的火炬高高举起，做最后的尝试。然而，城外却是死一般的寂静，城外没有任何人按照约定前来"会战"，蔡州金军的最后一点希望之火至此熄灭。[1]

金哀宗不知道的是，这些"地图上的援军"有些其实早已不存在了。

天兴二年七八月间，恒山公武仙在邓州被宋军击败，"粮食绝，军士亡者八九""计无所出"[2]，此刻正准备北上河北老家再招兵买马。十月，完颜赛不据守的徐州被围，城内兵将商量着献城降蒙，他不愿投降，也不想被俘，于是在十月二十六日自缢身亡，徐州陷落。[3]粘葛完展行省巩昌，而此时的巩昌虽然名义上还是金朝辖地，实际上已经被当地的陕西军阀汪世显所制约，他根本无能为力。

其他诸城里，陈州本来是最有希望来援的，陈州守将粘葛

---

[1] [金]王鹗《汝南遗事》卷三《征诸道兵会战》："戊子，遣人赍矾书征究王用安、恒山公仙、京东行省赛不、陕西行省完展、息州行省兀典，并陈、颍、宿、寿、泗州等官军，及诸山寨义兵，期以来年正月旦日会战，中外举火三以为验。及期，无一人至者。"按，此记载置于《汝南遗事》卷三，天兴二年十一月条下，然而十一月无戊子日，八月戊子日蒙军尚未围城，十二月戊子日距天兴三年正月过近，所以按十月戊子计算。

[2]《金史》卷一百十八《武仙传》。

[3]《金史》卷一百十三《完颜赛不传》："时蔡已被围，徐州将士以朝命阻绝，且逼大兵，议出降。赛不弗从，恐被执，……自缢于州第。麻琮乃遣人以州降大元。"

奴申在陈州收拢各地流民数十万[1]。开封陷落之后，大批军民也纷纷来到陈州，陈州一时被认为是东南生路所在。但不久陈州又发生兵变，都尉李顺儿叛金降蒙，城中人又杀了李顺儿，举城逃蔡，结果被蒙军追击，"老幼数十万少有脱者"[2]，陈州这条生路至此中断。颍州、宿州、寿州、泗州则被宋军围困，自身难保。

初二，辛丑。

蔡州自去年九月蒙军围城以来，到现在已经四个月，因为城内乏食，军士逃亡并非稀罕事。

这一天又有人逃到宋军军营告诉孟珙，蔡州现在断粮已经三个月了，城内早已人心涣散。马鞍、皮靴甚至敲破的鼓皮都被拿去煮烂了当食物，人吃人的惨状随处可见，还能作战的军士每天的食物就是混杂着人肉的野菜；至于作战不力的败军，更是直接拉去砍了当军粮用。[3]

初三，壬寅。

城南水深丈余的柴潭本来是防备宋军攻击的重要屏障，宋

---

[1]《金史》卷一百十九《粘葛奴申传》："陈自兵兴，军民皆避迁他郡，奴申为之择官吏，明号令，完城郭，立庐舍，实仓廪，备器械。未几，聚流亡数十万口，米一斛直白金四两，市肆喧哄如汴之阛阓，京城危困之民望而归者不绝，遂指以为东南生路。"

[2]《金史》卷一百十九《粘葛奴申传》。

[3]《宋史》卷四百一十二《孟珙传》："端平元年正月辛丑，黑气压城上，日无光，降者言：'城中绝粮已三月，鞍靴败鼓皆麋煮，且听以老弱互食，诸军日以人畜骨和芹泥食之，又往往斩败军全队，拘其肉以食，故欲降者众。'"

军久攻不得，干脆掘开了柴潭大堤，滔滔潭水流入汝河，潭水枯竭，屏障不再。结果，本来已几乎干涸的池塘，这几日突然雾气茫茫如有神明显灵一般，潭水居然暴涨。金哀宗大喜，认为是神仙相助，在这一天派出参知政事张天纲去祭祀柴潭，并按照金朝为山河封神的旧例，加封柴潭为"护国灵应王"，希望势如危卵的江山社稷能得到护佑。[1]

初五，甲辰。

蒙军和宋军仍在攻击，战况加剧告急。这一天，金哀宗甚至把自己身边的承应人全部差遣出去，协助防守四面城池，舍人、牌印以及中书令史也被派去当负责拉拽投石机的炮夫，金哀宗身边仅留下几名下人使唤。不过他并未料到，那些平时颐指气使养尊处优的承应、舍人、牌印、令史并不甘愿做苦力，更不愿为大金陪葬，被派去协守四面城池的奉御转奴、护卫扎鲁等人，当夜便缒墙出城投降了。[2]

初九，戊申。

这一天，蒙古人将本就残破不堪的蔡州西面城墙又凿出五个豁口，随后从豁口处攻入蔡州。负责防守西城的完颜仲德早就

---

[1] [金]王鹗《汝南遗事》卷四："壬寅，诏参政天纲祭柴潭神，仍赐号曰'护国灵应'。潭在城南，水深长数丈。宋人分攻南面，决之，潭几涸。一日，云雾障潭，潭水暴涨，至是及丈余。上神之，后有是命。"

[2] [金]王鹗《汝南遗事》卷四："甲辰，上以将士多战殁，尽出宫中官承应人等分守四面，至令舍人牌印及省部令史拽炮，上之使令数人而已。有奉御转奴、护卫扎鲁等，皆疏俊年少，不任执役，乘夜缒出投降，上亦不知也。"

准备好了木栅,用其堵住豁口,并将暂时无人攻击的蔡州东面、北面、南面的守城军士悉数增援过来,与蒙军鏖战一天。蒙军没能扩大战果,眼见日薄西山,今日破城无望,后方大营里吹响了收兵的号声,于是蒙军交替撤回。临走时,留给金军一句"明日再战"。[1]

或许是想到了半年之前国用安提出的蔡州"六不可去"的书信,国用安在信中说金哀宗"圣体丰泽,不便鞍马,仓促遇敌,非臣子所敢言"[2],金哀宗现在终于理解了这句话,自己确实"不便鞍马",蔡州也确实"廪食有限",可惜,悔之晚矣。

不过片刻之后他又想到,自己"不便鞍马"不代表其他人也"不便鞍马"。他眼前出现了一个人——蔡州东面元帅完颜承麟。

完颜承麟,一个在史书上扑朔迷离的人。《金史》上没有其列传,其事迹需要靠从其他人的传记里摘录的只言片语拼凑而成。我们从其胞兄完颜白撒的列传里得知,他是金朝远支宗室,其祖先是"世祖诸孙",金世祖就是完颜劾里钵,金太祖、金太宗都是他的儿子,但金世祖的儿子多达十一人,《金史》里说的"世祖诸孙"到底是谁已经无从查证。完颜白撒在《金史》中有传,但关于其家人,书中只有一句"末帝承麟之兄也"[3]。有好事者说白撒兄弟是完颜宗弼之曾孙、完颜亨之孙、完颜羊蹄之

---

[1]《金史》卷一百十九《完颜仲德传》:"戊申,大兵凿西城为五门,整军以入,督军鏖战,及暮乃退,声言来日复集。"

[2]《金史》卷一百十七《国用安传》。

[3]《金史》卷一百十三《完颜白撒传》。

子,但完颜羊蹄在金正隆六年(1161年)便被海陵王所杀[1],其子又是如何能活到七十年后的天兴三年还能"便鞍马"的呢?

不仅家世不明,完颜承麟甚至连本来的名字也没有留下。其兄长叫完颜白撒,"白撒"是女真语,汉名"完颜承裔",很显然"完颜承麟"这个名字也是汉名,而他的女真名已经湮没在历史中无从查找。

当天晚上,金哀宗急忙召回正在督战的完颜承麟,当着百官的面郑重宣布,完颜承麟便是下一任金国皇帝,自己将禅位给他。完颜承麟不明就里,连忙谢罪推辞,金哀宗表示:"朕之所以传位给你,也是不得已而为之。因为朕身体肥胖,不便骑马奔跑。你平日敏捷有将略,万一逃出生天,幸免一死,还可延续我大金国祚不绝,这是朕的心愿,也是对你的期望。"[2]

初十,己酉。此时天尚未明。寅时,凌晨三点钟到五点钟,往往是人最困之时,城墙上的金军正横七竖八地躺着休息。

强攻蔡州的宋军统帅孟珙命令将士在蔡州南门和"金字楼"之间一字排开,听击鼓为号,对城墙同时发动攻击。

一片漆黑中,宋军突然杀声震天,战鼓声响彻云霄。金军一直在防守西城的蒙军,南城防备宋军的力量相对薄弱,宋军的

---

[1] 《金史》卷七十七《完颜亨传》:"正隆六年,海陵遣使杀诸宗室,于是杀亨妃徒单氏、次妃大氏及子羊蹄等三人。"
[2] 《金史》卷十八《哀宗本纪下》:"戊申夜,上集百官,传位于东面元帅承麟,承麟固让。诏曰:'朕所以付卿者,岂得已哉?以肌体肥重,不便鞍马驰突。卿平日矫捷有将略,万一得免,祚胤不绝,此朕志也。'"

突然攻击让睡梦中的金军愕然惊醒,但仅仅稍微迟疑了一下,便如同肌肉记忆一般,将手里的弓弩箭簇以及滚木礌石对城下的宋军发动防御性反击。宋军则悍不畏死,强行在南城支起数十条云梯,举着盾牌竞相向城上拼命攀爬。

第一个登上蔡州城头的宋军士兵,名叫马义,第二个叫赵荣。这两个普通的军士,因为拼死先登蔡州城而千古留名。[1]

紧接着,成千上万的宋军涌上城墙,守城的金军寸步不让,与宋军展开殊死肉搏。但他们也明白,敌人已经爬上了城头,金军大势已去,所以城墙上的战斗并没有持续太长时间,金将乌古论镐和将帅二百人便向宋军缴械投降。

此时,完颜承麟正在官员簇拥下举办即位大典,并改元盛昌。

这场新皇即位的典礼颇为寒酸,所以一切从简,宣徽使温敦、金东上阁门使事仆散斜不失引导着完颜承麟移步宝座之前,完颜承麟还穿着战甲,无法坐上皇位,于是站着接受了百官的拜见。[2]

即便如此,也有人表示了不满。

当一众大臣排班肃列,准备向完颜承麟行礼时,忠孝军元帅蔡八儿兀立在人群中,并不拜见行礼,只留下了一句话:"事已

---

[1] [南宋]刘克庄《后村先生大全集》卷一百四十三《孟少保神道碑》:"马义先登,赵荣继之,公麾万众毕登,杀伪元帅高家奴。"

[2] [宋]宇文懋昭《大金国志》卷二十六《纪年·义宗皇帝》:"宣徽使温敦、金东上阁门使事仆散斜不失引后主升正座,后主犹被甲胄,立受百官拜。"

至此，只有战死罢了，何必换一个皇帝效忠呢？！"说罢便出门投入搏杀之中，最终战死。[1]

登基仪式刚刚结束，已经有人飞报宋军攻入南面城门的消息。一时杀声震天，完颜承麟顾不上自己现在已是九五之尊的身份，亲率士卒冲了过去，在街道之中与宋军展开激烈巷战。

蔡州不大，宋军攻陷南门的消息不久便传得满城皆知，在宋蒙同时攻城的进度上，宋军略胜一筹。此时完颜仲德据守的西面城墙仍由金军控制，拒蒙军于城下。孟珙得知后，派人过去两面夹击，打开了西城门，放下吊桥，放蒙军攻入城墙[2]。宋蒙两军分别从不同方向涌入蔡州，完颜仲德率手下最后一批士兵且战且退，进入城区，依托逼仄的街巷节节抵御宋蒙联军[3]，书写着大金王朝最后的悲壮。

金哀宗在得知宋军已攻破城防之后，命令贴身随从道："朕死后，烧掉朕的尸体。"接着便在幽兰轩自缢而死。

此时完颜承麟已经率人退保蔡州子城，听闻金哀宗驾崩，连忙带群臣过去哭奠。肝肠寸断之际，完颜承麟对众人感慨道：

---

[1]《金史》卷一百二十四《忠义传四·蔡八儿》："已而哀宗度蔡城不守，传位承麟。群臣入贺，班定，八儿不拜，谓所亲曰：'事至于此，有死而已，安能更事一君乎！'遂战死。"

[2] [南宋]刘克庄《后村先生大全集》卷一百四十三《孟少保神道碑》："使人视西北，则金鞑尚相持于土门水上，乃开西门下吊桥邀倅偕入。"

[3] [元]郝经《郝文忠公陵川文集》卷三十五《许郑总管赵后述先碑铭》："池战而没则登陴，陴堕而圮则栅巷，栅拔而烬则负户，短兵顿则张空拳，肉薄骨并，眦裂齿碎。"

"先帝在位十年，勤俭经营，宽仁待人，希望能够恢复昔日帝业，结果志向并未实现，可悲可叹。"下旨为至死不甘为亡国之君的完颜守绪上庙号为"哀宗"。[1]

哭奠尚未结束，蒙军又即将攻破子城，完颜承麟命令手下立即放火焚烧掉金哀宗的尸体，自己则带兵冲过去继续与联军搏杀。

正在巷战的完颜仲德看到幽兰轩火起，又听闻金哀宗自缢，顿时心如死灰，对手下最后的将士说："君王已死，我们还打什么呢？我决不能死于敌人的乱刀之下，我要跳汝河，跟随我们的君王去了，你们也好自为之吧。"说完投汝河而死。

完颜仲德手下的将士听到他这番悲壮的话，纷纷表示："将军能殉国，难道我们不能吗？"参知政事孛术鲁娄室、兀林答胡土，总帅元志，元帅王山儿、纥石烈柏寿、乌古论桓端及军士五百余人，一同投河殉国。[2]

坚守在蔡州子城中的金末帝完颜承麟，最终死于乱军之

---

[1] [宋]宇文懋昭《大金国志》卷二十六《纪年·义宗皇帝》："后主知主崩，率百官诣前拜泣，因谓众曰：'先帝在位十年，勤俭宽仁，图复旧业，有志不就，可哀也已。吾欲谥之曰哀，何如？'仓卒无知礼者，咸赞成之。"

[2] 《金史》卷一百十九《完颜仲德传》："俄见子城火起，闻上自缢，谓将士曰：'吾君已崩，吾何以战为。吾不能死于乱兵之手，吾赴汝水，从吾君矣。诸君其善为计。'言讫，赴水死。将士皆曰：'相公能死，吾辈独不能耶。'于是参政孛术鲁娄室、兀林答胡土，总帅元志，元帅王山儿、纥石烈柏寿、乌古论桓端及军士五百余人，皆从死焉。"

中。[1]金朝就此灭亡。

金末文学家、历史学家元好问曾记载过金朝初年的一个习俗：古人祝寿都是祝千岁、万岁，而金初的时候认为天下不会有千岁、万岁之人，人能活一百二十岁便是长寿了，所以每每祝寿也就祝"百二十岁"而已。

辽天祚帝天庆四年（1114年）九月，金太祖完颜阿骨打申告天地，正式起兵反辽。次年正月，完颜阿骨打称帝建国，以金坚实不坏为由，定国号为"大金"[2]，立年号收国。至蔡州城破，金哀宗完颜守绪自缢、末帝完颜承麟战死，是时为天兴三年正月初十。金朝享国一百二十年，元好问笔下的谶言[3]应验。

蔡州刚刚被围时，金哀宗让司天台的武亢卜卦蔡州何时会解围，武亢的回答是："明年正月十三，城下就不再会有一兵一骑。"

正月十三日，宋蒙军双双撤营而去，蔡州城下果然没有了一

---

[1] [宋]宇文懋昭《大金国志》卷二十六《纪年·义宗皇帝》："大军已至城下，金兵力御，大军少却。寻四面并至，城遂陷，后主为乱军所害。"

[2]《金史》卷二《太祖本纪》："辽以宾铁为号，取其坚也。宾铁虽坚，终亦变坏，唯金不变不坏。金之色白，完颜部色尚白。于是国号大金。"

[3] [金]元好问《续夷坚志》卷二："古人上寿皆以千万岁寿为言，国初种人纯质，每举觞，惟祝百二十岁而已。盖武元以政和五年、辽天庆五年乙未为收国元年，至哀宗天兴三年蔡州陷，适两甲子周矣！历年之谶遂应。"

兵一骑。[1]

武亢的"占候"终于得到了验证:

> 始于甲午,终于甲午,是有天焉,岂伊人力哉![2]

---

[1] [金]王鹗《汝南遗事》卷二:"明年正月十日城陷,十三日撤营去,城下无一人一骑。其数术精妙如此。"
[2] [宋]宇文懋昭《大金国志》卷二十六《纪年·义宗皇帝》。

第三章　渊默之主：宋理宗的韬晦之路

危险重重的祭陵

金朝覆灭的那一天，孟珙和蒙古将领塔察儿找到了已经烧焦了的金哀宗尸体。

金哀宗自缢之后，奉御完颜绛山按照其"死便火我"的遗言，焚烧掉其尸体。此时蔡州已破，宋军和蒙军从南北不同方向分别入城，蒙军发现了这个守在灰烬旁的金朝官员，问他为什么不逃命，绛山回答说他要收敛圣上的骨殖。蒙军随即报告给塔察儿，塔察儿立马赶了过去。

此时，孟珙也在金朝参政张天纲的指引下得知了金哀宗自缢焚尸的位置。幽兰轩外，孟珙和塔察儿不期而遇，决定将这具焦尸一分为二，各自带回。与金哀宗半具尸骨一起带回南宋的，还有金太祖武元皇帝完颜阿骨打的一方谥宝、一条玉带，以及金朝的一些金银铜印、金银牌。[1]随后宋军班师，返回驻地襄阳。

---

[1] [南宋]刘克庄《后村先生大全集》卷一百四十三《孟少保神道碑》："公与俦盖拾其骨，中分之。得伪武元皇帝谥宝一，玉带一，金银铜印、金银牌各有差。"

据野史记载，宋军攻入蔡州之后，曾对金朝皇室女眷进行了报复性凌辱。据说南宋军人强暴了金朝皇后，南宋末年无名氏曾绘制春宫图《尝后图》记述了此事。此图已不得见，但在佚名作者所著的《樵书》中，对这幅画有详细描述：

> 一妇人裸跣，为数人抬舁。人皆甲胄带刀，有啮唇与乳及臂与股者，至有以口衔其足者。唯一大将露形近之，更一人掣之不就。又有持足帛履袜衵衣相追逐者，计十有九人。

画上还有一段题字：

> 南北惊风，汴城吹动。吹出鲜花红董董，泼蝶攒蜂不珍重。弃雪拼香，无处著这面孔，一综儿是清风镇的样子，那将军是报粘罕的孟珙。

金皇后是否在蔡州被捉？史书上语焉不详，《金史》说金哀宗在天兴元年底逃离开封时"与太后、皇后、诸妃别，太恸"[1]，似乎并没有带女眷一起出逃。

卫绍王的徒单皇后，在金宣宗下令南迁时将其禁锢在郑州，不得随意出入，一直到金哀宗天兴元年方才释放，不过此时"河南已不能守，子孙不知所终"[2]。

---

[1]《金史》卷十八《哀宗本纪下》。
[2]《金史》卷六十四《后妃传下·卫绍王后徒单氏》。

金宣宗明惠皇后死于三峰山之战前的正大八年（1231年）九月，另一位皇后温敦氏（本姓王，赐姓温敦）就是金哀宗出逃开封时拜别的女眷中的"太后"，次年开封守将崔立发动政变，将其作为博取富贵的筹码献给了蒙古人，"后及诸妃嫔北迁，不知所终"[1]。

金哀宗的皇后徒单氏也在这次政变中被俘，史书上对她的记载停留在了"城破北迁，不知所终"八个字上[2]。

由此推断，金朝真正的皇后可能不至于受到被宋军强暴之大辱。

不过也不排除野史说的是金哀宗在蔡州时的"临时伴侣"。这位不甘心做亡国之君的亡国之君在亡国前仅六个月的天兴二年（1233年）七月，仍然下诏选妃。右丞完颜仲德为此直言上谏，最后金哀宗以"六宫散失，左右无人"为由，留下一人[3]。

总之，当时的情形已难以核实，后人也多认为"辱金后妃"

---

[1]《金史》卷六十四《后妃传下·宣宗皇后王氏》。
[2]《金史》卷六十四《后妃传下·哀宗徒单皇后》。
[3] [元]王鹗《汝南遗事》卷一："壬子，内侍殿头宋规密奉诏与御史大夫镐夫人蒲察氏选择室女，已得数人，将进御。右丞仲德言：'《礼》重内则，《诗》本后妃，所以承宗祧、广继嗣也。项闻遣人求良家子，以充后宫。臣知陛下必不为色，为社稷计耳。然小民无知，更相传讽，以为汴京陷没之后，七庙乏祀，两宫播迁，陛下行幸蔡州，志图刷耻，然驻跸以来，不闻远略，而先求处女，以示久居。臣愚以为民愚而神不可畏，况征进有日，难于从行，宜俟退敌，更求配耦。'上谕旨曰：'朕六宫散失，左右无人，或以蔡郡独完，故令采择。及承规诲，敢不敬从。止留识解文义者一人，余皆放释。卿宜谅知之。'"

极有可能只是"宋人借此吐气"[1]的虚构故事。

虽然南宋最终未能如靖康故事一般"以牙还牙",但攻灭金朝临时都城,斩获金朝末帝半具尸骨,勉强也算得上大仇得报。

南宋端平元年(1234年)三月,京湖制置使史嵩之向朝廷正式上呈了蔡州城破、完颜守绪自焚、金朝灭亡的露布[2],并献上金哀宗完颜守绪的残骸、俘虏以及缴获的金银印玺等战利品,其中包括原属于辽道宗耶律洪基、金太祖完颜阿骨打、金太宗完颜晟、金世宗完颜雍等多位宋朝旧敌的七颗宝玺[3]。

四月十八日,宋廷举行隆重仪式,以仇敌金朝覆灭的消息告慰祖宗社稷。

南宋行在临安沸腾了。自1127年(北宋靖康二年,南宋建炎元年)宋朝南渡迄今已一百余年,宋理宗终于为大宋一雪靖康国耻,完成高宗、孝宗、光宗、宁宗四代先帝的夙愿。灭掉了金朝,南宋朝野上下精神为之一振,人心可用,似乎中兴在即。

随后朝廷下令,将完颜守绪的遗骸以及辽金帝王的宝玺安置于大理寺狱中,以示"械敌于囚"。至于张天纲等人,礼部官员提出处理意见,按照北宋处理鬼章的方式,羁押这些俘虏。

鬼章,是河湟唃厮啰政权将领,曾数次击败北宋军队。北宋元祐二年(1087年),名将种谊攻破青塘人驻守的洮州城(今甘

---

[1] 丁传靖《宋人轶事汇编》卷一《孟珙》。
[2] 一种写有文字并用以通报四方的帛制旗子,多用来传递军事捷报。
[3] [元]佚名《宋史全文》卷三十二《宋理宗二》:"京湖制置使史嵩之上露布,言蔡城破,完颜守绪自焚。献其遗骨及伪宝法物、伪执政张天纲、完颜好海、夹谷奴婢等。"

肃临潭），生擒了鬼章。这是北宋中后期擒获的最高级别的敌军将领，宋廷对其处置意见不一，有人力主处死，有人认为不妨利用他来离间青塘，而苏轼等人则认为应该对其加以笼络。鬼章被押送至开封时，宋人将其安置于大理寺，再押至大殿，由宋哲宗亲释其缚，释罪免死，授职陪戎校尉。[1]

南宋用"鬼章故事"来处理这些金国俘虏，本意是想利用这些"亡国贱俘"，陪自己上演一出"敌人幡然悔悟，我朝宽仁大度"的温情戏：将俘虏们押进来，宋理宗走下殿陛"亲释其缚"，俘虏们痛哭流涕悔不当初，皇帝宣布不计前嫌赦免其罪并授予其官职，俘虏们感恩戴德重获新生，与群臣一同山呼万岁……

可惜，有的俘虏并不买账。

金朝参知政事张天纲在被械送临安之前，宋军将领对其进行审问，让其写供状，要求凡是涉及金朝皇帝的地方，一律要用"虏主"这个带有侮辱性质的词汇，张天纲对此断然拒绝："要杀便杀，用得着写供状吗！"坚持称呼金国皇帝为"故主"，宋方多次强制要求还是没能让他改变主意，最后也只好听之

---

[1]《宋会要辑稿》礼九《兵捷献俘》引《续国朝会要》："哲宗元祐二年八月二十八日，熙河兰会路经略司言：今月十九日岷州行营将官种谊收复洮州，生擒西蕃大首领鬼章青宜结。宰臣率百官表贺于延和殿。十一月十一日，以鬼章入献于崇政殿，诘犯边状，以罪当诛死，听招其子及部属归附以自赎。"又据南宋李焘《续资治通鉴长编》卷四百〇六："诏鬼章易槛车，护送大理寺劾治以闻，引见准辟囚例押入殿。"

任之。[1]

抵达临安之后,临安知府薛琼在临安府大堂之上对这个亡国的"丧家之犬",充满鄙夷与不屑地问道:"一个汉人,在金国当官,现在金国亡了,你有何面目到此?"

张天纲则反唇相讥道:"国家兴亡,历朝历代都无可避免,我大金国确实亡了,但跟你们的徽钦二帝相比又如何?"[2]

靖康之耻,是宋朝永远的痛;金朝之亡,却是天子以身殉社稷,与靖康之年相比,谁更耻辱,不言而喻。

果然,张天纲这番话一针见血,薛琼恼羞成怒,命人将其拉下堂去。

次日,薛琼将审问情况上报给宋理宗,宋理宗命人将张天纲押到金殿,问道:"张天纲,你真的不怕死吗?"

张天纲一如前日,大义凛然道:"大丈夫怕的是不能保全忠烈气节,区区一死,我何怕之有!现在我只求速死!"[3]

这话着实让宋理宗丢了面子,不过宋理宗向来宽容大度,并没有杀他,而是留他一命。但并非所有的金朝俘虏都如张天纲一

---

[1]《金史》卷一百十九《张天纲传》:"初,有司令供状必欲书房主,天纲曰:'杀即杀,焉用状为!'有司不能屈,听其所供,天纲但书故主而已。"

[2]《金史》卷一百十九《张天纲传》:"既而,命临安知府薛琼问曰:'有何面目到此?'天纲对曰:'国之兴亡,何代无之。我金之亡,比汝二帝何如?'琼大叱曰:'曳去。'"

[3]《金史》卷一百十九《张天纲传》:"明日,遂奏其语,宋主召问曰:'天纲真不畏死耶?'对曰:'大丈夫患死之不中节尔,何畏之有。'因祈死不已。宋主不听。"

样有气节，夹谷奴婢、王闻显、呼延实、来伯友、石大瑞、白华等其他大臣都叩首请降，宋理宗给夹谷奴婢赐名同鼎，其他人也分别授予官职。

对于参与围攻蔡州灭金的孟珙、江海等将领以及参战兵士，自然需要嘉奖赏赐。孟珙官升三级，并赏赐御用器械，路分兵马钤辖江海、行军器监主簿兼淮南西路制置司参议官陈一荐二人分别官升二级，其余将士犒赏不等。

金朝灭亡的消息在南宋各地传开，传到镇江府时，镇江土狱里尚有一位囚禁在此十四年的金国官员毕资伦。

金宣宗兴定五年（南宋嘉定十四年，1221年）正月，毕资伦随金军名将仆散安贞在江淮与宋军交战时，为忠义军统帅龟山统制时青突袭攻破泗州所俘虏，拒不投降，因而系在大狱。[1]

狱卒将金朝灭亡的消息告诉狱中的毕资伦，出乎意料的是，毕资伦表现得颇为平静，他告诉狱卒："之前我不投降，是因为还盼着金朝中兴，现在看来没这个指望了，你让我祭奠一下我的故主，我就投降吧。"狱卒不疑有他，宰了牛羊为牲，在镇江城北的长江岸边设祭台，毕资伦祭祀完毕，伏地大哭，乘着宋人不备，纵身跃入江中，投水而死。[2]

---

[1]《金史》卷一百二十四《忠义传四·毕资伦》："兴定五年正月戊戌，提控王禄汤饼会军中宴饮，宋龟山统制时青乘隙袭破泗州西城。资伦知失计，堕南城求死，为宋军所执，以见时青。"

[2]《金史》卷一百二十四《忠义传四·毕资伦》："及蔡州破，哀宗自缢，宋人以告资伦。资伦叹曰：'吾无所望矣。容我一祭吾君乃降耳。'宋人信之，为屠牛羊设祭镇江南岸。资伦祭毕，伏地大哭，乘其不防投江水而死。"

犒赏有功将士的同时，宋理宗还派人远赴河南巩县北宋皇陵祭祖。

乾德元年（963年），宋太祖赵匡胤命司天监等衙门在洛阳巩县邓封乡监造陵寝，将其埋葬在东京开封府东南的父母遗骨迁葬于此[1]。巩县宋陵从乾德元年开始营建，经营贯穿北宋始终，有永安陵（宣祖赵弘殷）、永昌陵（太祖赵匡胤）、永熙陵（太宗赵光义）、永定陵（真宗赵恒）、永昭陵（仁宗赵祯）、永厚陵（英宗赵曙）、永裕陵（神宗赵顼）、永泰陵（哲宗赵煦）八座帝王陵寝，同时又祔葬皇后、皇室宗亲以及名将勋臣等陵园三百余座。

北宋末年，金军围困开封，靖康之变后，宋陵所在的中原落入金朝之手。金天会八年（1130年）七月，金太宗册立原北宋降臣刘豫为大齐皇帝，建都大名府（今河北大名），史称伪齐。

伪齐倒行逆施，为了筹措军饷，设置了河南淘沙官和汴京淘沙官，以官盗的形式分别挖掘洛阳和开封周围的坟墓陵寝，将两京陵寝盗掘一空，甚至连永安陵也没有放过。[2]

为了解决南渡后巩县祖陵祭祀中断的问题，宋高宗绍兴三年（1133年）正月，礼部、太常寺提议于临安行在的法惠寺内设位

---

[1] [南宋]李焘《续资治通鉴长编》卷四："（乾德元年闰十二月）辛未，命司天监浚仪赵修己、内客省使王仁赡等改卜于西京巩县西南四十里邓封乡南訾村。"

[2] 《宋史》卷四百七十五《叛臣传上·刘豫》："分置河南、汴京淘沙官，两京冢墓发掘殆尽。"

望祭永安诸陵，从此宋室只能以这种方式遥祭先祖。[1]

绍兴八年（1138年），随着宋金战线的逐渐稳定，金朝通过战争的方式进一步扩大对宋的战果已经不太现实，所以开始盘算战、和带来的利弊得失，经过一系列庙堂角逐，最终主和派大臣鲁国王完颜挞懒力压完颜宗干、完颜宗宪、完颜勖等主战派人士并说服了金熙宗，金熙宗决定将处于金朝控制下的黄河以南的河南、陕西州郡归还给宋朝，希望以此缓和对宋关系，让南宋俯首称臣。同年年底，金朝委派中京副留守张通古为诏谕江南使，赴临安与宋议和，金让出河南之地给宋，宋向金岁贡银绢共五十万匹两。

绍兴九年（1139年）正月，宋高宗赵构正式下诏宣布宋金达成和议，大赦天下。为表示天下已定、兵戈已息，在秘书省正字范如圭的建议下，正月初七，宋高宗派遣宗室皇族判大宗正事赵士儹、兵部侍郎张焘前往巩县修复毁坏的陵寝[2]。赵士儹、张焘二人于二月中旬从杭州出发，到达洛阳时，洛阳父老"久隔王化，不图今日复得为宋民，有感泣者"[3]，并在同年五月拜谒巩县的永安诸陵，对损坏的陵寝进行修缮。

但这是宋朝最后一次对巩县祖陵进行修缮。因为本年七八月

---

[1]《宋史》卷一百二十三《礼志二十六·上陵》："（绍兴）三年正月，礼部、太常寺言：'春秋二仲，荐献诸陵，乞于行在法惠寺设位，望祭行礼。'从之。自是每岁荐献，率循此制。"
[2]《宋史》卷二十九《高宗本纪六》："（绍兴九年正月）戊子，遣判大宗正事士儹、兵部侍郎张焘诣河南修奉陵寝。"
[3] [元]佚名《宋史全文》卷二十下《宋高宗十二》。

间，力主与宋议和的完颜挞懒、完颜宗磐以谋反的名义被金熙宗处死，以完颜宗弼为首的主战派掌握金朝军政大权。

次年，天眷三年（1140年）五月，金熙宗"诏元帅府复取河南、陕西地"，下令攻宋，随后金军分四路并进，宋金战事再起。当月，完颜宗弼抵达东京开封，汴京城内的南宋东京留守孟庾率官属迎降，河南诸城望风降金，西京留守李利用、副总管孙晖都弃城逃跑，承信郎李靓率兵英勇抵抗，战败牺牲，巩县宋陵再度失陷。

同年七月，在中原与金军鏖战的岳飞命麾下忠义军马统制孟邦杰攻取了皇陵所在的巩县一带。但不久宋高宗强迫岳飞班师南撤，金军卷土重来，留驻宋陵的孟邦杰也兵败南撤，九月洛阳陷落，南宋彻底丢失了宋陵。

从绍兴十年（1140年）开始算，时间过去了快两个甲子。端平元年（1234年），那个当年不可一世的金朝覆灭了，"虏主"金哀宗的半具残骸也被"关"在了临安大理寺狱中。

眼看"中兴在望"，南宋终于又有了前往祭祀巩县宋陵的机会。

荒废一百二十四年，且经历了金末十几年的战乱，此时的宋陵早已残破不堪，绝非一场祭祀就能恢复旧貌。但这关系到大宋朝廷的颜面，哪怕宋陵已被夷为平地，也必须去祭拜，这是个态度问题。

三月二十三日，宋理宗派遣太常寺主簿朱扬祖、阁门祗候林拓前往洛阳，省谒永安八陵；四月初三，又派宣教郎朱复之前往洛阳祭陵。[1]

朱扬祖、林拓等人率领谒陵队伍溯长江而上，由鄂州（今湖北武汉）转入汉江，抵达襄阳。在这里，他们得知了一个令人忧虑的消息：蒙军似乎有新动静。

此时的南宋因为与蒙古联手灭金，且有蒙古"以河南归本国"的许诺在先，约定以陈、蔡二州为界，襄阳以北的唐、邓、息、蔡四州暂时由宋军控制。根据在此四州以及前出至陕、虢、洛阳一带的哨骑传回来的消息，蒙古似乎已经预料到南宋不会就此放弃收复整个河南，所以已经开始在西起潼关、东到洛阳一带广派探骑，甚至设立了不少屯驻点。而南宋此时由淮南向北进发，收取颍、寿、宿、亳诸州的淮东军队，尚被颍、寿一带负隅顽抗的金军阻在颍州至蒙城一线。[2]

所以，到底如何去祭陵的问题摆在了京湖制置司衙门的公案上。

已经升任建康府都统制兼权侍卫马军行司职事的孟珙，对祭陵一事看得很清楚。这就是一件形式大于内容的事，洛阳必须去，皇陵必须祭，又不能激怒蒙古人，甚至不能给蒙古人落下口实。安全问题必须考虑，但顾及与蒙古人的盟约至少目前还没有

---

[1]《宋史》卷四十一《理宗本纪一》："三月辛酉，诏遣太常寺主簿朱扬祖、阁门祗候林拓诣洛阳省谒八陵。四月辛未，诏遣朱复之诣八陵，相度修奉。"

[2] [南宋]刘克庄《后村先生大全集》卷一百四十三《孟少保神道碑》："檄护太常寺簿朱扬祖、阁门看班祗候林拓朝八陵。谍云房中传南朝来争河南府，哨马已及孟津、陕府、潼关，河南皆增屯设伏。又闻淮阃刻日进师，众疑畏不前。"

撕破，所以又绝不能带着兵马大摇大摆而去。

孟珙长期驻守襄阳，而且亲自参与了对唐州、邓州、蔡州的军事行动，对北边的山川地理和军事情况有所了解。针对这种似乎无处下手的局面，他提出了一个解决办法。

指望江淮兵马是不可能了，且不说他们现在还在与颍、寿一带的残余金军交战，即便道路通畅，由泗州抵达开封也得半月有余，再从开封到洛阳，又要耗费不少时间，时间拖得越久越危险，因为蒙古人发现之后随时会以南宋叛盟为由扣押甚至攻击谒陵队伍。

所以，孟珙做出了一个极为冒险但几乎唯一可行的决定：潜入。

孟珙选派精锐骑兵，连同两位钦命使者，由襄阳出发进抵尚在宋军控制下的邓州，然后昼夜疾驰赶到巩县，祭祀、行礼一气呵成，再飞奔回邓州。等他们回到襄阳，不过十天。[1]庄重严肃的谒陵，简直变成了一场大冒险游戏。

八月初八，朱扬祖、林拓二人回到了临安，向宋理宗呈上了绘有巩县皇陵的图录。从未踏足过河南，对故土没有任何概念的宋理宗向朱扬祖询问自己祖陵的情况，各陵寝之间相距几何、图上所绘陵前的小河是否已经引水等问题，朱扬祖一一解答，宋理

---

[1] [南宋]刘克庄《后村先生大全集》卷一百四十三《孟少保神道碑》："公曰：'淮东之师，由淮、泗溯汴，非旬余不达，吾选骑疾驰，不十日可竣事；逮师至东京，吾已归矣。'"《宋史》卷四百一十二《孟珙传》："于是昼夜兼行，与二使至陵下，奉宣御表，成礼而还。"

宗涕泪交织[1]，不知是激动还是神伤。

权臣选择的孩子

宋宁宗嘉泰四年（1204年）[2]正月初五，宋理宗出生于两浙东路驻地绍兴府山阴县的虹桥里。

为了显示出君主天生不同凡响，在史官的笔下，历朝历代皇帝出生时多有异象，比如后唐天成二年（927年）宋太祖赵匡胤生于洛阳夹马营时，"赤光绕室，异香经宿不散，体有金色"[3]，宋太祖赵光义出生时"赤光上腾如火，间巷闻有异香"[4]，宋真宗赵恒生于开封府第时"赤光照室"[5]，甚至出生于民家的宋孝宗也是"红光满室，如日正中"[6]。

这种"帝王异象"也作用在了同样生于民家的宋理宗身上，《宋史》说他出生的前一天，其父赵希瓐梦见有一个穿着紫色衣服、戴着金色帽子的人来拜见他，惊醒之后发现屋里五彩斑斓、

[1]《宋史》卷四十一《理宗本纪一》："（八月）甲戌，朱扬祖、林拓朝谒八陵回，以图进，上问诸陵相去几何及陵前涧水新复，扬祖悉以对，上忍涕太息。"
[2] 理宗生年，《宋史全文》和《宋史》都记载说宋理宗出生于开禧元年（1205年）正月癸亥，《三朝野史》称理宗"本命属鼠"，《郑清之所进圣语考》卷四郑清之有"理宗生甲子"之语。宁宗甲子，即嘉泰四年，故在此认定宋理宗生于嘉泰四年。
[3]《宋史》卷一《太祖本纪一》。
[4]《宋史》卷四《太宗本纪一》。
[5]《宋史》卷六《真宗本纪一》。
[6]《宋史》卷三十三《孝宗本纪一》。

红光冲天,就像正午时分的太阳一般[1]。孩子出生当天,赵希瓐又遇到了一条有两支角的大黑蛇,等这孩子出生之后,赵希瓐便以黑蛇为兆,给孩子起名为"乌孙"[2]。似乎,这个孩子天生就是大宋的天选之子,尽管当时他只不过是一个散落民间的远支宗室。

宋太祖赵匡胤有四子,其中长子赵德秀、三子赵德林早夭。赵匡胤去世之后,其弟赵光义奉太后"金匮遗诏"之命继承皇位,是为宋太宗,从此宋朝帝系改由宋太宗一脉传承。

靖康之变当年的六月,兵荒马乱中,宋徽宗的一个孙子出生于南京应天府(今河南商丘),起名叫赵旉,其父就是宋高宗赵构。由于赵构在后来的颠沛辗转中丧失了生育能力,所以在建炎三年(1129年)七月赵旉夭折之后,南宋皇位继承人的问题就摆在了赵构面前。

靖康之变几乎将宋太宗一系的宗室一网打尽,于是在绍兴二年(1132年),赵构下诏选太祖一系的后人入宫为养子,最终选定了宋太祖四子秦王赵德芳的六世孙赵伯琮,立为皇太子,改名赵昚,即宋孝宗。

宋孝宗的孙子宋宁宗赵扩有九子,但全部夭折。为此,宋宁宗效仿宋高宗,也从宗室里选子侄为养子,立为继承人。一开始选定的是宋太祖次子燕王赵德昭的九世孙赵与愿,后立为皇

---

[1]《宋史》卷四十一《理宗本纪一》:"前一夕,荣王梦一紫衣金帽人来谒,比寤,夜漏未尽十刻,室中五采烂然,赤光属天,如日正中。"

[2] [南宋]周密《癸辛杂识》后集《理宗初潜》。

太子，改名赵询。但赵询实在没有当皇帝的运气，嘉定十三年（1220年）便英年早逝，年仅二十九岁。五十三岁的宋宁宗只好再次从子侄中选定养子，这次选定的是宋太祖四子秦王赵德芳的九世孙赵竑。

当时南宋朝政由权臣史弥远把持，史弥远在南宋擅权宁宗、理宗两朝二十六年，独揽朝纲，权倾朝野，甚至一度和杨皇后有不可明说的故事，被时人讽刺说"弥远表里杨后，有三思之宠"[1]。

被立为太子的赵竑对史弥远的所作所为非常不满，认为史弥远擅自出入宫禁，专权跋扈，作奸犯科[2]。而史弥远对这位敌视自己的太子也心存顾虑，暗中选派了一位美女作为赵竑的侍妾，为自己探听情报。

赵竑太过年轻，对政治斗争一无所知，屡屡出言冒犯史弥远。当时皇宫墙壁上挂有一幅宋朝地图，赵竑指着地图上海南岛的琼州、崖州说："将来有一天我掌权之后，就把史弥远流放在这里。"并在桌子上刻下"弥远当决配八千里"的话[3]，还别出心裁地给史弥远起外号叫"新恩"，意思是要么把他流放到新州（今广东新兴），要么就把他流放到恩州（今广东阳江）。在当时，琼州、崖州、新州、恩州都是偏远穷苦之地，也是朝廷刺配犯人之地。赵竑的种种言论经由身边的侍妾源源不断地传到史弥

---

[1] 丁传靖《宋人轶事汇编》卷十八《史弥远》。
[2] [元]佚名《宋季三朝政要》卷三："史弥远出入禁闼，专权弗善。"
[3]《宋史》卷二百四十三《后妃传下·恭圣仁烈杨皇后》。

远耳朵里,史弥远逐渐产生了一个大胆的想法——废黜太子。[1]

这个计划是从赵竑的身份开始实施的。

赵竑在入宫之前是宋宁宗堂弟沂王赵抦的养子,赵抦没有子嗣,从远支宗室那里选来了赵竑当养子,在他死后,赵竑便承袭了沂王之位。后来赵竑又入宫给宋宁宗做养子,所以沂王还是没有继承人。嘉定十四年(1221年),史弥远派出自己的家庭教师余天锡外出物色一个合适人选,名义上是为沂王赵抦寻找一个合适的继承人,实则是为自己寻找能替代赵竑的皇子。

余天锡偶然结识了绍兴府西门外的全保长,全保长热情地招待余天锡,席间有两个少年引起了余天锡的注意。这两个少年是全保长的外甥,全保长介绍说,他们两个是大宋皇族,太祖后裔。

余天锡不动声色,回去之后禀报给史弥远,史弥远闻讯大喜,将两位少年请来临安亲自面试,并让两个孩子中的哥哥写字,哥哥无意间写下人臣所讳的"朕闻上古"四字,史弥远感叹"此乃天命"[2],就此决定重点培养这个少年,给两位少年分别起名赵与莒、赵与芮,并委派专门的老师来教授他们兄弟二人经史文章、礼仪规矩。

找到了合适的替代人选之后,史弥远开始了下一步计划。

---

[1]《宋史》卷二百四十六《宗室传三·镇王竑》:"宫壁有舆地图,竑指琼崖曰:'吾他日得志,置史弥远于此。'又尝呼弥远为'新恩'。以他日非新州则恩州也。……弥远大惧,日夕思以处竑,而竑不知也。"

[2] [南宋]周密《癸辛杂识》后集《理宗初潜》。

嘉定十五年（1222年），赵与莒成功地被确立为沂王嗣，宋宁宗赐其名为赵贵诚。赵贵诚的地位不断抬高的同时，史弥远也在极尽所能地挑拨赵竑和杨皇后的关系，并屡次在宋宁宗面前构陷太子，数落太子的过失，还时不时有意无意地夸奖赵贵诚几句[1]。宋宁宗也真配得上金章宗对他的那句"昏庸懦弱"的评价，他对这种近乎明面的暗示没有任何反应，几乎是坐视史弥远一步一步将赵贵诚抬到能取代太子赵竑地位的位置。

八月，宋宁宗病重，史弥远凭借着手中的权力，矫诏将赵贵诚接入皇宫，为其改名为赵昀，进封其为成国公。短短三年时间，史弥远便将一个普普通通的农家子弟赵乌孙晋升为皇子成国公赵昀。

闰八月初三，宋宁宗驾崩于临安大内福宁殿，终年五十七岁。

宋宁宗的死因史书上语焉不详，但是有不少大臣认为宁宗之死，史弥远难脱干系，因为据说是史弥远在宋宁宗病重时曾献上"金丹"百粒，不久宋宁宗便去世了[2]。太学博士邓若水在史弥远死后上书，说宋宁宗病重时史弥远急于行废立之事，以至于"先帝不得正其终"[3]，所以史弥远一直被认为是害死宋宁宗的凶手。

宋宁宗病逝的当天，史弥远派杨皇后的侄子杨谷、杨石向杨

---

[1]《宋史》卷四十一《理宗本纪一》："会济国公竑与丞相史弥远有违言，弥远日谋媒蘖其失于宁宗，属意于帝而未遂。"
[2] [元]佚名《东南纪闻》卷二："史相继进金丹百粒，有顷，上崩。"
[3]《宋史》卷四百五十五《忠义传十·邓若水》。

皇后通报了皇帝驾崩的消息，并连夜将直学士院兼同修国史程珌接进宫来草拟即位诏书。

程珌莫名其妙被深夜传唤入宫，全家大为恐惧，妻子王氏甚至以为大祸临头了，结果程珌进宫之后才知道是史弥远要"矫诏"。史弥远许诺他事成之后让其位进宰执执政，于是这位"十岁咏冰，语出惊人"[1]的大才子一夜之间草拟制诰多达二十五封[2]，有力地保障了史弥远的废立之举。

杨皇后一开始并不同意史弥远这种近乎谋逆的行动，所以在史弥远派杨皇后的侄子杨谷、杨石告知她的时候，她对此表示强烈反对："先帝立好的太子，岂能说改就改？"[3]以至于杨氏兄弟一夜之间七次往返于史弥远和杨皇后之间，但杨皇后始终不肯答应，杨谷心急如焚，威胁道："现在史弥远在朝廷内外独掌大权，废立太子大局已定，如果我们不同意废掉赵竑改立赵昀，恐怕咱们杨家阖门上下不会留下一个活口了！"[4]

这句话让杨皇后大为惊恐，使杨皇后产生了动摇。沉默良久之后，她默认了史弥远的行动。等史弥远带赵昀入宫拜见她时，

---

[1]《宋史》卷四百二十二《程珌传》。
[2]《宋史》卷四百二十二《程珌传》："弥远与珌同入禁中草矫诏，一夕为制诰二十有五。"
[3]《宋史》卷二百四十三《后妃传下·恭圣仁烈杨皇后》："弥远遣后兄子谷及石以废立事白后，后不可曰：'皇子先帝所立，岂敢擅变？'"
[4]《宋史》卷二百四十三《后妃传下·恭圣仁烈杨皇后》："是夜，凡七往反，后终不听。谷等乃拜泣曰：'内外军民皆已归心，苟不立之，祸变必生，则杨氏无噍类矣。'"

她拍着赵昀的后背说："汝今为吾子矣。"[1]一句话决定了皇位的归属。随后，赵昀被史弥远带到宋宁宗灵柩前行礼，礼毕之后才宣太子赵竑进宫。

赵竑在当天夜里就已经得知了宋宁宗去世的消息，在宅邸中翘首以盼，等着宫里来人接自己入宫。他不知道，当时史弥远确实派了人出宫去接皇子，只不过去接的不是他，而是成国公赵昀。为了防止出现差错，史弥远还特意对去接人的侍卫强调道："让你们去接的是住在沂靖惠王府的皇子，不是住在万岁巷的那个皇子！别搞错了，搞错了要你们的脑袋！"[2]

在家里等待进宫命令的赵竑久等不至，却看到一群人急匆匆地从自家门口经过，正纳闷之时，又看到这群人带了一个人返回。由于天太黑，实在看不清是谁，赵竑万万没猜到，刚才过去的这个人就是替代他的赵昀。等到天将大亮时，赵竑才被迎入宫中。

在宋宁宗灵柩前行礼完毕后，史弥远召进一众文武大臣，宣读先帝"遗诏"，并让赵竑仍然按照原来上朝那样站在之前的班次位置。赵竑大惑不解道："今天要宣布要事，我岂能仍然在这里站着？"

---

[1]《宋史》卷二百四十三《后妃传下·恭圣仁烈杨皇后》："后默然良久，曰：'其人安在？'弥远等召昀入，后拊其背曰：'汝今为吾子矣！'"

[2]《宋史》卷二百四十六《宗室传三·镇王竑》："竑跂足以需宣召，久而不至。弥远在禁中，遣快行宣皇子，令之曰：'今所宣是沂靖惠王府皇子，非万岁巷皇子，苟误，则汝曹皆处斩。'"

一旁的禁卫军统帅夏震诓骗他道:"还没有宣读遗诏,宣读之前你是站在这里的,宣读完毕之后就去皇位上坐着了。"[1]不知内情的赵竑此时仍被蒙在鼓里,片刻之后,他却看见一个人坐上了正前方高高在上的御座,旁边的太监则开始宣诏,宣布先帝遗诏皇子赵昀为太子,即皇帝位。百官当即跪地下拜,山呼万岁,贺新帝即位。此时赵竑才恍然大悟,原来自己一直被蒙骗,自己被废掉了!错愕之下,赵竑拒绝行礼,结果被夏震按着脑袋强行叩头跪拜,完成了向新皇帝赵昀效忠的仪式。[2]同时,赵竑的命运也被"遗诏"安排了:改任开府仪同三司,进封济阳郡王,判宁国府。

即位之后的皇帝赵昀,尊奉杨皇后为皇太后,效仿先前北宋时仁宗、英宗、哲宗即位之后由太后一同临朝听政的传统,宣布杨皇太后"同听政"。而改任"开府仪同三司、济阳郡王"的废太子赵竑,本来按照"判宁国府"的安排,需要出京去宁国府(今安徽宣城),但赵竑坚持不去,自知理亏的史弥远担心再这么僵持下去,会导致朝政不稳,更担心赵竑留在京城会引发什么流血政变。于是他将自己的意思告知皇帝赵昀,由皇帝下诏,将这位皇兄赵竑改封为济王,赐第湖州,大势已去的赵竑不得不接

---

[1]《宋史》卷二百四十六《宗室传三·镇王竑》:"既而召百官立班听遗制,则引竑仍就旧班,竑愕然曰:'今日之事,我岂当仍在此班?'震绐之曰:'未宣制以前当在此,宣制后乃即位耳。'竑以为然。"

[2]《宋史》卷二百四十六《宗室传三·镇王竑》:"未几,遥见烛影中一人已在御坐,宣制毕,阁门赞呼,百官拜舞,贺新皇帝即位。竑不肯拜,震捽其首下拜。"

受命运对自己的安排。

随后，皇帝赵昀宣布为先帝治丧，宫中服丧三年，不久给先帝上谥号为"仁文哲武恭孝皇帝"，庙号宁宗，并宣布明年年号为宝庆元年。随后，他又封赏群臣，并追封自己的生父赵希瓐为荣王，生母全氏为国夫人，弟弟赵与芮为荣王嗣。历史迎来了宋朝第十四任皇帝、南宋第五任皇帝——宋理宗。

宋理宗即位这年已经十九岁，史弥远能在短短不足三年时间之内把他由一名普通农家子弟扶上皇帝宝座，朝廷之中的种种险恶，宋理宗看在眼里，记在心里。入宫两年多，他听人摆布，不敢有任何表现自己的行为，《宋史》说宋理宗在宫中这两年"凝重寡言"，恐怕不是他真的"寡言"，而是不敢言，毕竟他那位皇兄赵竑就是因为言语而被史弥远记恨在心的前车之鉴。

宋宁宗驾崩之后，史弥远遣沂王府教授郑清之去接赵昀进宫，并将史弥远想废掉太子赵竑改立他为帝的意思告诉了他。尽管郑清之再三谈及此事，这位"矩度有常"的皇子依然默不做声，既不表示反对，也不点头同意。最后郑清之实在按捺不住，质问赵昀道："你现在一言不发，我如何向史丞相复命？"赵昀却缓缓拱手而言道："绍兴老母在。"郑清之回去将此事告诉了史弥远，二人"相与叹其不凡"[1]。

---

[1]《宋史》卷二百四十六《宗室传三·镇王竑》："宁宗崩，弥远始遣清之往，告昀以将立之之意。再三言之，昀默然不应。最后清之乃言曰：'丞相以清之从游之久，故使布腹心于足下。今足下不答一语，则清之将何以复命于丞相？'昀始拱手徐答曰：'绍兴老母在。'清之以告弥远，益相与叹其不凡。"

南宋宝庆元年（1225年）正月初八，湖州的潘甫、潘丙、潘壬兄弟，带领太湖渔民及湖州巡卒数十人，假借山东"忠义军"的名义，以红色半袖为号，趁夜翻墙入城，到济王府寻找济王赵竑，声称要拥戴赵竑为帝。一片混乱中，他们从一个水洞里找到了更换衣服隐藏身份藏匿于此的赵竑，随后将其带到东岳庙里，搬了把椅子放在正厅，将一件黄袍披在了赵竑身上，随后山呼万岁。赵竑开始号哭不从，后来在众人的武力逼迫下，赵竑表示同意，约定好"勿伤太后、官家"，随后打开府库，取出金帛财物犒赏诸军。时任知湖州事的谢周卿，也带着湖州的一众官吏以及寄居在湖州的卸任官员前来觐见新皇。起事者以山东忠义军首领李全的名义发布榜文，历数史弥远擅行废立等罪状，并声称要统兵二十万水陆并进，直捣临安，护送济王回京即位。

然而天亮之后赵竑才发现，所谓的二十万忠义军，不过是几百个太湖渔民罢了。大惊之下的赵竑自知此事断无成功可能，于是与湖州驻军将领合谋平叛反正，并派人向临安告知湖州之事，以示自己无心叛乱。史弥远闻讯之后，急忙命禁卫军将领彭任率部南下平叛，等彭任抵达湖州时，赵竑已将叛乱平定，潘甫、潘丙被杀，潘壬改名换姓逃走，不久在试图渡淮北上山东时被楚州（今江苏淮安）的军士抓获，押赴临安处死，"湖州之变"的闹剧就此平息[1]。

"湖州之变"使得史弥远对赵竑更加忌惮，虽然此事并非赵竑主谋，且赵竑还主动平叛，但史弥远据此认为，即便将赵竑逐

---

[1] "湖州之变"，详见南宋周密《齐东野语》卷十四《巴陵本末》。

出京城，也难免他不会与地方势力勾结谋逆，于是决定彻底铲除隐患。不久，史弥远派亲信秦天锡前往湖州，谎称奉圣旨来给赵竑治病，随后逼迫赵竑自缢于湖州州衙之中。

赵竑被逼自杀，史弥远的心病得以消除，宋理宗默认了史弥远的一切行为，并宣布济王赵竑因病而亡。朝野哗然之下，史弥远授意宋理宗辍朝以示哀悼，并出银钱、绢帛各一千、会子一万贯为赵竑治丧，赠少师，保静、镇潼军节度使。不久，又宣布追夺赵竑的王爵封号，降封巴陵郡公[1]。济王妃吴氏也被废除封号，令其入空门为道姑移居绍兴府，并将湖州改名安吉州。

史弥远、宋理宗对济王赵竑这种落井下石的作风，使得朝廷内外纷纷不满，但迫于史弥远的权势，大臣对此事也只能敢怒不敢言，对济王一案"摇手吐舌，指为深讳"[2]。至于像真德秀这样不惧权势屡屡上言此事的大臣，史弥远一概压制，压制不住就用贬逐出朝等方式强行压制。

济王事件及史弥远的处理举措让参与废立之举的杨太后也感到焦虑，宋理宗对史弥远的言听计从则更加深了她的恐惧。正月十五上元节，宋理宗设宴约请杨太后，席间施放烟火以助兴时，有一个叫"地老鼠"的烟花喷着火花直奔杨太后而来，最后钻到太后的座位之下。杨太后大为惶恐，拂衣而去。次日黎明，宋理宗亲自向杨太后请罪，解释说这是安排烟火的宦官们办事不力，惊扰了太后圣驾，请太后发落。面对宋理宗亲自给过来的台阶，

---

[1]《宋史·理宗本纪》载降封巴陵郡公，而《赵竑传》则载降封巴陵县公。宋代县寄爵只有开国男到开国伯，罕用县公，故此从《本纪》。
[2] [南宋]周密《齐东野语》卷十四《巴陵本末》。

杨太后只好就坡下驴，笑着表示道："总不能是他们特意来吓唬我的吧？我一猜就是误会，你别为难他们了。"于是在一片和谐的笑声中，双方和好如初[1]。

但这种事情一旦出现，和好容易，如初就难了。不久，在废立之举中不辞劳苦一夜之间往返七次的杨太后侄子杨石密奏杨太后，陈述先前宋朝历次太后听政的原因，并分析了汉唐时期太后临朝称制的得失，最后引出结论，表示现在皇帝"熟知民事，天下悦服"[2]，如果太后不早日还政，恐会引发小人从中离间，继而影响双方关系，奏请杨太后撤帘还政。[3]

四月，垂帘听政不足八个月的杨太后以自己身体欠佳为由，宣布自此免听政。五天之后，宋理宗两次复请杨太后听政，杨太后不肯[4]。杨太后既已还政于宋理宗，朝廷一如宋宁宗之时，史弥远再次独掌大权，宋理宗就像一只提线木偶，任由摆布。

但即位时年龄不过二十岁，且一早能被史弥远选中为太子的替代品，并让史弥远发出"此天命也"[5]之感慨的宋理宗赵昀，真的就是一个懦弱无能的人吗？

他只是在等待机会。

---

[1] [南宋]周密《齐东野语》卷十一《御宴烟火》。
[2] 《宋史》卷四百六十五《外戚传下·杨石》。
[3] 《宋史》卷四百六十五《外戚传下·杨石》："时宝庆垂帘，人多言本朝世有母后之圣。石……密疏章献、慈圣、宣仁所以临朝之由，远及汉、唐母后临朝称制得失上之，后览奏，即命择日彻帘。"
[4] 《宋史》卷四十一《理宗本纪一》："丁酉，皇太后手书：'多病，自今免垂帘听政。'壬寅，帝两请皇太后垂帘，不允。"
[5] [南宋]周密《癸辛杂识》后集《理宗初潜》。

韬光养晦的帝王

权势遮天的史弥远是如何矫诏废立，把一个农家子弟一步步抬到高高在上的龙椅的，宋理宗内心再清楚不过。他知道，史弥远能让自己取代赵竑的太子之位，也能再选出一个宗室子弟来取代自己的皇帝之位。

宋理宗在史弥远及其党羽的羽翼之下保持着沉默，但并没有自暴自弃，而是在学习。他开始了"洁修好学"的韬晦岁月。毕竟他还年轻，而史弥远已经年逾花甲，年轻是宋理宗最大的优势。

即位当年，也就是嘉定十七年（1224年）十二月，宋理宗就诏开经筵，早讲、晚讲不辍。

宝庆元年（1225年）正月，程珌进读《三朝宝训》，说起宋初开国之时，太祖赵匡胤与军队约定不能滥杀无辜，从此历代宋帝都将这条规矩守为家法。宋理宗对此表示："祖宗以仁立国，朕当以仁守之。"[1]宋理宗又询问程珌："《三朝宝训》中，为何说治世少而乱世多、君子少而小人多？"程珌告诉他："治世少，是因为君子少；乱世多，是因为小人多。不过起初小人不一定多，君子也不一定少，如果是圣明天子，那么君子就会越来越多，而如果是昏庸无道之君在位，那么小人也会越来越多。"宋

---

[1] [元]佚名《宋史全文》卷三十一《宋理宗一》。

理宗表示受教。[1]

同月，宋理宗再次下诏，表示愿意听从各位大臣的进谏规劝，有过改之，无过加勉，不敢倦怠。[2]此后，他在乔行简、郑清之等一干宋代理学名儒的教育辅导下刻苦学习。

绍定五年（1232年）七月，宋理宗在集英殿策问新科进士，回顾了自己即位以来九年时间的学习生涯，说自己每日孜孜不倦，少有闲暇，为此甚至有点羡慕古人。[3]

宋理宗即位后，下令重修高宗、孝宗、光宗、宁宗四朝开讲经筵的讲筵阁。绍定六年（1233年），新的讲殿修成，宋理宗取《诗经》中《周颂·敬之》里的"日就月将，学有缉熙于光明"两句，将新殿命名为缉熙殿，并亲自撰写《缉熙殿记》。

悬挂在缉熙殿内的，还有宋理宗御制的"敬天、法祖、事亲、齐家四十八条"，这可以算是宋理宗的施政纲领：

左一：敬天命，法祖宗，事亲，齐家；

---

[1] [元]佚名《宋史全文》卷三十一《宋理宗一》："上问曰：'《宝训》中云治世少而乱世多、君子少而小人多，何也？'玢奏：'治世所以少，乱世所以多者，正缘君子少而小人多也。盖君子初未尝少，圣君出而君子多。小人初未尝多，庸君出而小人多。'上曰：'然。'"

[2] [元]佚名《宋史全文》卷三十一《宋理宗一》："朕初纂丕图，亟奉慈训。既御经帷，日亲群儒。深念进德立治之本实由典学，朝夕罔敢怠忽。尚赖诸贤悉心启迪，毋有所隐，朕当垂听，益加自勉。"

[3] [元]佚名《宋史全文》卷三十二《宋理宗二》："朕深惟经训史策日陈于前，文字繁多，途辙迂阔，求其所以置力者，乃即闲燕，窃有慕古人缉熙光明之义，日就月将，躬履神会。盖以基治道之本，一人心之归，使普天率土，若士与民，縣内及外，悉共縣于理义，而无本末舛逆之患，上下异向之风，顾不伟欤？若夫商政治之得失，求民俗之利病，论士习之厚薄，则有所未暇。盖以本原既正，则他可以序举也。"

右一：亲硕学，精六艺，崇节俭，惜名器。
左二：谨言语，戒喜怒，恶旨酒，远声色；
右二：伸刚断，肃纪纲，核名实，明赏罚。
左三：广视听，守信义，惧满盈，究远图；
右三：开公道，塞幸门，待耆老，奖忠直。
左四：储人才，访屠钓，尚儒术，保勇将；
右四：恤勤劳，抑贪竞，进廉退，斥谀佞。
左五：鉴迎合，绝朋比，察谗间，禁苞苴；
右五：杜请托，议释老，谨刑狱，哀鳏寡。
左六：伤暴露，罪己为民，损躬抚军，求善使过；
右六：宽民力，饬边备，旌死事，惩偷生。

缉熙殿建成之后便成了宋理宗退朝以后出入最频繁的场所，也成为当时南宋宫廷论学中心，刘克庄、陈郁、赵景纬、魏了翁、真德秀、徐元杰、徐鹿卿等一代名儒大臣都曾入侍缉熙殿，甚至可以说缉熙殿是整个南宋理学的核心之地。除了名儒之外，缉熙殿还收藏有极为丰富的书籍，如《太平御览》《册府元龟》《文苑英华》，以及儒家经典、历朝史书、政书策论等。与此同时，朱熹的《四书集注》和二程的著作也进入殿中，成为经筵讲读教材。

宋宁宗即位之初，朝廷多用理学中人，后王淮等巧立道学之名目，韩侂胄专政，任用何澹、刘德秀、京镗、胡纮等人，大兴伪学之禁，排除异己，将赵汝愚、朱熹等理学宗师的门生尽皆除去，发动一系列针对理学名家及著作的禁毁行动，史称"庆元学禁"。开禧时，韩侂胄谋划北伐，稍开学禁，不久随着对金战事的失利,韩侂胄被杀,宋宁宗下诏历数韩侂胄罪行,又"追录学党之士,申加恩数"[1],逐渐为理学家平反。在史弥远的推动下,南宋恢复了支持理学的赵汝愚、吕祖谦等人的官职,召林大中、楼钥等十五位故老入朝,同时,恢复了理学的地位,下令雕版印行朱熹的著作。

嘉定元年(1208年)十月,朱熹被赐谥,成为学禁解除之后第一个获得赐谥的理学名家。嘉定五年(1212年),南宋朝廷同意大臣关于将朱熹《白鹿洞学规》颁行于太学,并刊行《四书集注》的提议,正式承认庆元学禁之非,理学再次步入庙堂。

宝庆三年(1227年),宋理宗下诏对朱熹的学术及著作表示肯定,宣布赠朱熹为太师,追封信国公[2],数日之后正式下达《晦庵先生赠太师追封信国公制词》,表彰朱熹"嗣兴道统"之功,特赠其"太师"头衔,追封其为"信国公"。绍定三年(1230年)九月,改封朱熹为"徽国公"。之后,周敦颐、张载、二程、朱熹等理学家皆获封爵,从祀孔庙,理学的正统地位正式确立。

在理学被确认的同时,史弥远也在南宋朝堂之上获得了空前的权力。

韩侂胄被杀后不久的开禧三年(1207年)十二月,因宋金

---

[1] [南宋]李心传《道命录》。
[2] [元]佚名《宋史全文》卷三十一《宋理宗一》:"朕每观朱熹《论语》《中庸》《大学》《孟子》注解,发挥圣贤之蕴,羽翼斯文,有补治道。朕方厉志讲学,缅怀典刑,深用叹慕。可特赠太师,追封信国公。"

第三章　渊默之主：宋理宗的韬晦之路　/　121

战事紧迫，参知政事钱象祖出任右丞相兼枢密使，但钱象祖的这个职位只不过是史弥远的障眼法。十个月之后的嘉定元年（1208年），宋金嘉定和议达成，钱象祖不再具有利用价值，十月，史弥远出任右丞相兼枢密使，钱象祖任左丞相兼枢密使。同年十二月，钱象祖被罢，史弥远独兼枢密使，成为"独相"，而丞相兼枢密使成为"永制"，终宁宗一朝未变。

宋理宗即位之后，史弥远自恃拥立之功，干脆连日常的办公也不去政事堂，朝廷大事也不与其他执政一起商议，而是直接以养病为由，在家中处理政事，其他执政只剩在史弥远的决策上署名的权力。对此，朝野上下多有不忿之人，比如魏了翁就上奏说，史弥远这五六年权势滔天，以至于文武百官没有参政议政之权，皇帝没有决断之权，一应政事"决于一夫之手"，军国大事竟然都是他在自己家中卧室里决定[1]。

有一个当时的花边故事展示了史弥远这种独断一切的习惯。

北宋书画名家米芾的五世孙米巨秀擅长医术，有一次史弥远患病，米巨秀为其诊脉，诊断结束后尚未开口，史弥远先开口了："这个病是不是得服用红丸子？"而米巨秀开出的药方正是这味药，于是服之"即愈"。[2]

后人对此评价说："诛赏予夺，悉其所主持，人主反束手于

---

[1] [南宋]魏了翁《鹤山先生大全集》卷十八《应诏封事》："五六年间威势已成，遂至决事于房闼，操权于床笫。"
[2] [南宋]叶绍翁《四朝闻见录》丙集："米南宫五世孙巨秀，亦善医，尝诊史相脉，语未发，史谓之曰：'可服红丸子否？'米对以'正欲用此'，亦即愈。"

上,不能稍有可否。"[1]

掌控朝政之时,史弥远深感兵权的重要性,接连提拔能为己所用的军队将领,甚至将京城禁军几乎变成了自己相府上的家丁。

绍定四年(1231年)九月,临安城内突发大火,蔓延至三省六部、御史台、秘书省等官署,火势之大,甚至连供奉赵氏皇族先祖的太庙都没能幸免,全部化为一片焦土。祭祀先人的庙祠被烧毁,宋理宗每天都在神御殿上哭泣[2],大臣只好将太庙中的神祖位临时安置在了景灵宫。至于办公衙署,三省、枢密院搬去都亭驿,六部一并暂移至传法寺办公。被焚毁的民居则由官方进行赔偿,宋理宗还拿出二十万缗私房钱来赈恤贫乏之民,并且下令停征临安城内外一个月的赋税。[3]

但火灾如此之大,史弥远的丞相府却丝毫未受波及,原来是因为在火灾时,负责救火的冯榯率领禁卫军弃官署民舍不顾,跑去专门保护丞相府。即便出了太庙被毁这么大的事,负主要责任的禁军主将冯榯却迟迟未受处罚,这自然是史弥远从中处置的缘故,最后禁军统制徐仪、统领马振远作为替罪羊,被以"救焚不

---

[1] [清]赵翼《廿二史札记》卷二十六《秦桧史弥远之揽权》。

[2] [元]佚名《宋史全文》卷三十二《宋理宗二》:"九月丙戌,临安火。诏曰:'回禄之灾,延及太庙,祖宗神主,暂就御于景灵宫。朕累日哭于神御殿,省愆谢罪,伤痛罔极。'"。

[3] [元]佚名《宋史全文》卷三十二《宋理宗二》:"诏令三省、枢密院暂就都亭驿;六部暂就传法寺治事,以延燎故也。庚寅,诏:'火后合行宽恤条件,悉令三省施行。其令学士院降诏,出封桩库钱、丰储仓米赈恤被火之家,蠲临安府城内外之征一月。'辛卯,复出内藏库缗钱二十万赈恤贫乏之民。"

力"的罪名贬逐出朝[1]。

消息传出之后朝野大哗,纷纷指责史弥远袒护主凶,甚至有人写诗讽刺道:

> 殿前将军猛如虎,救得汾阳令公府。
> 祖宗神灵飞上天,可怜九庙成焦土。[2]

迫于舆论压力,最后史弥远不得不将冯榯贬出临安,安置在靖州(今属湖南),但依然保留其家产,不作充公处置。

大权在握之下,史弥远党羽心腹遍布朝野。丞相郑清之,参知政事薛极,知枢密院事袁韶,御史大夫李知孝,谏议大夫朱端常,监察御史王定、梁成大,吏部侍郎莫泽、四川制帅郑损、桂如渊,荆襄制帅陈赅、史嵩之,淮东制帅许国、刘璋,知庆元府兼沿海制置使胡榘,京尹余天锡,沿江制帅赵善湘,等等,门生乡党纷纷依附,一时"选人改官,多出其门"[3],甚至还有两个组合:梁成大、李知孝、莫泽三人为监察御史,此三人按照史弥远的意思弹劾政敌不遗余力,号为"三凶";薛极、胡榘、聂子述、赵汝述四人则依附史弥远,贪赃枉法,排挤朝臣,此四人因名字中各有一个"木"字,故被称之为"四木"。其中薛极、胡

---

[1]《宋史》卷四十一《理宗本纪一》:"九月丙戌夜,临安火,延及太庙,统制徐仪、统领马振远坐救焚不力,贬削有差。"
[2] [南宋]罗大经《鹤林玉露》丙编·卷二《辛卯火》。
[3] [南宋]周密《齐东野语》卷十三《优语》。

榘二人暴戾尤甚，民谚称之曰："草头古，天下苦。"[1]

在史弥远的一手遮天之下，南宋经历了宝庆三年（1227年）的"丁亥之变"、绍定四年（1231年）的"辛卯之变"，并推动了绍定五年（1232年）宋蒙联盟的达成。

史弥远似乎患有某种痼疾，到底所患何病已不可考。不过有一次史弥远病情突然发作，手脚不能动弹，出现类似中风的症状，此事正好给了他在家办公的理由，于是他干脆把处理公文朝政的场所从省台转移到了床榻。

之前给他诊脉看病的米巨秀再次来为其诊治，认为必须用"天地丹"才能治疗。但是"天地丹"的丹头早已不知所终，一直没有找到。不过非常巧的是，米巨秀坐船沿运河北上，到常州北关靠岸买饭时，偶然看到有人摆摊售卖物品，其中一块拳石让米巨秀感觉大有文章，于是上前把玩片刻，惊奇地发现这居然就是丢失已久的"天地丹"的丹头，当即花三千钱买下，回去给史弥远炮制入药。

疑心颇重的史弥远对于这剂治病的药仍然心存顾虑，迟迟不肯服药，凑巧有个皇宫守门人也有与他同样的病症，史弥远便让其先行服药，疗效果然非常好，守门人吃完药之后症状消退。但生性多疑的史弥远仍不放心，又让患有同样病症的、时任南宋三衙"步帅"侍卫亲军步军都指挥使司都指挥使的田庆宗服用，田庆宗服完之后也药到病除。史弥远这才放心大胆地尝药。不过，这次服药并未能根除史弥远的痼疾，不久史弥远旧疾复发，而

---

[1] [南宋]叶绍翁《四朝闻见录》丙集。

"天地丹"已绝,回天乏术。[1]

绍定六年(1233年)十月二十四,一代权相史弥远在独揽南宋朝政二十六年之后,心有不甘地永远松开了紧握权柄的手,享年六十九岁。

在史弥远死前九天的十月十五日,他位进太师、左丞相兼枢密使、鲁国公,加食邑一千户。十月十六日,再加保宁、昭信军节度使,充醴泉观使,进封会稽郡王,加食邑封。同时宋理宗下诏,因史弥远的"定策大功",其子孙家人获得封赏晋升的有九人之多。[2]

史弥远死后,宋理宗为其辍朝三日,赠官中书令,追封卫王,户部又从国库中支出数以千计的银绢以供治丧,宋理宗还觉得不够,又从自己的小金库里拿出五千匹两的银绢,并遣使祭奠,并遣礼官致路祭于临安都门之外,赐以显示身份地位的纛、佩玉、黝繡,让史弥远极尽哀荣。

---

[1] [南宋]叶绍翁《四朝闻见录》丙集:"史病手足不能举,朝谒遂废,中书要务运之帷榻。米谓必得天地丹而后可。丹头偶失去,历年莫可访寻。史病甚,召米于常州。至北关,登舟买饭,偶见有售拳石于肆者,颇异,米即而玩之,即天地丹头也……米因问厥值,售者谩索钱万。米以三千酬直持归,调剂以供史。史疑而未敢尝。适有阆者亦病痿,试服,即能坐起。又以起步司田帅之疾,史始信而饵,身即轻,遂内引。及史疾再始,天地丹已尽,遂薨于赐第。"

[2] 《宋史》卷四十一《理宗本纪一》:"诏:'史弥远有定策大功,勤劳王室,今以疾解政,宜加优礼。长子宅之权户部侍郎兼崇政殿说书,次子宇之直华文阁、枢密院副都承旨,长孙同卿直宝章阁,次孙绍卿、良卿、会卿、晋卿并承事郎,女夫赵汝禳军器少监,孙女夫赵崇樟官一转。'"

不过，宋理宗在给史弥远举办盛大葬礼的同时，也为其拟定了一个颇有意味的谥号——"忠献"，与奸相秦桧的谥号相同。

二十年后，宋蒙战事焦灼，宋理宗又想起了他这位旧日"能相"。或许是出于对这位保持了南宋最后二十余年宁静岁月的"能臣"的怀念，宋理宗亲自给史弥远撰写神道碑，并将"公忠翊运，定策元勋"八个大字御书在碑额上。巨大的石碑矗立在宁波大慈山史弥远墓前，彰显着他位极人臣的显赫，此碑历经宋元明清四朝，至清朝乾隆时倒塌，现已荡然无存。

在史弥远加封鲁国公的同一日，郑清之被任命为光禄大夫、右丞相兼枢密使，加食邑一千户，接替病重不能处理政务的史弥远。

这位与史弥远一起密谋废黜之事的旧臣，即将开启辅佐宋理宗皇帝生涯的第二个十年。

十一月初五，宋理宗根据给事中莫泽等人的上奏，以"暴狠贪婪，苟贱无耻"[1]的罪名将"四木三凶"之一的提举千秋鸿禧观梁成大贬黜出京，夺其祠禄待遇。

初六，宋理宗下诏，改明年年号为端平元年。

此时他不会知道，这个年号将在宋朝乃至整个中国历史上会占据一个怎样的地位。

十一月二十三日，宋理宗晋升不久前刚在淮南平定李全叛乱的宿将赵葵为淮东制置使兼知扬州，并加兵部侍郎衔，四天之后

---

[1]《宋史》卷四十一《理宗本纪一》："十一月乙巳，给事中莫泽等言，差提举千秋鸿禧观梁成大暴狠贪婪，苟贱无耻，诏夺成大祠禄。"

又让其"任责防御",全面主持淮东局面。

二十九日,赵葵入见宋理宗。此时宋蒙双方已经在蔡州城下,金朝覆亡只是朝夕之事,宋理宗向其询问金朝战事如何,赵葵的回答颇为保守,他仍然觉得宋军实力不足,积极进取恢复中原时机尚不成熟,建议当前还是应该以稳定局面为主。[1]

宋理宗对赵葵的这个回答不置可否,或许他心中早有盘算。但无论如何,宋理宗"委旧辅史弥远,渊默十年无为"[2]的日子就此结束了。

---

[1]《宋史》卷四十一《理宗本纪一》:"己巳,赵葵入见,帝问以金事,对曰:'今国家兵力未赡,姑从和议。俟根本既壮,雪二帝之耻,以复中原。'"

[2] [南宋]黄震《古今纪要逸编》。

第四章　国是之争：荣耀伟业的抉择时刻

与虎谋皮

南宋端平元年（1234年）春，朝野上下意气风发，挥斥方遒。

金朝已经覆灭，仅存一些府州还在做朝不保夕的困兽之斗，宋军攻克金朝最后的都城，一雪前耻，并趁机收复唐、邓数州。形势一片大好，南宋被金朝异族欺凌百年的阴霾一扫而光，南宋君臣惊喜地发现，自己甚至有机会实现自高宗南渡以来历代君臣的终极夙愿——收复中原。

京湖制置使史嵩之在先前的联蒙攻金议论中起到了至关重要的作用，所以在孟珙带着金哀宗完颜守绪的半具尸体班师归来之后，将金朝覆灭的消息写在了帛制的旗子上通报四方[1]。加上他是史弥远侄子的这一特殊身份，史嵩之成了南宋当时风光一时无两的封疆大吏。

---

[1] [南宋]周密《齐东野语》卷五《端平入洛》："史嵩之子申，开荆湖阃，遂与孟珙合鞑兵夹攻蔡城，获亡金完颜守绪残骸以归，乃作露布以夸耀一时。"

按宋蒙双方决定联手灭金时的协议，当时蒙古为表诚意，给南宋许诺的条件是归还河南[1]，这是南宋不可能拒绝的条件，毕竟河南作为宋室故地，旧都、陵寝俱在河南，而自宋室南渡后，收复中原就是历代南宋君主必须实现的政治目标，也是南宋掌权之臣必须实现的政治目标。

不过，宋蒙双方都知道这种联合不可能持久，在此之前的丁亥之变、辛卯之变等一系列直接冲突，导致南宋对蒙古的忌惮并不比对金弱，这种情况下的结盟无异于与虎谋皮。再者，北宋末年和金朝签订海上之盟夹击辽国，最后却引发宋金战争，此事虽已过去百余年，但仍令南宋君臣刻骨铭心。这种引虎拒狼之策可能带来的后果，南宋心知肚明。

南宋对蒙军可能发起的攻击早有预料。

宋理宗即位之初就有人对此提出过看法。四川官员吴昌裔曾上《论三边秋防状》，回顾了北宋末年和南宋初年宋朝对于北方政权"防秋"的重视，以及当前对防秋的懈怠。他还对可能到来的蒙军的攻略做了猜测：蒙古人的剽悍胜过日薄西山的金朝太多，据说蒙古人在草青之时放牧，枣红之时（我国大部分地区九月中旬前后大枣开始变红，即农历八月）便是出哨之期。为此他提议要重新重视从淮河口到川陕这一整条北界防线的秋防任务。[2]

不过南宋君臣对此并未太过上心。不久，蒙古在川陕防线上

---

[1] [元]佚名《宋季三朝政要》卷一："许以河南归本国。"
[2] [明]杨士奇、黄淮等《历代名臣奏议》卷三百九十九《论三边秋防状》。

发动了对南宋的袭扰，南宋失利，吃一堑长一智的南宋朝廷才开始重视边备秋防。

对蒙古来说，他们也知道这种联盟并不能持续太久，因为金朝灭亡之后，双方已经没有了维持二者共同利益的基础，蒙古肯定不会放弃河南，所谓的"许以河南归本国"不过是一句空头许诺；南宋也断然不会放弃对河南的索取，但蒙古的政权中心此时尚在大漠，即便是窝阔台日常驻牧的官山九十九泉，也在漠南一带，距离河南有一定距离。所以，蔡州之战结束后蒙军主力撤回北方，但在黄河两岸留驻了一些军事力量，其中既有归附的金朝降将，也有少量蒙军。

如按蒙古人的一贯作风，假若时机允许，灭金之后，他们会毫不犹豫地挥师南下攻宋，重演丁亥、辛卯故事。但问题在于，此时的蒙古也有着自身的困扰，无法继续南征。

首先，蒙古的统治核心距离南宋太远，中间横跨整个华北和中原，而华北、中原两地经历了连年拉锯，早已残破不堪，亟须休养生息，根本支撑不起接踵而至的战争。

其次，因为蒙古尚未完全整合完华北和中原的汉人世侯力量，这些人当初只是出于形势叛金附蒙，万一蒙古对宋战争不利，他们是否会再次反戈，也让蒙古心有隐忧。

再次，金朝中枢虽然已经灭亡，但残余势力仍然盘踞陕西二十余府州，终究是一支不可忽视的力量，万一这些人拥立一位新的金朝皇帝，那么金蒙之间的战争可能还要继续下去。

最后，去年（蒙古太宗五年，南宋绍定六年，1233年）年底，蒙古在东北地区大举用兵，皇子贵由及宗王按赤台率领左翼蒙军取道高丽进攻东夏[1]，虽然表面上"东土悉平"，东夏似乎就此灭亡，但后人从各种考古资料中发现了大量东夏仍然存在的痕迹。有学者认为东夏的灭亡仅仅是去掉了皇帝称号，或者仅仅是保持了对大蒙古国名义上的臣服，其实仍旧管理故地，子孙世袭着权力。[2] 东夏势力仍然存在，对蒙古的侧翼也造成了一定的威胁。

多种外在因素，加之蒙古本部已经出现的西道诸王分裂的苗头，都使得蒙古人不想过早对南宋采取军事行动。出于对军事的敏感，蒙古又不可能完全置河南不顾，这就导致宋蒙之间出现了一种类似于"囚徒困境"[3]的处境。双方都清楚对方的心思，但战争毕竟是关系到生死存亡的大事，不是囚徒困境里囚禁八年或十年的事，谁都不敢轻率为之。

早在史嵩之、孟珙献捷后不久，南宋就有朝臣提出关于下一步对蒙古的战守之策的建议。比如四月壬午，监察御史洪咨夔

---

[1] 金朝将领蒲鲜万奴于贞祐三年（1215年）在东北建立的女真政权，据有金朝东北的曷懒路、速频路和胡里改路地区，疆域范围大致为东至日本海，西北至胡里改路城，西至松花江，南至婆速府与朝鲜青州（朝鲜咸镜北道一带），一度占领金上京地区，并多次攻击高丽，是金末东北地区的重要军事力量存在。

[2] 王国维《黑鞑事略笺证》："（蒲鲜）万奴既擒之后，蒙古仍用之，以镇抚其地，其子孙承袭如藩国然。"

[3] 美国人艾伯特·塔克定义的一种特殊博弈：两个共谋犯罪的人被关入监狱，不能互相沟通情况。如果两个人都不揭发对方，则由于证据不确定，每个人都坐牢一年；若一人揭发，而另一人沉默，则揭发者因为立功而立即获释，沉默者因不合作而入狱十年；若互相揭发，则因证据确凿，二者都判刑八年。由于囚徒无法信任对方，因此倾向于互相揭发，而不是同守沉默。

就对当前朝野上下沉浸在报仇雪恨的快感中而忽视了接下来战略规划的局面颇为担忧，因此进言道："今残金虽灭，邻国方强，益严守备犹恐不逮，岂可动色相贺，涣然解体，以重方来之忧？"[1]

不久，针对洪咨夔所说的这种情况，就有封疆要员上奏方略：

> 会赵葵南仲，范武仲，全子才三数公，惑于降人谷用安之说，谓非扼险无以为国，于是守河据关之议起矣。[2]

淮东制置使赵葵、沿江制置使赵范、知庐州全子才三人，依照金朝降将国用安的建议，提出了"守河据关"之议。

国用安，就是那位在金哀宗准备由归德府迁蔡州时，提出蔡州"六不可去"的金军将领。

国用安，本名国安用，山东淄州（今山东淄川）人。早先是山东本地反金武装红袄军的一员，但在不久之后的山东乱局中归附了更为强大的蒙古，被授为都元帅、行山东路尚书省事。之后他在金、蒙、宋以及山东义军这四方势力之间反复横跳，并在金天兴元年（1232年）因为杀掉蒙古统帅阿术鲁的部将张进，以及山东义军杨妙真部海州元帅田福而同时得罪了蒙古人和杨妙真，于是再度穿回金朝衣冠，投降金军。

---

[1]《宋史》卷四十一《理宗本纪一》。
[2] [南宋]周密《齐东野语》卷五《端平入洛》。

此时的金朝江河日下，对于这么一位有实力的地方军阀的加入表示出了极大热情。金哀宗派出近侍局直长因世英、都事高天祐二人持皇帝手诏前往国用安所在的邳州，册封其为开府仪同三司、平章政事、兼都元帅、京东山东等路行尚书省事，封爵为兖王，并赐予"英烈戡难保节忠臣"名号，赐姓完颜，还将他的名字"安用"改为"用安"，赐金镀银印、驼钮金印、金虎符、世袭千户宣命、敕样、牌样、御画体宣、空头河朔山东敕文，并允许他便宜行事。[1]

国用安本来对于是否真的投靠金朝尚存顾虑，但在见到了这么多的赏赐以及规格如此之高的册封礼节后，"喜见颜色"，当即表示归附，并在不久之后对金哀宗表示出了一定的"忠心"，即上书蔡州"六不可迁"。

不过金哀宗并没有听从他的建议，自讨没趣的国用安决定自行攻取山东。但凭他一己之力是难以完成这个任务的，于是他向徐州、宿州一带的金朝武装力量首领王德全、刘安国等人征兵。王、刘二人仅仅是名义上归国用安调遣，必然不会答应他的要求。不久，国用安劫杀宿州帅刘安国，又与徐州王德全相攻，结果王德全防守徐州极为牢固，国用安强攻三个月不下，只好退回

---

[1]《金史》卷一百十七《国用安传》："未几，朝廷遣近侍局直长因世英、都事高天祐持手诏至邳，以安用为开府仪同三司、平章政事、兼都元帅、京东山东等路行尚书省事，特封兖王，赐号"英烈戡难保节忠臣"，锡姓完颜，附属籍，改名用安，赐金镀银印、驼纽金印、金虎符、世袭千户宣命、敕样、牌样、御画体宣、空头河朔山东敕文，便宜从事。"

淮河北岸的涟水县。

此时国用安粮草不济，于是又开始与淮河以南的南宋沟通，准备脱下金朝装束而重拾大宋衣冠。但蒙古将领东平万户石抹查剌已经进抵涟水一线，自知无法与之相抗的国用安只好再次投降蒙古。随后，石抹查剌奉命前往蔡州参加对金哀宗的围攻，国用安则再次叛离蒙古，趁机逃回淮河以北，重新盘踞涟水。恰在此时，南宋也派来了招抚他的使臣，国用安顺理成章地又一次改换门庭，被南宋封为浙东总管、忠州团练使，隶属淮东制置司麾下。

在金、蒙之间长期反复无常的国用安，对于金朝依托潼关黄河防线来抵御蒙古人的策略颇为熟悉，也对蒙军面临这条防线时的困窘有一定了解，于是便向淮东制置司主官赵葵献上了"守河据关"的策略。不久，赵葵连同自己的兄长沿江制置使赵范，以及知庐州全子才等江淮前线将领一起联名上书，正式向朝廷提出这一方略。

一石激起千层浪，这一大胆的战略布局建议，无疑给在对北方战事上一直拿不定主意的南宋君臣提供了进一步争论的弹药，由此引发了远超之前规模的战守之争。争论规模之大、涉及官员之广、争论过程之激烈，前所未有。

当时主政的是不久前刚被任命为右丞相兼枢密使的郑清之，郑清之力主赵葵此议。

史弥远主政时在对北方战守策略上一直采取保守姿态，既不愿意攻金，也不愿意联蒙，尽可能地将南宋置身于中原战局之外。这与史弥远自身经历有关，毕竟他是背刺了在开禧北伐中主战的宰辅韩侂胄而上位的，如果现在他贸然发动对金或者对蒙的战争，一旦出现变故导致战事不利，他自己的命运也将难以预料。

绍定六年（1233年）十月二十四，史弥远去世，郑清之主政。虽然郑清之以及接替他的乔行简等宰辅执政都与史弥远同出一脉，萧规曹随般执行着史弥远时代的政策，但在具体的政治主张上，这些后来者并不也不可能与史弥远完全相似。

在对北方略这个重大问题上，郑清之就一改史弥远的保守政策，而改为积极进取之策。

端平元年（1234年）正月，随着金哀宗的自缢、末帝完颜承麟的战死，金朝覆灭。先前的宋金蒙三方角逐的关系，也变成了宋蒙的直接对峙。无论如何，当前这种鸵鸟政策已经无法继续了，南宋必须重新审视与蒙古的关系，拿出一个切实可行的确定的政策。自绍定六年开始出现的对北方略问题，至此被摆到台前，亟须南宋君臣讨论。

"守河据关"之议便是在此时上奏的一个确定的对蒙政策。

现在蒙古已经灭金，金朝在陕西残存的二十余府州不过是负隅顽抗，并不会对整体局势造成太大影响。南宋到底是否应该出兵，如果出兵，目标是哪里，是仅出兵收取先前与蒙古结盟时约定的河南，还是陕西、河南、山东全线北上？这些问题必须仔细斟酌。

实际上，无论是主战还是主和，南宋君臣对于金朝覆亡带来的结果的认识是清楚的——这确实是一场"中原机会"。只不过，南宋君臣的分歧在于南宋是不是有能力去利用这个机会，比如直学士院吴泳反对的理由是：不是不能做，而是不便去做——南宋目前没有足够的实力去北伐中原。

太府少卿淮西总领吴潜也认为不能轻易通过武力去收复河南，理由是夺取河南容易，可守住河南的难度太大，代价也太大。攻取河南的难度并不大，但南宋因此能获得的实质性胜利不会太多。河南历经金蒙二十余年的拉锯，即便宋军光复此地，得到的也不过是荒废残破的城池和首鼠两端的百姓。为了支援前线战事，以及恢复新收复地区的经济，江淮沿边州县原本的民力物力肯定会被搜掏一空，到时万一有天灾人祸发生，江淮南北就会出现遍地叛乱的局面。[1]所以吴潜坚决反对对北用兵，认为应该做的是"以和为形，以守为实，以战为应"，积极准备防御，尽量与蒙古和谈，同时做好万一议和不成蒙古大举进攻的准备。

同样反对出兵的还有升任参知政事兼知枢密院事的乔行简。当初金宣宗在贞祐南侵不成，试图与南宋议和之时，乔行简就认为蒙古是有足够力量灭金的，金朝覆灭只是时间问题，等到蒙古灭亡金朝之后，与宋为邻，对宋朝将构成直接威胁。他在当时提

---

[1]《宋史》卷四百一十八《吴潜传》："又告执政，论用兵复河南不可轻易，以为：'金人既灭，与北为邻，法当以和为形，以守为实，以战为应。自荆襄首纳空城，合兵攻蔡，兵事一开，调度浸广，百姓狼狈，死者枕藉，使生灵肝脑涂地，得城不过荆榛之区，获俘不过暧昧之骨，而吾之内地荼毒如此，边臣误国之罪，不待言矣。闻有进恢复之画者，其算可谓俊杰，然取之若易，守之实难。征行之具，何所取资，民穷不堪，激而为变，内郡率为盗贼矣。今日之事，岂容轻议。'"

出南宋应当持作壁上观的态度[1]，不久又主张"存金障蒙"，提议在一定程度上支援金朝的抗蒙战争，让他们保持在一种只能疲于招架北方而无力南侵的状态，给南宋赢得积蓄力量的时间。

此时，针对这次"中原机会"，乔行简虽然赞同当前确实是个大好机会，"中原有可复之机"，他也丝毫不担心宋军如果出兵北伐能否取得一定的成果，他担心的是出兵之后的事，即出兵之后如何维系下去的问题。他认为，以朝廷的现状，是无法支撑一场庞大战争的。

针对朝廷的内部问题，他提出了三点忧虑：

第一点是当前的财政状况。朝廷为了解决财政不足的问题，于绍定五年（1232年）重新发行了中断二十余年的第十六界会子[2]，但这一界会子发行量过多，导致会子实际购买力大大降低，通货膨胀严重。虽然近几年宋廷一直试图重新厘定会子，消除通胀，但效果不大。乔行简认为，在当前这种纪律法度"颓弛而未张"的情况下贸然对外用兵，无疑会加重国内的财政危机。

第二点是出于对治安的担忧。南宋此时由于各种矛盾激化，不少地区已经出现民变。当时实行食盐专卖制，福建地方官员利用掌握食盐专卖的权力，以高出原盐价格数倍的金额，强行"计口敷盐"，因不满这种严苛的食盐专卖制度，绍定元年（1228年），盐贩晏梦彪集合数百名走投无路的同行在福建汀州发动武装起义，队伍迅速扩大到数千人，连不堪忍受官府虐待的汀州军

---

[1]《宋史》卷四百一十七《乔行简传》："中国宜静以观变。"
[2] 会子，南宋于宋高宗绍兴三十年（1160年）由政府官办、户部发行的纸币，仿照四川发行钱引的办法发行。

卒也杀死官吏，投奔义军。江西赣州人陈三枪、张魔王也揭竿而起，在福建、江西、广东边境建寨六十余座。双方互相声援，连破南宋官军组织的数次围剿。绍定四年（1231年），福建招捕使陈韡俘杀了晏梦彪，其余部又转入赣州继续对抗官府，而由此役升任江西安抚使的陈韡也进入赣南围剿陈三枪义军。端平元年（1234年）三月，朝廷正因为"中原机会"而争论不休时，陈韡才平定了延续七年的陈三枪、张魔王叛乱。

乔行简认为，不少地方民众由于受到官府的盘剥以及乡绅大户的欺压兼并，"饥寒之氓常欲乘时而报怨，茶盐之寇常欲伺间而窃发"，如果此时朝廷对外用兵，势必增加对民众的压力，叛乱恐怕会越来越多。这次对付汀州晏梦彪、赣州陈三枪之乱是动用了江淮边军才最终平定，并且现在很多义军残部仍然潜伏在山谷里伺机而动，一旦边军撤回，这些人会不会再次揭竿而起？

第三点则是针对具体的出兵问题。南宋此时与北方大抵沿秦岭—淮河一线对峙，东西延绵数千里，如果出兵必然不能只用一支军队，但是南宋有多少将领能独当一面，有多少将领智勇双全？如果没有二三十员这样的战将，恐怕不够支撑本次作战行动。而且到时多少人用于野战，多少人攻取开封和洛阳，多少人留守江淮和襄阳，恐怕没有二三十万兵马也不够支撑本次作战行动。如此大规模军事行动，所需的钱粮将会是个天文数字，届时后勤如何保障，转运如何进行，这些都是非常大的问题，南宋此时并没有足够的准备，所以，在这种情况下，即便是让用兵如神的孙子、吴起当军师，让百战百胜的韩信、彭越当主将，"亦恐无以为策"[1]。这一点也确实为很多主和派大臣所赞同。

除乔行简外，其余诸人反对的理由也大致不出两点：中原长期的战乱不足以支撑起大规模的军事行动，民生凋敝、地方叛乱不断，国家的实力不足以支撑起大规模的军事行动。正如右文殿修撰、枢密副都承旨兼右司兼检正吴渊所说："国家力决不能取，纵取之决不能守。"[2]

但无论是主战还是主和，都是建立在金国灭亡给南宋恢复中原带来千载难逢的机会这一基础之上，没有人否认这一点。内部的叛乱悉数被平定，外部的百年宿敌灭亡，而潜在的敌人也因为即将来临的盛夏酷暑北归，中原实际上成了一块暂时的无主之地。

基于此，对北上中原之策很难从根本上进行否定。吴潜在奏疏《上庙堂书论用兵河南》中说到了当时提议北上的原因："天气方炎，鞑且北去，因其无备，疾取河南，抚其人民，用其豪杰，上自潼关，下至清河，画河而守，使鞑不得渡，则我备御之势成，而规模之略定矣。"[3]天气逐渐炎热，不适于中原酷暑的蒙古人暂时离开河南北上，给宋廷留下了时间和空间。自古守江必守淮，如果趁此机会夺取河南，沿用金朝关河防线，与蒙古形成实际上的划河而治，局势会比现在仅凭淮河防线防御更为妥当和安全。

这个观点确实没有问题，借此反对出兵的人也难以找到能够

---

［1］《宋史》卷四百一十七《乔行简传》。
［2］《宋史》卷四百一十六《吴渊传》。
［3］[南宋]吴潜《履斋遗稿》卷三《上庙堂书论用兵河南》。

驳斥的落脚点。

端平庙议四百多年后的明末清初思想家王夫之对此表示："如果南宋皇帝不是'至暗'，丞相不是'甚奸'，利用南宋这东南半壁的力量去攻取分崩离析的河南，收复北宋的东京开封和西京洛阳，是一个非常不错的选择。"[1]

宋理宗当然不会觉得自己"至暗"，郑清之、乔行简也不会认为自己"甚奸"，唯一的问题似乎在于东南半壁到底有没有能力去恢复中原，以及恢复之后有没有能力守住。事后看来，此时蒙古尚未对中原地区加强掌控，金界壕以南的河北、河东、山东地区仍然是委任各地的汉人世侯管理，等蒙古在两年之后对华北推行"画境之制"，加强对汉地的掌握控制之后，南宋更没有机会。

总之，千载难逢的机会来了。但如何利用？何时利用？有待一锤定音。

中原机会

"国是"之争吵得不可开交，但拥有最后决定权的，是刚刚结束"渊默十年无为"的宋理宗，他同意进行对河南的军事行动。而且，最早对河南有进取想法的，也是他。

在金朝覆灭于蔡州前，宋理宗就萌生了一些对河南的想法。

绍定六年（1233年）金蒙战局逐渐明朗，宋朝在放弃"存金

---

[1] [清]王夫之《宋论》卷十三《理宗》："如使君非至暗，相非甚奸，则尽东南之力，以扑灭分崩之女真而收汴、雒，固其可奏之功。"

障蒙"幻想的同时，朝野上下就开始讨论联蒙灭金，试图在这场大局已定的行动中博取一定的利益。

宋理宗也在此时产生了"中原机会"的想法。绍定六年三月，宋理宗与时任江淮制置使的赵善湘展开了一番关于当下局势的探讨。赵善湘是宋朝宗室，入仕以来的表现可圈可点。当时主政的江淮地区长期与金朝对峙，并在金朝南迁之后又开始与蒙古、山东义军等多方面势力有过交流，而且他先"创防江军、宁淮军及平楚州畔寇刘庆福"[1]，后参与平定李全之乱，对江淮地区的军事比较了解，他对中原局势的看法可以说颇有眼光。

宋理宗开门见山地问赵善湘："现在的中原机会，卿以为如何？是否值得博取一番？"赵善湘似乎并不看好这一"机会"，表示因金蒙拉锯，中原现在早已糜烂不堪，不是什么好机会，而且之前南宋也与金朝发生了连续数年的冲突，不久前又两次遭到蒙古抄略，"边头连年干戈"，当下更适合休养生息，不妨以后再看看机会，起码现在这个所谓的机会不是良机。[2]

这次宋理宗产生的"中原机会"的想法虽然被赵善湘驳回，但也可以看出，宋理宗的内心里是支持对河南用兵的，否则也不会与一位边帅探讨情况。不过，赵善湘之所以反对出兵，恐怕并

---

[1]《宋史》卷四百一十三《赵善湘传》。
[2] [元]佚名《宋史全文》卷三十二《理宗二》："江淮制置使赵善湘带职入奏，上曰：'中原机会，卿意以为如何？'善湘奏云：'中原乃已坏之势，恐未易为力。边头连年干戈，兵民劳役，当修养葺治，使自守有余，然后经理境外。今虽有机会，未是时节。'上曰：'自守极是。'"

不仅仅是因为他自己不看好河南局势，而且很可能是基于当时掌权的"独相"史弥远坚决反对出兵北上。

绍定六年秋，南宋朝廷内外关于出兵河南的"恢复之说"已经有了一定的舆论氛围，虽然朝廷并没有什么实际主张和布置，但这种苗头和风气让一些人觉察到了可能出现的危险。八月，吴泳上《论中原机会不可易言乞先内修政事札子》，对这种风气和思想进行了否定，认为先前宋孝宗政治清明时期，北伐尚不能成功，何况"财殚民薄"的今天？所以他认为应该先内修政事，至于北伐，当前不是机会，所谓的"中原机会"时机尚不成熟。不仅如此，他还直接点名指出这股思潮是由宋理宗而起，"且如恢复之说，陛下虽未尝实此事，而外之所传，则以陛下实喜此说"，意思是朝廷上下的"恢复之说"都是对宋理宗这种想法的阿谀，并直言"天子不当有漫然之言"，让宋理宗及早放弃这些不切实际的想法。[1]

在这封札子奏上后，宋理宗阅读至"此好机会之语，或者犹谓陛下言之太易"时，不禁脱口而出："真是好机会？"

吴泳赶紧泼一瓢凉水："机会虽好，我国家事力单薄，未便可做。"[2]

---

[1] [南宋]吴泳《鹤林集》卷十九《论中原机会不可易言乞先内修政事札子》。
[2] [南宋]吴泳《鹤林集》卷十九《论中原机会不可易言乞先内修政事札子》附圣语口奏："第一札读至'此好机会之语，或者犹谓陛下言之太易'处，上问云：'真是好机会？'某对云'陛下言之及此，即良心苗裔，即天理机括。但机会虽好，我国家事力单薄，未便可做。'"

史弥远刚刚去世的绍定六年十一月，宋理宗召见新提拔的沿江制置使赵范、淮东制置使赵葵兄弟，主要还是咨询中原方略问题。在"今日何者为急务"的问题上，赵范认为事情需要分出本末缓急，"正人心、变风俗、举贤能、奖廉退、黜贪佞、去奸邪"这些都是国之本务，同时他敏锐地察觉到宋理宗问这句话背后的用意，于是开始陈述当前用兵的困难——国未富、兵未强。其中"兵未强"是因为前几年与金朝拉锯作战，在边境线上筑城太多，分散了兵力，而分散之后的兵力是无法用于进攻的。所以，如果想对中原用兵，则必须把散开的兵马聚拢起来，起码也要"能散能聚"，方能"可守可战"。

眼看赵范不赞成主动出击，宋理宗又拿出第二个问题来试探——"讲和如何？"

此时孟珙的兵马已经在蔡州参与围城，所以这里的讲和，指的是与蒙古。当然，这个"和"并不是传统意义的两家罢兵休战，而是指政治意义上的结盟。

赵范对宋理宗的这个"讲和"思路也坚决反对。反对的理由，是宋朝的前车之鉴——"宣和海上之盟，其初坚如金石，缘倚之太重，备之不至，迄以取祸，此近事之可鉴者。"[1]所以赵范提出，与蒙古的关系保持"羁縻之策则可"。

羁，马络头也；縻，牛靷也。用皮革制成的网来把马络住，用皮带控制牛车前行。羁縻，引申为笼络控制。赵范的意思是暂时观望，保持与蒙古的联系，但也不可贸然与蒙古结盟，以免出

---

[1] [元]佚名《宋史全文》卷三十二《宋理宗二》。

现像当初海上之盟最终演变为靖康之变的后果。

赵范的这个回答也在宋理宗的意料之中,"和岂可恃?"结盟就可以高枕无忧了吗?并不是。

三天之后,宋理宗又单独召见赵范的弟弟、淮东制置使赵葵,单刀直入地询问道:"金、鞑交争,和好如何?"与四天前一样,这次的"和好",跟询问赵范的"讲和如何",说的是同一回事。

赵葵回答道:"自古结盟就没有最后不叛盟的,只不过现在边防太弱,军政尚未准备好,只能与蒙古暂时结盟。如果边境上能一年没有出现战火,那么我们就应该抓紧做出两年的准备。只有自己的根本实力变强了,到时即便对方叛盟在先,我们也有足够的能力来御敌。"为此,他还针对自己即将上任的淮东制置使一职拟定了初步方案,"臣这次到淮东之后,做两手准备,攻城野战用的军马器械准备好,城池防御也准备好,到时无论是攻是守,都能及时应对。至于官家新吩咐的屯田事务,等我到了任上之后,针对具体情况再做打算。"[1]

宋理宗对赵葵提出的把握主动权的建议颇为满意:"卿规划得非常好!"随后向赵葵表示出极大的信任:"朕信卿兄弟甚

---

[1] [元]佚名《宋史全文》卷三十二《宋理宗二》:"上曰:'二边交争,和好如何?'葵奏:'自古和戎,鲜不叛盟。目今边事未强,军政未备,只得且与之和,一年无警,则自家做两年工夫。自家根本既壮,彼或叛盟,足可御敌。臣到东淮,当修车马,备器械,以为野战之计;固城壁,浚濠湟,以为强边之图。宽民力以固邦本,衍军储以实塞粟。更欲为陛下经理屯田。容臣到官,审计以闻,要须公私两便。'上曰:'卿规模甚好。'"

笃，不比他人，卿尽可放心为朕展布。"并任命赵葵主掌淮东军政大权，"措置边面捍御"，还授予他便宜行事的权力，如此布置，宋理宗似乎真要恢复中原了。

无论是赵善湘还是赵范，乃至于赵葵，不同人提出的不同方案，宋理宗在交谈中所流露出的恢复之意溢于言表，但不同的意见他都给予了肯定的答复，可见宋理宗还是相当克制的，对北方略到底如何，还处于平和的讨论阶段。

淮西转运判官杜杲是坚决反对出兵的在外大臣。相较于先前反对但后来积极谋划出兵的赵善湘、赵范、赵葵，杜杲从头到尾都强烈反对出兵。他反对的理由主要是基于他的个人职业，丰富的物资转运经验让他意识到两个决定成败的因素：宋朝淮南地区之前刚经受旱灾蝗灾，"不任征役"，无法提供充足的征发和差役，而河南地区则因为金蒙的对峙拉锯作战，已经化为齑粉，粮草不够支撑北上的宋军开支。如果朝廷不顾及这两方面因素，悍然北上用兵，"虚内事外，移南实北"，那么不仅河南无法获取，连江淮这块心腹之地恐怕都会有不虞。[1]

主战主守之外，还有一批首鼠两端持中立态度的大臣，认为应该等一等，从长计议。

五月初四，主管官告院的高奎上奏《边事四幸四虑及治三兵事》，当宋理宗问他"今合作如何区处"时，他表示整顿边务不是一句话的事，但论其根本还是应该先练兵，只有练出一支强

---

[1]《宋史》卷四百一十二《杜杲传》："诏问守御策，杲上封曰：'沿淮旱蝗，不任征役；中原赤立，无粮可因。若虚内事外，移南实北，腹心之地，必有可虑。'"

兵，那么无论是进取还是退守自保，都可以随心所欲。于是"上然之"，宋理宗表示有道理。[1]

五月初九，主管官告院的张烨以"金灭鞑兴"的时局情况进对，宋理宗询问其当前的"待敌之道"，张烨却拿出一套和稀泥的说辞："我们大宋与金朝乃是世仇，金朝灭亡之后，如今有战、守、和三策，其中和议之说实行起来恐怕很难，因为需要选练精兵强将，还需要广储粮秣，所以不妨再等等看，等前往巩县祭陵的使者回来之后，根据洛阳一带的具体情况再做打算，如果可以达成议和，那就议和，但即便是议和，也不能放弃战守之策，应积极备战以备不虞。"结果，宋理宗仍表示有道理。[2]

可见，宋理宗在这场国事之争中的表现非常分裂。他一开始就认定这次是个不错的"中原机会"，并最终付诸实施，但在与大臣讨论时，大臣发表主战见解，他表示认可；大臣发表主和见解，他也表示赞成；大臣持中立态度无所谓进退攻守时，他也还是同意。种种表现不得不让人怀疑他的真实用意到底是什么。

---

[1] [元]佚名《宋史全文》卷三十二《宋理宗二》："五月壬寅，主管官告院高奎进对，奏边事四幸四虑及治三兵事，上曰：'今合作如何区处？'奎曰：'备边固非一事，若根本之论，当先治兵，兵强则进退战守无有不可。'上然之。"

[2] [元]佚名《宋史全文》卷三十二《宋理宗二》："丁未，主管官告院张烨进对，奏金灭鞑兴。上曰：'待敌之道当如何？'烨奏：'金人世仇，一旦灭亡，战、守、和三策当有定算。但和议之说难恃，要须选将练兵。储财积粟，自固吾圉。且俟小使回，若可和，姑与之和。然战守之具，不可一日废。'上然之。"

第四章 国是之争：荣耀伟业的抉择时刻 / 147

宋理宗出生于嘉泰四年（1204年），到绍定六年（1233年）这年虚岁三十。一手遮天的史弥远已死，宋理宗也无须再像之前那样韬光养晦，对政事沉默不言。年富力强的年纪，也是雄心壮志的年纪，这次他真想博取一下，有所作为。绍定六年底，宋理宗向很多大臣询问过关于北方战略的问题，比如监察御史洪咨夔，宋理宗就对他说过："恢复未尝不是。"[1]。

权工部尚书兼权吏部尚书李鸣复，曾在汀州、赣州爆发民变之后不久上书宋理宗，认为当前朝廷主要有三个问题：第一个是僵而不死的"金虏"和如日中天的"鞑寇"，这是外患；第二个是蜂拥而起的"江闽之寇"，这是内忧；第三个是首鼠两端叛服无常的山东义军李全，这是一个兼具内忧外患的问题。[2]但到了端平元年春，这三个问题第一个里的"金虏"已经灭亡，第二个问题里所谓的"江闽之寇"也即将平定，而叛服无常的山东义军李全也在绍定四年（1231年）前后被宋军击败，最后为赵葵、赵范所灭。当前形势一片大好，对宋理宗来说当然是个大好机会。

对于宋理宗而言，要不要收复失陷百年的中原故地，其实并

---

[1] [南宋]吴泳《鹤林集》卷十八《论恢复和战事宜札子》："臣之友洪咨夔尝嚮臣说，比以论思，言用兵事，陛下曾面谕之，云'恢复未尝不是'，信斯言也。"

[2] [明]黄淮、杨士奇《历代名臣奏议》卷九十八·经国·《论求贤爱民治军旅疏》："臣窃惟今日事势有可忧者三：金虏虽衰，犹积岁好不通之憾；鞑寇骤起，每怀无厌及我之心。此忧之隐于外者也。湖湘之扰数年而后息，江闽之寇群起而未定，此忧之著于内者也。山东归附之志，日久而日乖；国家豢养之资，日增而日广。此其为忧又介乎内外之间者也。"

非一个必选项。

宋室自建炎南渡以来，高宗、孝宗、光宗、宁宗四朝百余年都未曾实现这一目标，即便宋理宗萧规曹随一无动作，也无非得到一个庸懦的评价。嘉泰四年才出生的宋理宗，连同他的父亲赵希瓐，都没有涉足过中原——中原自靖康之后便非宋室所有，所以很难说宋理宗对中原到底有多深的感情。朱扬祖等人潜入洛阳祭祖，宋理宗询问历代先帝陵寝时"忍涕太息"，这到底是出于感动还是政治需要，我们不得而知，但从端平对北战事之后宋理宗的表现来看，这次他对"中原机会"的关注，更大的可能是一种心血来潮般的投机。

景定五年（1264年）十月，六十岁的宋理宗病逝于临安，在位四十一年。在宋朝历史上，宋理宗在位时间之久，仅次于宋仁宗的四十二年。他在端平元年所表现出来的强烈家国情怀，以及那份难得的帝王雄心壮志并未保持太久，在端平北伐之役惨遭失败之后，他又做了三十年皇帝。但是这剩下的三十年，他无所作为，只是沉湎于诗词和酒色之中。尤其在对外方略上，对于端平元年年底全面开始的宋蒙战事，他似乎没有任何心思。

这不得不令人怀疑，绍定六年年底他对恢复中原的殷切期待是否真有那么强烈。

外传：坑灰未冷山东乱

南宋在绍定六年（1233年）年底才开始讨论中原用兵，其实为时已晚，因为到了这个时候，一支足以响应南宋北伐也可以牵制蒙军的势力基本已经消失,那便是山东义军。

金卫绍王大安三年(1211年)开始,蒙古接连对金朝发动攻势,尤以金宣宗即位后的贞祐元年,铁木真发动针对河北、河东、山东的抄略战争为最。此役攻破金朝九十余城,所谓"是岁河北郡县尽拔,唯中都、通、顺、真定、清、沃、大名、东平、德、邳、海州十一城不下"[1],严重削弱了金朝在黄河以北的力量。南宋对此次战役也是有所了解的,李心传《道命录》记载此事说:"自贞祐元年冬十一月至二年春正月,凡破九十余郡,所过无不残灭,两河、山东数千里,人民杀戮几尽,金帛、子女、牛羊、马畜皆席卷而去。屋庐焚毁,城郭丘墟矣。"[2]

在战乱之前的金承安五年(1200年),金朝曾再一次在山东、河北括地,强行以远低于市场价的金额"购买"民间土地分给猛安谋克女真军户,以执行"女真为本"的国策。

此举又一次造成地方混乱,被剥夺了土地的农民大量逃亡成为流民,为了生存,他们开始啸聚山林,打家劫舍。金蒙战争的爆发,让这些啸聚山林的绿林好汉趁浑水摸鱼,迅速壮大,而在大量散兵游勇加入之后,这群人劫掠乡里以度日的作风渐渐改变,取而代之的是有组织地攻城略地,俨然成了政治势力,史称"红袄军起义"。

辛弃疾笔下"常首天下之祸"[3]的山东,又一次掀起了反抗金国的狂潮。

---

[1]《元史》卷一《太祖本纪》。
[2][南宋]李心传《建炎以来朝野杂记》乙集·卷十九《鞑靼款塞》。
[3][南宋]辛弃疾《美芹十论·详战第十》。

红袄军起事不久，金宣宗由中都南迁开封，放弃了黄河以北的河北、山东，华北一时成为权力真空地带，红袄军的崛起，填补了这一地区的空白。本为金朝军队将领的义军首领杨安儿在山东莱州称帝，改元"天顺"；不久，另一红袄军将领郝定也自称大汉皇帝，然后分兵四出，攻城略地。此举引起金朝强烈反击，调兵遣将准备平定山东叛乱。[1]

　　当时山东义军蜂拥而起，并非一股，所以在金朝大举进攻之下出现了分化。义军主要队伍有三支：一支以旧金军将领杨安儿为首，活跃在胶东，一支以泰安人刘二祖为首，活跃在沂蒙山区；一支以潍州人李全为首，活跃在青州、潍州。[2]

　　在金军的进攻下，杨安儿、刘二祖相继战死，各地红袄军将领一部分投降金朝，成为金军将领，一部分转投蒙古，成为蒙古汉地军侯，还有一部分则扛起大宋的旗帜，宣布归宋，希望得到南宋的支援。

　　对于这些声势浩大的反金武装，因为受到宋金纸面上的"和议"限制，宋廷不能光明正大地招纳他们，所以只能对其进行暗

---

[1]《金史》卷一百八《侯挚传》："时红袄贼数万人入临沂、费县之境，官军败之，生擒伪宣徽使李寿甫。讯之，则云其众皆杨安儿、刘二祖散亡之余，今复聚及六万，贼首郝定者兖州泗水人，署置百官，僭称大汉皇帝，已攻泰安、滕、兖、单诸州，及莱芜、新泰等十余县。"
[2]《金史》卷一百二《仆散安贞传》："自杨安儿、刘二祖败后，河北残破，干戈相寻。其党往往复相团结，所在寇掠，皆衣红纳袄以相识别，号'红袄贼'。官军虽讨之，不能除也。大概皆李全、国用安、时青之徒焉。"

地支持。但是贞祐五年（1217年），金宣宗发动对南宋的报复性攻击之后，南宋便开始大规模支持这些山东义军，授予其官职称号，并允许其南渡淮河进入宋境休整。

刘二祖死后，其部众改由麾下大将李福、彭义斌、刘庆福等统领。彭义斌后来为金军追击之故，投奔李全，并跟随李全附宋，但实际上因为彭义斌和李全源出两支，不可能做到合二为一，这为后来双方发生冲突埋下了伏笔。

杨安儿死后，其妹杨妙真率残部投奔李全，二人结为夫妇，南下海州一带归附南宋，被南宋授予"忠义军"的番号，按一万五千人的定额调拨军需粮草。此时李全积极配合宋军的军事行动，无论是在联合攻击江淮金军，还是在主动出击山东金军的行动中都表现得可圈可点。

南宋嘉定十二年（金兴定三年，1219年）三月，李全在涡口击败金军，随后又取得化陂湖大捷，击败金国四驸马阿海（金朝后期名将仆散安贞），"杀金数将，得其金牌"[1]。

同年六月，李全说服据守山东益都府（今山东青州）的已经投降金朝官至元帅的红袄军旧首领张林归附宋朝。张林上表归宋，并奉上一份厚礼——青、莒、密、登、莱、潍、淄、滨、

---

[1]《宋史》卷四百七十六《叛臣传中·李全上》："壬辰，与阿海战于化陂湖，大捷，杀金数将，得其金牌，追至曹家庄而还。三围俱解，全丧失亦众。"

棣、宁海、济南十二州。[1]这是南宋第一次拥有山东州郡的管辖权，于是授予张林武翼大夫、京东安抚兼总管之职。[2]

李全劝降张林大获成功，以口舌之利搅动山东，让他有了进一步说服各地义军的动力。不久，他带着被招抚的山东各地城池上表宋朝："举诸七十城之全齐，归我三百年之旧主。"[3]李全也被任命为广州观察使、京东总管。

金朝对此极为眼红，称南宋此举是"宋人以虚名致李全，遂有山东实地"[4]，从而坚定了金宣宗"封建九公"的决心。

与加官晋爵的表面操作大相径庭的是，南宋本质上并不信任这些山东义军，甚至暗中视其为隐患，所谓"今为边患者，……有归附之忠义"[5]。在实际行动中，一方面利用其抗金，一方面又担心其造反，对其多有掣肘，并进行分化、抑制，封锁淮水不许其南渡。南宋对于义军的整体政策，无疑激怒了李全。

嘉定宋金之战正酣时，江淮制置使李珏力主抗战，图谋恢复，然而淮东安抚使崔与之却只想以守为主，尽快议和。南宋嘉定十一年（1218年）四月，宋军兵败泗州，宋宁宗再次希望与金

---

[1] 此十二州都在今天的山东。青，今潍坊青州；莒，今日照莒县；密，今潍坊高密；登，今烟台蓬莱；莱，今烟台莱州；潍，今潍坊；滨，今滨州；棣，今滨州惠民；宁海，今烟台牟平；济南，今济南。

[2]《宋史》卷四百七十六《叛臣传中·李全上》："六月，金元帅张林以青、莒、密、登、莱、潍、淄、滨、棣、宁海、济南十二州来归。……授林武翼大夫、京东安抚兼总管，其余授官有差。"

[3]《宋史》卷四百七十六《叛臣传中·李全上》。

[4]《金史》卷一百十八《苗道润传》。

[5] [南宋]刘克庄《后村先生大全集》卷一百四十六《陈观文神道碑》。

人议和，但前线忠义军认为，如果宋金议和，自己极可能又会被作为议和筹码，由宋交给金处置。疑惧之下，义军领袖之一的"太尉"石珪发起叛乱，杀死南宋楚州都监沈铎，随后楚州通判梁丙在问题处理上乏术无方，石珪率军两万渡淮南下，攻破盱眙军，大掠淮南，之后渡淮北返，投降蒙古。[1]

在这次忠义军之乱之后，南宋撤销了江淮制置司，改置沿江、淮东、淮西三制置司。

嘉定十五年（金兴定六年，1222年），李全让其兄李福镇守经营胶西（今山东胶州）。李福为人贪鄙，强令往来商人都必须使用李家的舟、车，并缴纳货值一半的赋税，一时怨声载道。同时，李福见驻扎益都的张林下辖有利润丰厚的盐场，便仰仗着李全的势力，要求张林分给他一半盐场。一番交涉之下，张林被迫同意让李福在自己的盐场随意取盐，但拒绝分给李福盐场。李福大怒，扬言要与李全提兵取张林首级。张林前往告诉制置使贾涉，路上又遇到李福的伏兵截击。

盛怒之下，张林选择向蒙古请附。

贾涉闻讯大惊，迅速做出安排，一方面发函责备李全，一方

---

[1]《元史》卷一百九十三《忠义传一·石珪》："宋将郑元龙以兵迎敌，珪败之于亳阳，遂乘胜引兵入盱眙。会宋贾涉诱杀涟（涟）水忠义军统辖季先，人情不安，众迎珪为帅，呼为太尉。岁戊寅，太祖使葛葛不罕与宋议和。己卯，珪令麾下刘顺直抵寻斯干城，入觐，太祖慰劳顺，且敕珪曰：'如宋和议不成，吾与尔永结一家，吾必荣汝。'顺还告珪，珪心感服，日夜思降。庚辰，宋果渝盟，珪弃其妻孔氏、子金山，杖剑渡淮。宋将追之曰：'太尉回，完汝妻子。'珪不顾，宋将沉珪妻子于淮。遂率顺及李温，因孛里海归木华黎。"

面连忙派出门吏王翊、阎琼等人到益都慰问安抚张林,张林哭诉其中缘故,表示自己心系宋朝。李全闻讯之后却在王翊、阎琼的回程路上袭杀了二人,以至于贾涉对张林的实际情况一无所知。同时以张林降蒙为由,率兵急攻张林,张林率部下奋力迎战,终因众寡悬殊,弃地而逃,不知所终。[1]李全遂占领益都,其不臣之心也自此昭然若揭。

到嘉定十六年(金宣宗元光二年,1223年),贾涉已无力处理李全势力,窘境显露无遗。本年二月,贾涉出郊举行劝农仪式,在返回楚州城的途中遇到李全的部属拦路威迫,贾涉派人请李全的妻子杨妙真协助才打开通路。多年以来积极推动淮东边防及流民政策的贾涉为此大受打击,李全的所作所为无疑是对他工作成绩的全盘推翻,这个打击是致命的,不过他已经无法改变自己的策略,内外交困使他身心俱疲,劝农事件成为压垮他的最后一根稻草,他唯一能做的只剩下引咎辞职。

---

[1]《宋史》卷四百七十六《叛臣传中·李全上》:"胶西当登、宁海之冲,百货辐凑,全使其兄福守之,为窟宅计。时互市始通,北人尤重南货,价增十倍。全诱商人至山阳,以舟浮其货而中分之,自淮转海,达于胶西。福又具车辇之,而税其半,然后从听往诸郡贸易,车、夫皆督办于林,林不能堪。林财计仰六盐场,福恃其弟有大造于林,又欲分其半,林许福恣取盐,而不分场。福怒曰:'若背恩耶?待与都统提兵取若头尔!'林惧,诉于制置司。涉密召林戏下问之,福伏兵于途以伺,林觉不追。于是李马儿说林归大元,福狼狈走楚州。冬,加全招信军节度。林犹遗涉书诋全,明己非叛。涉以咎全,全请为朝廷取之,乃提师驻海州以迫林。涉间道遣黥胥王翊、阎琼劳林,林泣涕道其故。翊归,全使人杀诸涂。全攻林急,林走,全遂入青州。"

三个月后，贾涉病逝于召还回京的路上，年仅四十五岁。[1]

十一月，淮东安抚制置使换成了许国。许国调任淮东制置使争议很大，其中一个重要的原因是他对李全及山东义军的成见极深，多次上奏认为李全一定会反。而对许国调任淮东，当时的吏部侍郎乔行简甚为忧虑，上奏说许国名望太轻恐怕不能服众，不能胜任淮东安抚制置使之职，不过劝谏无效。

嘉定十七年（1224年）正月，许国到任。

果不其然，许国采取了全方位压制北军的政策，凡北军与南宋军队有争执，无论是非曲直，一概归罪北军[2]，并且还克扣朝廷犒赉北军的物资十之七八。上行下效，许国的幕僚章梦先也对李全手下大将刘庆福傲慢无礼，导致李全等人极为不满。

于是李全定下计策，决定除掉许国。他派遣刘庆福回到楚州，与忠义军统领王文信预谋，在许国早上起来处理公务、毫无防备的时候，以刀箭将其刺杀。许国在亲兵的护卫下登上城楼，缒城逃命，家眷悉数被杀。刘庆福杀了章梦先，放火烧了官府，纵手下抢劫了官府积蓄。随后，许国在途中自缢而死，史称"楚州之变"。

南宋朝廷大为震动，却因为丞相史弥远恐再生变故，干脆息

---

[1]《宋史》卷四百七十六《叛臣传中·李全上》："十六年二月，涉劝农出郊，幕归入门，忠义军遮道，涉使人语杨氏，杨氏驰出门，佯怒忠义而挥之，道开，涉乃入城。自是以疾求去甚力。五月被召。卒。"

[2]《宋史》卷四百七十六《叛臣传中·李全上》："有与南军竞者，无曲直偏坐之。"

事不问。[1]

与野心勃勃的李全不同,另一位忠义军的重要将领彭义斌一直坚持在山东西部和河北一带抗击金军和蒙军,对李全这种不顾全局的破坏行径极为不满,李全对他也时时警惕。

宋理宗宝庆元年(金正大二年,1225年)四月,彭义斌攻打投降蒙古的汉军世侯严实驻守的东平,严实本想固守待援,结果久等蒙军不至,只好投降。

其实彭义斌此次用兵的真实目的是进取河北,之所以先攻东平是因为担心严实攻击其侧翼,所以在严实投降之后并未杀他,而是与其约为兄弟,甚至连严实的数千亲军都未曾解散,仍归其统带[2]。彭义斌的本意是团结义军力量,没想到此举直接导致了他后来的败亡。

五月,李全率兵攻打彭义斌驻守的恩州,被彭义斌所败,最后李全请出新任淮东制置使徐晞稷,以上司之命让两家罢兵言和,彭义斌才停止对李全的追击。

在这次冲突中,彭义斌从李全所部虏获不少战马与降卒,声

---

[1]《宋史》卷四百七十六《叛臣传中·李全上》:"弥远惧激他变,欲姑事涵忍而后图之。"
[2]《元史》卷一百四十八《严实传》:"壬午,宋将彭义斌率师取京东州县,……乙酉四月,遂围东平,实潜约大将孛里海合兵攻之,兵久不出(至),城中食且尽,乃与义斌连和。义斌亦欲借实取河朔,而后图之,请以兄事实。时麾下众尚数千,义斌听其自领。"

势大振，于是再次向河北进军，攻打真定府。[1]

真定守将是金宣宗在兴定四年（1220年）"封建九公"时被封为恒山公的武仙。同年八月，武仙在蒙军的围攻之下归降，被任命为河北西路兵马副都元帅，驻守真定府。当时同驻真定的，是河北西路兵马都元帅史天倪，他是最早一批投靠蒙古的汉人世侯之一。两人虽然同驻真定，却"积不相能"[2]，互相算计，钩心斗角，积怨极深。

面对兴师动众而来的"宋将"彭义斌，史天倪将更多精力放在了抵御即将到来的敌军上，这无疑给了武仙机会。恰逢新即位的金哀宗启用老臣胥鼎恢复河朔，开府平阳，无疑又给了武仙归顺金朝、东山再起的动力。

宝庆元年年初，武仙设宴杀死了史天倪，宣布重新归附金朝，一时真定附近反蒙附金势力此起彼伏。蒙古断然不能丢了真定这个重镇，开国名将、太师国王木华黎的儿子孛鲁当即派蒙军南下协助史天倪的弟弟史天泽攻打武仙。

彭义斌则趁着蒙军与武仙在河北乱斗的时机，连克邢州（今河北邢台）、洺州（今河北邯郸永年区东南）、磁州（今河北磁

---

[1]《宋史》卷四百七十六《叛臣传中·李全上》："全引兵攻恩州。明日，义斌出兵与全斗，全败。义斌以千五百骑追之，获马二千匹，皆扬州强勇军马也。庆福往救，又败。全退保山崮，抽山阳忠义以北。杨氏及刘全皆欲亲赴之，会全遣人求晞稷书与义斌连和，乃止。义斌纳全降兵，兵势大振，进攻真定，降金将武仙，众至数十万。"

[2]《金史》卷一百十八《武仙传》："仙与史天倪俱治真定且六年，积不相能，惧天倪图己。"

县）等地，河北义军纷纷投靠，一时声势浩大。[1]

但彭义斌的运气似乎到此也消耗殆尽。

同年六月，彭义斌取道井陉，跟蒙古大将孛里海对峙于西山。东平的严实果然叛归蒙古，联手蒙军攻打彭义斌，彭义斌在腹背受敌之下一败涂地。七月，彭义斌在河北赞皇县五马山激战，史天泽也率兵前来，攻击了彭义斌的后阵，彭义斌战败被俘。史天泽劝其投降，彭义斌厉声道："我乃大宋之臣，河北、山东也是大宋之民，我岂能再效忠他人！"说罢，慷慨就义。[2]

彭义斌一死，靠他维系起来的山东、河北亲宋义军再次陷入低谷，在蒙军的分兵攻击下纷纷偃旗息鼓，宋朝名义上的山东西路和河北不复存在。[3]

彭义斌之死，导致山东西部附宋州郡丢失。不久，山东东部的附宋州郡也丢了，因为李全也降蒙了。

宝庆二年（1226年）三月，孛鲁率蒙军进攻山东，李全驻守的青州正当要冲，孛鲁招降李全不成，双方开战。蒙军挖长壕围困，使青州城"粮援路绝"，李全婴城自守，大小百余战终究无法解围，只好派人前往楚州寻求救兵增援。

---

[1]《金史》卷一百十四《白华传》："二年九月，武仙以真定来归，朝廷方经理河北，宋将彭义斌乘之，遂由山东取邢、洺、磁等州。"

[2]《宋史》卷四百七十六《叛臣传中·李全上》："未几，义斌俟命不至，拓地而北，与大元兵战于内黄之五马山。大元兵说之降，义斌厉声曰：'我大宋臣，且河北、山东皆宋民，义岂为他臣属耶！'遂死之。"

[3]《元史》卷一百四十八《严实传》："实知势迫，急赴孛里海军与之合，遂与义斌战，宋兵溃，擒义斌。不旬月，京东州县复为实有。"

此时，南宋又开始活动起了小心思：之前李全屡有不端行为，南宋忌惮其麾下数万之众，只能睁一只眼闭一只眼。如今李全主力被困山东，其妻小却在楚州（今江苏淮安），全家陷入水深火热的境地，何不趁机图之？

于是，新任淮东制置使刘琸想出以敌制敌的一招，派人前去联络驻扎盱眙的另外一位归附将领夏全。

夏全也是红袄军出身，原来是刘二祖的左膀右臂，彭义斌死后，夏全算是刘二祖系红袄军的统帅，与李全不是一个系统，此时正担任盱眙总管。

由于此时李全被困青州，消息无法传递出去，江淮一带都风传李全已死。刘琸派人告诉夏全，楚州李全余党不过三千人，精锐也悉数调去山东，既然朝廷有意解决李全，你何不收下这份唾手可得的大礼？于是，夏全欣然前去攻打楚州。

此时，李全的妻子、女中豪杰杨妙真展现出了能耐，听闻消息之后赶紧派人提醒夏全："将军你也是山东红袄军出身，咱们是源出一脉，狐死兔悲，李家灭了，难道你夏家就能独存吗？"[1]晓之以理，动之以色——杨妙真使出美人计，打扮得花枝招展去见夏全，对其说道："据说三哥（李全）已经死了，我是一介女流之辈，如何自处？你若同意，事后咱俩结为夫妻，这

---

[1]成语"兔死狐悲"即出自《宋史》这段记载。

楚州一城仓廪积蓄全是你的。"[1]

听到兔死狐悲的道理,夏全颇为赞同,现在又凭空得了个美人,夏全当即表示愿意跟她合作,先发制人,反戈一击进攻宋官刘琸,并将楚州大掠一空。

措手不及的刘琸趁夜缒城而出,仅以身免,逃到了扬州。

此时消除了刘琸大敌的杨妙真开始与夏全反目,夏全一怒之下返回盱眙,准备劫掠一番再做打算,却遭到了同为归附军的张惠、范成进的阻击。夏全讨要自己在城内的妻子和家资,张惠不肯。这下夏全同时得罪了楚州的李全、杨妙真,又得罪了南宋,可谓累累若丧家之犬,狼狈不堪,只好北上归附金朝。[2]

宝庆三年(1227年)四月,困守青州接近一年的李全准备投降了。青州城里早已粮尽援绝,杀耕牛,宰战马,最后甚至开始吃人。一开始数十万军民打到现在仅剩数千人。

四月辛亥,李全献出青州,蒙军入城,孛鲁承制封授李全为

---

[1]《宋史》卷四百七十七《叛臣传下·李全下》:"宝庆三年二月,杨氏使人行成于夏全曰:'将军非山东归附耶?狐死兔泣,李氏灭,夏氏宁独存?愿将军垂盼。'全诺。杨氏盛饰出迎,与按行营垒,曰:'人传三哥死,吾一妇人安能自立?便当事太尉为夫,子女玉帛、干戈仓廪,皆太尉有,望即领此,诚无多言也。'夏全心动,乃置酒欢甚,饮酣,就寝如归,转仇为好,更与福谋逐琸矣。"
[2]《金史》卷一百十四《白华传》:"全初在盱眙,从宋帅刘琸往楚州。州人讹言刘大帅来,欲屠城中北人耳。众军怒,杀卓以城来归。全终不自安,跳走盱眙,盱眙不纳,城下索妻孥,又不从,计无所出,乃狼狈而北,止求自免,无他虑也。"

山东淮南楚州行省,命其经营山东。[1]

淮上大乱,南宋朝廷认为淮东已经糜烂不可收拾,于是制定出一个"重江轻淮"的战略。

绍定元年(1228年),宋廷将楚州改为淮安军,将其视若羁縻,送至淮上的粮饷也就相应减少。驻扎淮上的忠义军,将宋廷开始减少自己的粮饷供给归咎为李全部众李福叛杀另一忠义军首领刘庆福,而且杨妙真在楚州作乱也是原因之一。于是国用安、张林、阎通、邢德等五人起兵,试图袭杀李福及杨妙真,最后杀掉了李全的妾室刘氏以及李全次子。随后,朝廷檄文让驻扎盱眙军的四位忠义军总管彭托、张惠、范成进、时青合兵攻取楚州,尽杀驻扎在楚州的李全余部。

随后,四人与国用安、张林等人集会,准备重新布置在楚州的忠义军。但南宋朝廷认为淮上诸军在经历一番内讧之后实力大损,准备卸磨杀驴追究其纵容李全、夏全接连军变之事的责任。忠义军将领本就因粮饷问题对宋廷颇有怨言,闻之大怒,张惠、范成进率部回击盱眙,渡淮投金,时青则北上寻投李全,告知其淮上军乱的消息。

金正大三年(宋宝庆二年,1226年)十一月,愈发窘迫的

---

[1]《宋史》卷四百七十七《叛臣传下·李全下》:"时全在围一年,食牛马及人且尽,将自食其军。初军民数十万,至是余数千矣。四月辛亥,全欲归于大元,惧众异议,乃焚香南向再拜,欲自经,而使郑衍德、田四救之,曰:'譬如为衣,有身,憨无袖耶?今北归蒙古,未必非福。'全从之,乃约降大元。大元兵入青州,承制授全山东行省。"

金哀宗在得知忠义军集体归附之后大喜过望，诏封张惠为临淄郡王、王义深为东平郡王、范成进为胶西郡王。先到一步的夏全，则被授予金朝最为尊贵的郡王封号——金源郡王，[1]"金源"乃是皇家完颜氏的祖籍之地，所以素来都是封赠给宗室以及勋戚贵族。

李全在得知自己在楚州的家人被宋军屠戮之后，当即向驻扎青州的蒙军首领表示自己一定要南下报仇。

同年十月，李全率众抵达楚州，与其一同前来的还有蒙古宣差张某，以及数位通事。李全穿着蒙古衣冠，发布的文书仿蒙古公文习俗，不写年号只用干支纪年，以示与宋决裂。面对一心报仇的李全，当初攻击杨妙真的忠义军再次内讧，国用安袭杀了张林、邢德两位首领以求"赎罪"，李全因为厌恶时青反复无常，随后在南城门楼上将其杀之。

至此，山东忠义军仅存降蒙的李全、国用安，以及降金的四位郡王夏全、王义深、张惠、范成进。

此时李全开始了光明正大的招降纳叛，无论山东人还是南宋人，一律来者不拒，而且开出的军饷极为优厚，很多宋军都叛附于他。[2]同时，李全大肆兴建水师，以图东南。面对这么一位反迹累累的叛将，南宋却一改之前严苛对待张惠等忠义军首领的态

---

[1]《金史》卷一百十四《白华传》："全至后，盱眙、楚州，王义深、张惠、范成进相继以城降。诏改楚州为平淮府，以全为金源郡王、平淮府都总管，张惠临淄郡王，义深东平郡王，成进胶西郡王。"

[2]《宋史》卷四百七十七《叛臣传下·李全下》："绍定元年春，全厚募人为兵，不限南北，宋军多亡应之。"

度，试图以高官厚禄对其加以笼络，封其为两镇节度使。

但报仇心切的李全根本不是高官厚禄能够拉拢回头的。他不仅不收敛行径，还以纵兵淮南为筹码，要挟宋廷将沿江制置使赵善湘、淮东总领兼制置使岳珂等人罢官。

此举无疑是对南宋朝廷的挑衅，南宋再也无法忍受，决意出兵征讨。绍定三年（1230年），宋廷起用赵善湘为焕章阁学士、江淮制置大使，赵范为直徽猷阁、知扬州、淮东安抚副使，赵葵为直宝章阁、淮东提点刑狱兼知滁州，俱节制军马，全子才军器监簿、制置司参议官，并下诏削夺李全官爵，停发钱粮，攻打李全。

此时，李全也开始发兵南下，准备攻取江北的扬州、通州、泰州，继而打通渡江南下的道路。不久，李全进攻扬州，赵葵亲自出阵迎战，击败李全，之后又多次击败其军队。到绍定四年（1231年）正月，李全的叛军主力损失惨重，进退维谷，随后赵范、赵葵用计诱使李全出营帐，然后全军掩杀，李全被迫逃走，至新塘，陷入数尺深的泥淖中，被南宋制勇军追上，死于乱枪之下。

次日，宋军在泥淖中找到一具身穿红色战袍、缺一根手指的尸体，被人认出就是李全。[1]

李全的断指事件，发生在青州投降蒙古之后。从时青口中得知杨妙真在楚州被围攻的消息，李全怒火万丈，百般央求蒙军拨给他兵马支持他南下报仇，但蒙古人对他并不信任，认为他南下之后肯定会再次投靠南宋，于是李全自断一指，以示自己如果南

---

[1] [南宋]周密《齐东野语》卷九《李全》："次日于沮洳乱屍中，得一红袍而无一手指者，乃全也。先是，全投北，尝自断一指，以示不复南归。时绍定四年正月。"

下之后叛蒙降宋，自己就像这根手指一样身首异处。[1]

李全死后，其残部尊奉其妻子杨妙真为首领，积极谋划南征攻宋报仇，[2]但此举因遭到宋金双方的联手反击而失败。宋军乘胜追击，攻至楚州城下。杨妙真见大势已去，选择渡淮北上，投附蒙古。

绍定六年（1233年），杨妙真觐见蒙古大汗窝阔台，窝阔台任命其"行山东淮南尚书省事"，其子李璮在日后承袭了其职务，成为山东军事武装的统领。[3]

后来，对蒙古并无好感也对南宋缺乏认识的李璮又开始与南宋暗通款曲，对此，蒙古大汗忽必烈虽然有所耳闻，只是当时忙于平定阿里不哥在漠北发动争夺汗位的叛乱，只好对李璮的小动作睁一只眼闭一只眼。

元中统三年（南宋景定三年，1262年）二月，完成了布局的李璮正式举兵叛蒙，献出涟水、海州等三城与宋，杀死蒙古戍兵，攻取益都（今山东青州），进占济南。南宋派人册封李璮为齐郡王，却没有给予其任何军事上的配合。李璮传檄河北希望能得到汉人世侯的支持，也没有得到响应。陷入孤立境地的李璮没能坚持太久，他的军事行动在河北汉人世侯和蒙军的联手攻击下

---

[1]《宋史》卷四百七十七《叛臣传下·李全下》："全得青报恸哭，力告大元大将，求南归，不许；断一指示归南必畔，许之。"

[2]《金史》卷一百十四《白华传》："夏五月，杨妙真以夫李全死于宋，构浮桥于楚州之北，就北帅梭鲁胡吐乞师复仇。"

[3]《元史》卷二百零六《叛臣传·李璮》："太宗三年，全攻宋扬州，败死，璮遂袭为益都行省，仍得专制其地。"

遭到了失败。李璮困守济南孤城四个月，粮秣告罄，投大明湖自尽不死被俘，被史天泽斩杀。

坐困孤城时，李璮曾写《水龙吟》词一阕：

腰刀首帕从军，戍楼独倚间凝眺。中原气象，狐居兔穴，暮烟残照。投笔书怀，枕戈待旦，陇西年少。欢光阴掣电，易生髀肉，不如易腔改调。

世变沧海成田，奈群生、几番惊扰。干戈烂漫，无时休息，凭谁驱扫。眼底山河，胸中事业，一声长啸。太平时、相将近也，稳稳百年燕赵。[1]

在平定李璮之乱的过程中，一个叫李恒的人因告变有功而被"授淄莱路奥鲁总管，佩金符"的职务，实际上接管了李璮的一部分军事力量，后来他带着这支军队参与了围攻襄阳、攻打长江、攻取临安等灭宋战役，并在元至元十二年（1275年）以左副都元帅的身份攻打江西，击败了文天祥的军队，一直打到南海边。[2]

至正三年（1343年），丞相脱脱和阿鲁图先后主持修撰《宋史》，李全被编入《宋史·叛臣传》；明朝洪武二年（1369年），朱元璋以左丞相李善长为监修，宋濂、王祎为总裁，编修《元史》，李璮被编入《元史·叛臣传》。父子二人降宋、叛宋，最后都位列叛臣，也是一大奇观。

---

［1］[明]祝允明《前闻记》。
［2］[元]柳贯《待制集》卷九《李武愍公新庙碑铭》。

至于其他前忠义军的命运，也都谈不上善终。金正大九年（1232年）正月，三峰山之战，临淄郡王张惠战死。次年六月，被晋封为元帅的东平郡王王义深在灵璧县望口寨再次叛金，旋即被金军侍直长女奚烈完出击败，东走涟水附宋。胶西郡王范成进不同意王义深的叛金之举，虽然并未参与灵璧之乱，却因此遭到株连，不知所终。至此，在宋金之间反反复复二十余年的红袄军、忠义军成为历史。

南宋经营山东的最终结果，是失去了作为牵制之用的山东义军，蒙古却多了数家实力雄厚的汉人世侯。

第五章　史氏掌国：南宋王朝的中原北顾

隆兴遗恨：史浩

要想了解南宋朝廷在端平元年毅然北伐的决策与心路历程，我们需要把时间向前回拨。

自宋室南渡以来，南宋曾发动过数次主动的北伐，端平元年的这次用兵只是其中之一。

巧合的是，自绍兴和议以来，南宋发动的三次大规模北伐竟都与史氏家族有关。历来南宋北伐，都是江淮、荆襄、川陕三大战区同时行动，而且每次用兵之前都伴随着一场又一场主战派与主和派的激烈交锋。从史浩到史弥远，再到史嵩之，他们每个人对于北伐的态度基本都是一致的，那就是坚决反对北伐。

金正隆六年（南宋绍兴三十一年，1161年）十月，金帝完颜亮兵分四路，对南宋发动全面进攻：一路自海道进攻临安；一路自蔡州出发进攻荆州；一路由凤翔进攻大散关，待命入川。完颜亮本人则亲率三十二总管兵，自寿州（今安徽凤台）渡淮南征。

金军"兵号百万,毡帐相望,钲鼓之声不绝。"[1]

此次金军南侵,随着十一月二十七日拂晓,前线金军兵变,弑杀完颜亮之后整军北还而告终,但宋金之间的交兵仍在持续。随后,宋高宗任命成闵为淮东制置使,李显忠为淮西制置使,吴拱为湖北京西制置使,连同四川宣抚使吴璘,趁着金军北撤发动全线反攻,东线恢复泗州、寿春、海州,中线恢复汝州、虢州、河南府,西线恢复河州、积石、原州,战线一度恢复到绍兴和议之前的局面。

在完颜亮被杀前夕,金朝宗室完颜乌禄在东京辽阳府称帝,即金世宗完颜雍。

完颜雍即位之后稳住了乱局,居中调度,逐渐压制住了宋军北伐的势头,并逐步收复了被宋军占领的府州。

眼见宋金战争局势即将反转,大宋危在旦夕,宋高宗重拾当年宋徽宗故事,宣布退位,让养子、皇太子赵昚即位,收拾残局。

绍兴三十二年(1162年)六月十一,在宋高宗的"勉谕再三"之下,皇太子赵昚即位,成为宋朝第十一位、南宋第二位皇帝,史称宋孝宗[2]。隆兴元年(金大定三年,1163年),宋金再次恢复隔秦岭—淮河对峙的局面。

宋孝宗接手的是高宗留下的烂摊子,他希望政局能有所改变,可大臣或主战或主和,让他莫衷一是。宋孝宗本人希望能积

---

[1]《宋史》卷三百八十三《虞允文传》。
[2]《宋史》卷三十三《孝宗本纪一》。

极备战，与金军大战一场，但大臣并不支持他的这一主张。

不过此时仍然存在契机。北方的金国，即位于辽阳的金世宗完颜雍也不愿意继续打下去，对于疏宗[1]即位的他而言，内部反对势力极为强大。先前宗室大臣之所以愿意拥立他，是因为众人有一个共同的反对目标——完颜亮，现在完颜亮死了，有资格竞争皇位的还是大有人在。加上此时漠南临潢、泰州一带的契丹人移剌窝斡领导的牧民大起义气势汹汹，完颜雍即位后派去镇压起义的移剌扎八见义军人众兵强，车帐满野，认为可成大事，于是倒戈相向，干脆留在了义军之中。内外交困之下，其实完颜雍比宋孝宗更希望能尽快恢复宋金和平，继而能腾出手来稳定内部。

完颜雍试图议和，但刚刚即位、意气风发的宋孝宗认为此时议和为时尚早，他相信自己完全可以在战场上证明自己的能力。

此时，南宋方面的主战派势力也开始抬头，右谏议大夫王大宝、监察御史陈良翰、殿中侍御史陈俊卿等人力主抗金，接连上疏，要求收复失地，积极支持张浚主持的北伐行动，认为对金宜战不宜和。这些主张坚定了宋孝宗的决心，对于金朝抛来的橄榄枝，宋孝宗断然拒绝。于是金世宗诏令名将仆散忠义全权负责对南宋的征战事务，开始了对南宋的战略反击，目的是以战促和。

同年四月，南宋新任都督建康、镇江府、江州、池州、江阴军军马的枢密使张浚入朝拜见宋孝宗，"议出师渡淮"，提议北伐。

对于宋孝宗和张浚对金强硬的主张，史浩、陈康伯、汤思

---

[1] 完颜雍的父亲完颜宗辅是金太祖第三子，金熙宗的父亲完颜宗峻是金太祖嫡长子，海陵王的父亲完颜宗干是金太祖庶长子。

退、王之望、尹穑、韩元吉、陈敏等一众老臣表示强烈反对，史浩与韩元吉认为南宋"今日兵力未壮，民力未苏，财力未足"，又指出北伐将领的不足之处，认为宋高宗时张浚、韩世忠、刘光世、岳飞这四大中兴名将各有十万能征善战之兵马，尚且不能战胜金军收复失地，靠现在这些轻率寡谋之人，如何能战胜金军收复北方？[1]

其实自完颜亮南侵以来，宋朝内部的主战派与主和派就开始了争斗，此时虽然秦桧已死，但丝毫不影响大家在主和上的主张。秦桧专权时大肆摧毁边境防御工事、削弱军备的做法也使得在开战之初南宋吃尽苦头，以至于当时金军进展神速，南宋朝野上下人心惶惶[2]，甚至还有人提议宋高宗离开杭州前往福建、四川避难。

而后，随着完颜亮被杀，宋军开始夺取战场主动权。不过金世宗完颜雍即位之后，稳住阵脚的金军重整旗鼓，宋军的优势再次丢失。宋孝宗即位之后，主和派言论开始再次占据主导地位。

权户部侍郎兼枢密都承钱端礼认为，金朝虽然失利，但实力依然很大，而宋军方面则多是有勇无谋之辈，先前趁着金军自身

---

[1] [南宋]史浩《鄮峰真隐漫录》卷八《论用兵札子》："以张、韩、刘、岳各领兵数十万，皆西北勇士，燕冀良马，然与之角胜负于十五六载之间犹不能复尺寸地。今乃欲以李显忠之轻率，邵宏渊之寡谋，而取全胜，岂不难哉？"

[2] [南宋]叶适《叶适集》卷二十九《题姚令威西溪集》："初，完颜亮来寇，举朝上下无不丧胆，直云：房百万何可当，唯有退走尔。"

的混乱侥幸获胜，并不能证明宋军就有击败金军的能力。[1]

侍讲、给事中金安节陈述"进取、招纳、备守三策"，而"以备守为进取、招纳之本"，主张以防御为主。甚至连宋孝宗的老师史浩也认为应该以守备为主，于是建议放弃吴璘已经收复的陕西诸州军，尽撤陕西，巩固川陕防线。宋孝宗竟然同意了这一主张，下令放弃熙河、秦凤、永兴三路，让吴璘撤回。在采石矶之战中击败完颜亮的虞允文，为此连上十五疏，指出陕西五路的重要性，坚持认为不能撤离。[2]最后宋孝宗还是决定按其老师史浩的策略执行，让王之望代替虞允文担任宣谕使，命吴璘放弃德顺而撤军。之后，吴璘在仓促撤军时被金军掩杀，损失数万人。[3]

史浩，史弥远之父。

史浩在绍兴三十二年（1162年）和隆兴元年（1163年）对待北伐的态度上，让人捉摸不透。他在宋孝宗即位之后召开的关于

---

[1] [南宋]楼钥《攻媿集》卷九十二《观文殿学士钱公行状》："今彼势虽屈，而事力尚强，未可与之较胜负；今日将帅，非无忠勇之士，恐为匹夫之勇，乘危侥幸，贪小利而忘大计。"

[2] 《宋史》卷三百八十三《虞允文传》："孝宗受禅，朝臣有言西事者，谓官军进讨，东不可过宝鸡，北不可过德顺，且欲用忠义人守新复州郡，官军退守蜀口。允文争之不得，吴璘遂归河池，盖用参知政事史浩议，欲尽弃陕西，台谏袁孚、任古附和其说。允文再上疏，大略言：'恢复莫先于陕西，陕西五路新复州县又系于德顺之存亡，一旦弃之，则窥蜀之路愈多，西和、阶、成，利害至重。'前后凡十五疏。"

[3] 《宋史》卷三十三《孝宗本纪一》："璘已弃德顺，道为金人所邀，将士死者数万计。"

对北方略的会议上,与主战的张浚针锋相对。他认为应该加强长江的防御,为避免再次出现像完颜亮攻至长江以北准备渡江的局面,应该在瓜洲渡、采石矶处建城防御。然而,江淮宣抚使张浚却认为不守两淮而守长江,是示弱行为,会打击到前线宋军的士气,与其在长江边上修筑工事,不如严守淮河,将淮河岸边的泗州城加以修整[1]。在洪遵、金安节、唐文若等人纷纷提出自己的主战抑或主和的主张之后,宋孝宗让史浩发言,史浩认为积极防御"是谓良规",理由是如果此时出兵,那么出现的局面基本上就是前线将士放任金军掳掠,然后在金军扬长而去之后上书声称自己击败了敌人、要求赏功如何如何,这根本就不能算是恢复失地。[2]言下之意再清楚不过,他不赞同主动出击,甚至不赞同在固有防线上进行防御战。

但不久之后,他又力陈高宗朝赵鼎、李光无罪,并为岳飞鸣冤,认为应该恢复他们的官爵,表彰他们的子孙。[3]宋孝宗采取了史浩的建议,加封布衣李信甫为兵部员外郎,命其暗地里带着蜡

---

[1]《宋史》卷三百六十一《张浚传》:"翰林学士史浩议欲城瓜洲、采石。浚谓不守两淮而守江干,是示敌以削弱,怠战守之气,不若先城泗州。"

[2]《宋史》卷三百九十六《史浩传》:"孝宗受禅,遂以中书舍人迁翰林学士、知制诰。张浚宣抚江、淮,将图恢复,浩与之异议,欲城瓜洲、采石。浚奏:'不守两淮而守江,不若城泗州。'除参知政事。有诏议应敌定论,洪遵、金安节、唐文若等相继论列,宰执独无奏。上以问浩,浩奏:'先为备御,是谓良规。倪听浅谋之士,兴不教之师,寇去则论赏以邀功,寇至则敛兵而遁迹,谓之恢复得乎?'"

[3]《宋史》卷三百九十六《史浩传》:"隆兴元年,拜尚书右仆射,首言赵鼎、李光之无罪,岳飞之久冤,宜复其官爵,禄其子孙。悉从之。"

书谕敕前往中原,招揽金朝境内那些杀官而反、占据州郡者。[1]

然而,这一举措并不能说明史浩是支持岳飞等主战派的。在隆兴元年,史浩与张浚就战守问题又展开了更为激烈的交锋。

这次论战是从两位前线阃帅的上奏开始的。

淮西制置使李显忠和邵宏渊提议主动出击,不久前晋升为尚书右仆射、同中书门下平章事兼枢密使的史浩闻讯大怒,上奏宋孝宗说:"两位将军动辄上书申请作战,难道说枢密院的命令对他们而言就是一纸空文吗?"[2]然而李显忠等人之所以上书请战,是因为有大帅张浚坐镇江淮——甚至这封请战书就是张浚本人的意思。于是张浚入朝参驾,请宋孝宗离开杭州,下诏移驻建康府(今江苏南京),以示进取之意。张浚的整体意思一如当年宋真宗亲临澶州前线故事,希望通过宋孝宗移驾建康的举动坚定前线将士的信心,这样可以在最大程度上调动前线和中原百姓的热情,也能促使金军将主力放在东线,借此给在西线川陕方面攻防的吴璘以声援。

史浩反对宋孝宗亲临建康前线,理由是君子不立危墙之下,古人不能让帝王蹈于危难之地。史浩还反问张浚,如果必须得皇帝亲临前线,战事才能胜利,那还用你干吗?言下之意是北伐这件事应该是张浚独立完成,而不应该借助于皇帝本身产生的效

---

[1]《宋史》卷三十三《孝宗本纪一》:"二月壬戌朔,用史浩策,以布衣李信甫为兵部员外郎,赍蜡书间道往中原,招豪杰之据有州郡者,许以封王世袭。"

[2]《宋史》卷三百九十六《史浩传》:"李显忠、邵宏渊奏乞引兵进取,浩奏:'二将辄乞战,岂督府命令有不行耶!'"

应,如果必须让皇帝出面才能有获胜的希望,那么这场战役就不应该开始。

宋孝宗拿不定主意,便询问史浩,史浩抛出了三个理由驳斥移幸建康之说:

一、如果皇帝亲征,万一金朝得知消息之后大举南下寇边,怎么办?

二、如果皇帝亲征,太上皇怎么办?

三、如果皇帝亲征,万一金军派出突击骑兵,直冲皇帝行在,怎么办?

宋孝宗"大悟",对张浚表示:"都督(指张浚)先往前线去,如果战局顺利,朕也不怕去一趟前线。"

张浚回应道:"陛下当以马上成功,岂可怀安以失事机?"

退朝之后,史浩怒斥张浚道:"自古帝王出行应当有万全之策,岂能让天子以侥幸心理而轻易移驾?"[1]

次日在朝堂上,张浚和史浩两人又开始了新一轮的正面交锋,这次交锋的主题是当前恢复中原的可行性。

---

[1] [南宋]周密《齐东野语》卷二《符离之师》:"遂乞即日降诏幸建康,以成北伐之功。史浩曰:'古人不以贼遗君父,必俟乘舆临江,而后成功,则安用都督哉?'上以问浩,浩陈三说云:'若下诏亲征,则无敌招致房兵寇边,何以应之?若巡边犒师,则德寿去年一出,州县供亿重费之外,朝廷自用缗钱千四百万,今何以继?昔曰移跸,欲奉德寿以行,则未有行宫,若陛下自行,万一金有一骑冲突,行都骚动,何以处之?'孝宗大悟,谓浚曰:'都督先往行边,俟有功绪,朕亦不惮一行。'浚怒曰:'陛下当以马上成功,岂可怀安以失事机'。及退朝,浩谓浚曰:'帝王之兵,当出万全,岂可尝试而图侥幸?主上承二百年基业之托,汉高祖起于亭长,败亡之余,乌可比哉?'"

张浚表示:"中原失陷数十年,现在如果不去收复,将来肯定会被其他人夺取,局势会更加复杂。"

史浩则断然否认这种可能性:"中原根本就没有豪杰,如果有的话,为什么不起兵灭了金朝?"

张浚反诘道:"试问民间能有多少兵器?他们怎么可能有足以攻城略地的兵马粮草?他们没有办法自己起来,我们官军必须作为主导力量,从外部正面进攻金军,他们才能作为内应响应我们。"

史浩反驳道:"陈胜、吴广手持农具都可以灭亡秦朝,现在金朝境内却无人起兵,说明中原根本就没有什么豪杰人士。"

这场口水仗最终结束于宋孝宗跳过三省和枢密院直接下令李显忠、邵宏渊出兵。史浩为此勃然大怒,并对时任左相的陈康伯说:"你我都兼任着枢密院的官职,现在朝廷出兵都不通过枢密院了,咱们还当什么枢密院的官?辞官得了!"

其不满情绪溢于言表。

其后,史浩又就归正人的问题上奏宋孝宗说:"陈康伯希望能接纳那些归正人,但我认为以后这些人终将成为国家的忧患。张浚贸然兴兵,恐怕陛下终究无法得到中原。"[1]

---

[1]《宋史》卷三百九十六《史浩传》:"复辨论于殿上,浚曰:'中原久陷,今不取,豪杰必起而收之。'浩曰:'中原决无豪杰,若有之,何不起而亡金?'浚曰:'彼民间无寸铁,不能自起,待我兵至为内应。'浩曰:'胜、广以锄櫌棘矜亡秦,必待我兵,非豪杰矣。'浚因内引奏:'浩意不可回,恐失几会,乞出英断。'省中忽得宏渊出兵状,始知不由三省,径檄诸将。浩语陈康伯曰:'吾属俱兼右府,而出兵不与闻,焉用相哉!不去尚何待乎?'因又言:'康伯欲纳归正人,臣恐他日必为陛下子孙忧。浚锐意用兵,若一失之后,恐陛下终不得复望中原。'"

史浩始终认为南宋兵弱将庸,北伐劳师伤财,宋军主动进攻金军的策略太过冒险。

不仅在朝的史浩等人反对,就连张浚指挥的军中当时也有些人对北伐的正确性产生疑问,比如武锋军都统制陈敏就上书宋孝宗,认为北伐时机并不成熟,无论是出兵时间还是出兵方式都非常不妥,贸然出师对朝廷极其不利。[1]

最后,主和派请出了太上皇——宋高宗赵构,希望能借此熄灭宋孝宗心中的北伐之火。

赵构对金朝的惧怕是刻在骨子里的。

绍兴三十一年(1161年)十月,在得知金帝完颜亮亲自领兵南侵之后,赵构起用患病在身的老将刘锜和王权率军抵挡,结果王权在庐州不战而逃,全军溃败。

败讯传来,朝野震惊,大臣当时就有人将家人送出临安避祸。[2]不仅大臣要逃,宋高宗在惊恐之余也连忙召集太傅和义郡王杨存中、宰执陈康伯,告诉他们自己准备"散百官,浮海避敌",要去海上躲一躲。[3]

宋高宗的这次逃跑最终被陈康伯以皇帝不战而退则大事去矣

---

[1] [南宋]周密《齐东野语》卷二《符离之师》:"盛夏兴师,恐非其时,兼闻金重兵皆在大梁,必有严备,万一深入,我客彼主,千里争力,人疲马倦,劳逸既异,胜负之势先形矣,愿少缓之。"

[2]《宋史》卷三百八十四《陈康伯传》:"九月,金犯庐州,王权败归,中外震骇,朝臣有遣家豫避者。"

[3] [南宋]李心传《建炎以来系年要录》卷一百九十三:"(绍兴三十一年十月)乙巳,得报王权果败归,中外大震。上召太傅和义郡王杨存中同宰执对于内殿。上谕以'欲散百官,浮海避敌'。"

的理由劝阻了，宋高宗决定静观其变再做决断。可是没几天，宋高宗"权兵部侍郎陈俊卿措置海道"，让其为自己"浮海避敌"做准备工作，陈康伯也收到了宋高宗的手诏，上面写道：如果金军不退，马上遣散百官。陈康伯直接烧了手诏，找宋高宗理论，才又稳住了他。[1]

不过，宋高宗规劝宋孝宗的说辞，与其说是劝阻，不如说是发牢骚："等我百年之后，你再筹划北伐的事吧。"[2]

但对于宋孝宗力挺的张浚，宋高宗却劝宋孝宗不要盲目听其鼓动，理由是张浚专把"国家名器财物"做人情，将来一定会误大事，还给宋孝宗讲了一个关于张浚拿着官职和金碗做人情拉拢文臣武将的故事来佐证。[3]

宋高宗并没有极力劝阻宋孝宗北伐，因为此时宋金本来就在多处地方互相拉锯，而宋孝宗的这次行动也不过是让张浚从两淮出兵，规模可控。再者，完颜亮南侵时金军的种种表现，也让他意识到金军的战斗力在衰退，人望颇高的宋孝宗或许有机会扩大战果呢？反正金朝也希望议和，如果战事不利，赶紧议和便可。

---

[1]《宋史》卷三百八十四《陈康伯传》："一日，忽降手诏：'如敌未退，散百官。'康伯焚之而后奏曰：'百官散，主势孤矣。'"

[2] [南宋]叶绍翁《四朝闻见录》乙集："上每侍光尧，必力陈恢复大计以取旨，光尧至曰：'大哥，俟老者百岁后，尔却议之。'"又，[南宋]周密《齐东野语》卷三《诛韩本末》："在德寿日，寿皇尝陈恢复之计。光尧曰：'大哥，且待老者百年后却议之。'"

[3] [南宋]叶绍翁《四朝闻见录》乙集："光尧每以张浚误大计为辞，谓上'毋信其虚名。浚专把国家名器钱物做人情。浚有一册子，才遇士大夫来见，必问其爵里书之，若心许其他日荐用者。又熔金碗饮兵将官，即以予之。不知官职是谁底，金碗是谁底'。"

总之，不妨一试。

隆兴元年（1163年）四月，宋孝宗绕过三省与枢密院，直接向张浚和诸将下达了北伐的诏令，史称"隆兴北伐"。

张浚在接到北伐诏令之后，调兵八万，号称二十万，先派遣李显忠出濠州攻灵璧，又让邵宏渊出泗州攻虹县，自己则亲往督战。

五月，李显忠在灵璧打败了金将萧琦的拐子马，顺利攻克灵璧。邵宏渊却久攻虹县不下，李显忠派灵璧降卒前去劝降，虹县金将蒲察徒穆和大周仁这两位金军统帅放弃抵抗，投降宋军。

不过，李显忠、邵宏渊二人却因此开始产生矛盾，邵宏渊认为虹县战功不是自己的，深以为耻，对李显忠心怀怨愤。随后，李显忠建议乘胜进攻宿州，邵宏渊却按兵不动，无奈之下，李显忠只好独自进攻宿州。金军派纥石烈志宁防守，两军交战，宋军首战告捷，"斩其左翼都统及首虏数千人，追奔二十余里"[1]。

李显忠部下杨椿首先登上城楼，打开宿州北门，宋军趁机攻进城内。邵宏渊的部队一直到战斗快要结束时才慢吞吞地渡过护城河，开进城内，抢夺胜利果实。

宿州一战，宋军斩杀金人数千人，俘虏八十余人，攻占了宿州城。

宋孝宗得知胜利的消息之后大喜过望，亲自给张浚写信称赞

---

[1]《宋史》卷三百六十七《李显忠传》。

道："十年来无此克捷！"[1]不过后来的事实证明，宋孝宗高兴得太早了。

大受鼓舞的宋孝宗升李显忠为淮南、京东、河北招抚使，邵宏渊为副使，然而邵宏渊耻居李下，向张浚表示拒绝接受李显忠的节制，张浚迁就了邵宏渊的要求。之后李显忠与邵宏渊在宿州府库赏赐的问题上产生纠纷，矛盾更加激化。

不久，纥石烈志宁率先头部队万余人反攻宿州，被李显忠击败。但金军主力随即赶到，李显忠孤军奋力苦战，邵宏渊却按兵不动，还大说风凉话："当此盛夏，摇着扇子还嫌不凉快，何况在大日头下披甲苦战！"导致宋军军心涣散，斗志全无。

入夜之后，邵宏渊部中军统制周宏自为鼓噪，扬言金军来攻，宋军遂不战自溃，中军统制周宏与邵世雍、刘侁，统制左士渊、统领李彦孚，殿司前军统制张训通、马司统制张师颜、池州统制荔泽、建康统制张渊等人相继不战而逃。金军则乘虚攻城，李显忠孤军难支，率部撤退。

撤退未远，宋军就全线崩溃，军资器械丧失殆尽。所幸金军不知宋军底细，没有贸然追击，宋军才在淮河一线得以停下来喘

---

[1]《宋史》卷三百六十一《张浚传》。

息,史称"符离之溃"。[1]

"符离之溃"对宋孝宗的雄心壮志造成了沉重打击,他开始在战和之间摇摆不定。随即,张浚被降为江淮宣抚使,都督两淮防线,抵挡金军南下。此时,宋高宗赵构雇用了五百名挑夫,让他们守在皇宫,"各备担索",一旦战事发生逆转,立即让这五百人抬着他逃跑。[2]

六月,宋孝宗让主和派代表汤思退复出,不久又使其担任右相。同时,主战派大臣张焘、辛次膺和王十朋等相继出朝,主和派势力开始抬头。八月,恢复张浚都督江淮军马的职务,并采纳汤思退的建议,派淮西安抚使干办公事卢仲贤前往金军大营议和。

十一月,卢仲贤带来了金世宗开出的议和条件:宋帝与金

---

[1]《宋史》卷三百六十七《李显忠传》:"宏渊顾众曰:'当此盛夏,摇扇于清凉犹不堪,况烈日中被甲苦战乎?'人心遥摇,无斗志。至夜,中军统制周宏鸣鼓大噪,阳谓敌兵至,与邵世雍、刘俣各以所部兵遁;继而统制左士渊、统领李彦孚亦遁。显忠移军入城,殿司前军统制张训通、马司统制张师颜、池州统制荔泽、建康统制张渊各遁去。金人乘虚复来攻城,显忠竭力捍御,斩首房二千余人,积尸与羊马墙平。城东北角敌兵二十余人已上百余步,显忠取军所执斧斫之,敌始退却。显忠曰:'若使诸军相与犄角,自城外掩击,则敌兵可尽,金帅可擒,河南之地指日可复矣。'宏渊又言:'金添生兵二十万来,傥我军不返,恐不测生变。'显忠知宏渊无固志,势不可孤立,叹咤曰:'天未欲平中原耶?何沮挠若此!'是举,所丧军资器械殆尽,幸而金不复南。"

[2] [南宋]朱熹《朱子语类》卷一百二十七·本朝一《高宗朝》:"又宿州之战,高宗已逊位。日雇夫五百人立殿廷下,人日支一千足,各备担索。"

帝改为叔侄关系，宋朝归还此时处于宋军控制下的海、泗、唐、邓四州，归还降宋的金人，因完颜亮南侵导致南宋停止对金的岁币，也要进行补纳。

南宋方面对战和展开了激烈的争论，多数大臣认为议和可以，但四州之地作为宋军在淮河以北的桥头堡，决不能拱手让人[1]。

隆兴二年（1164年）正月，金朝方面再次来函，但南宋认为金朝要价太高，口气太大。宋孝宗在主战派的鼓动下，将卢仲贤以擅许四州的罪名除名，编管郴州（今属湖南），改派胡昉出使金营，明确表示宋朝拒绝归还四州，和议陷入僵局。

三月，宋孝宗令张浚再次出京巡视两淮，全力备战，希望能扳回一局，赢得更多的谈判筹码。但朝廷内部关于战和问题已经吵翻了天，主和派重臣秦桧党羽左相兼枢密使汤思退及其同党淮东宣谕使钱端礼，攻击张浚"名曰备守，守未必备，名曰治兵，兵未必精"[2]。

最终，宋孝宗在四月再次召张浚入朝，罢免其职务，命其为保信军节度使，出判福州。张浚自知失势，力辞新命不接，恳求致仕，改授醴泉观使闲差。四个月后，张浚死于江西余干。

至此，主战派大势已去，宋孝宗不得不接受和谈。

六月，宋孝宗命令湖北京西制置使虞允文放弃唐、邓两州。

---

[1] [元]佚名《宋史全文》卷二十四上《宋孝宗一》："时廷臣多言可以与之议和，而四州之地不可轻弃。而湖北京西制置使虞允文乃陈不可与和、四州之地与和尚原商于一带之险不可以轻弃，累疏争之。"

[2]《宋史》卷三百八十五《钱端礼传》。

七月，又命令海、泗两州的宋军撤退。九月，宋孝宗命汤思退都督江淮军马，对军事一窍不通的汤思退为了尽快促成金宋停战议和，密令前线拆除军备，继而导致金朝将领仆散忠义轻而易举地突破宋军两淮防线，连克楚州、濠州、滁州、庐州，进逼长江，而汤思退却主张放弃两淮，退守长江，尽快与金议和。

然而，此时金朝开出的议和条件更加苛刻，以至于希望议和的宋孝宗大骂金朝贪得无厌。十一月，汤思退被罢，贬至永州居住，陈伯康再次被任命为左相，出面主持大局。此时宋军颓势尽显，已经无力再战，宋孝宗能做的也只是让议和使臣与金朝讨价还价，而金朝也达到了以战促和的目的，于是停止进攻，开始与南宋议和。

隆兴二年（金大定四年，1164年）年末，宋金达成和议：

南宋对金不再称臣，改为叔侄之国，金世宗为叔，宋孝宗为侄；

"岁贡"改称"岁币"，银绢每年各二十万两匹，比绍兴和议时减少五万两匹；

南宋先前收复的海、泗、唐、邓、商、秦六州全部放弃归金，双方疆界恢复绍兴和议时原状，划秦岭—淮河为界；

双方交换战俘，叛逃者不在其内。史称"隆兴和议"。

不过隆兴北伐的失败还没能彻底断绝宋孝宗内心的中原梦想。乾道五年（金大定九年，1169年）八月，宋孝宗将在上次宋金大战中大败金军的虞允文召入朝中，升其为尚书右仆射、同中书门下平章事兼枢密使、制国用使，让其积极准备北伐，但这次北伐最终没有付诸实施。

乾道六年（金大定十年，1170年）闰五月，宋孝宗在虞允文的建议下，派范成大为祈请国信使，出使金朝，向金朝索取北宋诸帝陵寝之地，并请改变宋帝必须站立接受金朝国书的规定，金世宗断然拒绝，范成大无功而返。

战场上拿不到的，也不要指望能靠使臣的嘴巴拿到。宋孝宗到死都没能改变自己在给金朝国书上那句"侄宋皇帝眘，谨再拜于叔大金圣明仁孝皇帝阙下"的耻辱称呼。

淳熙十年（1183年），史浩致仕归家，宋孝宗禅位之后，又被新即位的宋光宗授予太师之位。在宋孝宗去世前不久的绍熙五年（1194年）四月，八十九岁高龄的史浩去世，被追封会稽郡王，赐谥"文惠"。

与主和派的史浩不同的是，史浩的长子史弥大却是个坚定的主战派。父子异议，颇为有趣。次子史弥正官至浙东提刑，以道德高尚著称于世。幼子史弥坚为人正直，为世人所称道。

不过，最终继承史浩衣钵并"光大门楣"的，是其三子史弥远。

开禧往事：史弥远

宋孝宗赵眘的继任者宋光宗赵惇生于绍兴十七年（1147年），乾道七年（1171年）被立为皇太子。担任太子十数年之后，已年过不惑的赵惇仍不见宋孝宗有将皇位传给他的意向，有些按捺不住。有一天，他试探性地对宋孝宗说道："我的胡须已经开始白了，有人送来染胡须的药，我却没敢用。"宋孝宗听出了儿子的弦外之音，回应道："有白胡须好，正好向天下显示你的老成，要染须药有什么用！"[1]

淳熙十四年（1187年）十月，八十一岁高龄的太上皇宋高宗赵构崩于德寿宫中，宋孝宗听闻后失声痛哭，两天不能进食，表示要服丧三年。淳熙十六年（1189年）二月初二，赵昚效仿宋高宗禅皇位于自己的故事，禅位于四十二岁的太子赵惇，自称太上皇，闲居慈福宫。

宋光宗赵惇身体不好，而且生性懦弱，却偏偏摊上了两宋乃至中国历史上著名的悍后之一李凤娘。宋光宗有一天在洗手时看见端着水盆的宫女颇有姿色，双手嫩如柔荑，白似凝脂，不禁夸赞了几句。这件事很快被李凤娘知晓了，几天之后她派人给宋光宗送去一只食盒，不明就里的宋光宗打开一看差点吓晕过去，原来食盒里盛放的居然就是那名宫女的双手！

绍熙二年（1191年）十一月二十七日这天，宋光宗将在圆丘举行祭祀天地的仪式，这也是他即位之后的首次大祭天地，自然非常重视，于是在告祭太庙之后便入宿于南郊青城的斋宫。李皇后趁着皇帝不在的机会，竟把他宠幸的黄贵妃虐杀了。宋光宗闻讯后惊悸不已，凑巧行礼的这一天突起狂风暴雨，仪式根本无法正常进行，宋光宗更加害怕，觉得这是自己得罪了上天，又害怕太上皇责罚，忧虑之下竟成痼疾。按现代医学观点可能是重度抑

---

[1] [南宋]叶绍翁《四朝闻见录》乙集："光皇春秋已富，又自东宫尹天府入侍重华，从容启上曰：'有赠臣以乌髭药者，臣未敢用。'上语光皇曰：'正欲示老成于天下，何以此为？'"

郁症，从此喜怒无常，再也不能处理朝政。[1]有时出面接见大臣，谈话间"目瞪不瞬，意思恍惚"[2]。

绍熙五年（1194）六月初九，太上皇宋孝宗在临安重华殿逝世，享年六十八岁。宋孝宗病重期间，宋光宗始终未去重华宫问疾；宋孝宗去世之后，罹患精神疾病的宋光宗甚至无法完成丧礼。

大臣再也不能忍受这位疯子皇帝了。

同年七月，知枢密院事赵汝愚主导了逼迫宋光宗退位、立嘉王为太子并扶持其登基的宫廷夺权大戏。嘉王赵扩在得知自己将被拥立为皇帝之后，连连摆手拒接，惊慌欲逃，结果被知閤门事韩侂胄一把拉住。赵扩又对着太皇太后吴氏大喊："臣做不得！做不得！"太皇太后则盼咐韩侂胄："把黄袍拿来，我亲自给他披上！"[3]被逼着披上黄袍的嘉王赵扩还在喃喃自语"做不得"，南宋历史上第三次"禅位"就这样在一场舞台剧般的氛围

---

[1] [南宋]周密《齐东野语》卷三《绍熙内禅》："绍熙二年辛亥十一月壬申，光宗初祀圜丘。先是，贵妃黄氏有宠，慈懿李后妒之。至是，上宿斋宫，乘间杀之，以暴卒闻。上不胜骇愤，及行礼，值大风雨，黄坛灯烛尽灭，不成礼而罢。上以为获罪于天，且悼寿皇谴怒，忧惧不宁，遂得心疾，归卧青城殿。寿皇知其事，轻舆径至幄殿，欲慰勉之，直上寝，戒左右使勿言。既寤，小黄门奏知寿皇在此，上瞿然惊起，下榻叩头请罪，寿皇再三开谕，终不怿。自是喜怒不常，不复视朝矣。"

[2]《宋史》卷三百九十七《徐谊传》。

[3] [南宋]叶绍翁《四朝闻见录》甲集："嘉王闻命，惊惶欲走，宪圣已令知阁门事韩侂胄掖持，使不得出。嘉王连称：'告大妈妈，臣做不得，做不得。'宪圣命侂胄：'取黄袍来，我自与他着。'"

中完成了。

被迫退位的宋光宗成为太上皇，李皇后被尊为太上皇后，史称"绍熙内禅"。新即位的赵扩成为宋朝第十三位、南宋第四位皇帝，史称宋宁宗，当日改年号为庆元，又立其王妃韩氏为皇后。

赵扩在极不情愿地即位时，宋光宗还蒙在鼓里，对此毫不知情。第二天，韩侂胄带着新即位的皇帝赵扩前来宋光宗住所问安，宋光宗这时正躺在榻上，便问来者何人，赵扩一时语塞，韩侂胄代为答话，说是"嗣皇帝"，宋光宗听了之后眼睛直勾勾地盯着来人，问道："是朕的儿子吗？"随即又问韩侂胄："你是何人？"韩侂胄回答说："臣是知阁门事韩侂胄。"宋光宗愣了一下，然后便不管不顾地转过身，背对新皇帝接着睡了。[1]

就这样，宋朝迎来了一位能够正常处理朝政的皇帝。

韩侂胄之所以在这件事上不遗余力地执行，是因为此事与他有莫大的利害关系。嘉王王妃韩氏的曾祖父韩肖胄是韩侂胄的堂兄，换言之，在嘉王赵扩成为皇帝之后，他也就成了大宋皇后的曾叔祖。韩侂胄一番苦心，本想借此定策之功获取一份要职，没想到主使此事的知枢密院事赵汝愚却以"外戚不可言功"为由，只将韩侂胄官升一阶。

大失所望的韩侂胄开始谋划打击报复。次年，他指使言官弹

---

[1] [南宋]叶绍翁《四朝闻见录》甲集："王既即位，翌日，侂胄侍上诣光皇问起居。光皇疾，有闲，问：'是谁？'侂胄对曰：'嗣皇帝。'光宗瞪目视之，曰：'吾儿耶？'又问侂胄曰：'尔为谁？'侂胄对：'知阁门事臣韩侂胄。'光宗遂转圣躬面内。"

劝赵汝愚身为宗室却担任宰相,不利于国家稳定,甚至拿出祖制来说服宋宁宗。[1]果然,宋宁宗宣布罢免赵汝愚丞相之职,以观文殿大学士之职出知福州。

赵汝愚离朝之后,掌握实权的韩侂胄开始打击理学人士,将凡是与他意见不合者称为"道学之人",后又斥道学为"伪学",下令将以朱熹为首的理学家的著作一概禁毁,科举考试中稍涉义理之学者,一律不予录取,史称"庆元党禁"。

庆元六年(1200年)春,朱熹在福建建阳去世,尽管党禁严酷,路近的学生也都来奔丧,路远的弟子则私相祭吊。丧礼定在当年冬季,韩党担心丧礼变为"逆党"的一次大示威,神经紧绷起来。同年秋天,布衣吕祖泰击登闻鼓上书宁宗,认为理学不可封禁,并请皇帝诛杀韩侂胄,以周必大为宰相。趋于沉寂的党禁波澜再起,吕祖泰上书被流放拘管,朱熹葬礼也没有酿出事变,党禁渐近尾声。有人提醒韩侂胄:再不开党禁,将来不免有报复之祸。韩侂胄颇有触动。[2]

本年正月,韩皇后诞下皇子,但这位皇子在八月就夭折了。同年十一月,韩皇后在病痛和精神的双重打击下驾鹤西去,年仅三十六岁。而韩皇后的父亲、国丈韩同卿也在庆元五年去世。如

---

[1] [南宋]张端义《贵耳集》卷中:"祖宗典故:同姓可封王,不拜相。艺祖载诸太庙。"
[2]《宋史》卷四百七十四《奸臣传四·韩侂胄》:"逮镗死,侂胄亦稍厌前事,张孝伯以为不弛党禁,后恐不免报复之祸。侂胄以为然,追复汝愚、朱熹职名,留正、周必大亦复秩还政,徐谊等皆先后复官。伪党之禁浸解。"

日中天的韩侂胄在处理完皇后的丧礼之后突然发现,自己的势力似乎衰退了,防民之口甚于防川,他也知道理学之禁很难继续执行下去,不得不考虑解禁。

嘉泰二年（1202年）,韩侂胄正式建议宋宁宗"弛伪学之禁",一大批列入"伪学逆党"者都得以复官。

解禁理学不过是韩侂胄调和政治斗争的方式之一。他觉察到,南宋朝内的党争以及其他人对他的不满,已经不是区区一个解除党禁的政策就能消除得了的,他迫切需要一个新的能获取政治资本的方式。于是,一个现成的由头被他抓住了——再言北事。

此时金朝皇帝已经不是金世宗完颜雍。宋孝宗内禅的淳熙十六年（1189年）正月,被称为"小尧舜"的完颜雍病逝于中都福安殿,享年六十七岁。由于太子完颜允恭早逝,继承他皇位的是皇太孙完颜璟,史称金章宗。

金章宗完颜璟即位之初,继承其祖父的政治遗产,金朝的文化水平走向了巅峰。他本人是一位承平之君,是金朝一代文人雅士型的皇帝,也是金朝最高统治者中汉化最深的皇帝。他喜书法,精绘画,知音律、善属文,诗词多有可称者,还擅写一手由宋徽宗独创的书法——瘦金体,二人笔迹酷似,以至于后人难分彼此。后来的元朝人将其与历史上的唐玄宗、后唐庄宗、南唐后主、宋徽宗并称为"帝王知音者五人"[1],清朝人则称之为"南

---

[1] [元]陶宗仪《南村辍耕录》卷二十七。

唐李氏父子之流也"[1]。

与文化事业的日益兴盛形成鲜明对比的，是金朝在军事、政治上的逐渐衰退。

金明昌五年（南宋绍熙五年，1194年）黄河再次决堤，北流从此断绝，黄河河道南移，夺淮入海已成定局，本就水旱连年的河南农业生产再遭严重破坏。大规模的防河工程以及赈灾则掏空了金朝的财政[2]，致使金朝的边防经费被挪用，金朝再也不能像之前那样在大漠草原上所向披靡，导致金军的攻势转为守势，金军开始逐渐倾向于在草原上修筑延绵万里的界壕墙垒，希望能以此阻挡住剽掠如风的蒙古人。

在韩侂胄眼中，金朝已经大不如前。

但是金朝自我感觉良好，面对南宋时仍在苛求以绍兴、隆兴旧约，要求宋宁宗按旧时的礼仪行事。宋宁宗刚刚即位不久，又从没体验过宋金大规模战争带来的冲击，年轻气盛，血气方刚，自然对此感到不满，无论是立受国书，还是叔侄之称，在他眼里都是奇耻大辱，所以希望能对金朝采取一些强硬措施，改变现状。

于是，宋宁宗与韩侂胄君臣二人一拍即合，北伐之议开始悄然在朝廷内外出现。朝中最不缺趋炎附势之徒，在窥测到主政者的意图之后，越来越多唱衰金朝的言论开始递送到省台官员的案

---

[1] [清]徐釚《词苑丛谈》卷三。
[2] 《金史》卷二十七《河渠志·黄河》："孟阳河堤及汴堤已填筑补修，水不能犯汴城。自今河势趋北，来岁春首拟于中道疏决，以解南北两岸之危。凡计工八百七十余万。"

上，希望获得重用之人，自然也在迎合这种言论。很快，北伐的讨论再次被炒热。

支持北伐的主要分子，自然是韩侂胄和他的党羽，但同时也有一些坚定的主战派从始至终都在谋求北伐行动。

嘉泰三年（1203年），韩侂胄开始大量起用主战派人士，著名主战派、已经六十四岁的辛弃疾也被重新起用，被任命为知绍兴府兼浙东安抚使。次年正月，辛弃疾入朝跸见宋宁宗，提出金国"必乱必亡"[1]的观点，韩侂胄大喜。

营造北伐气氛的同时，韩侂胄又授意贬削投降派的秦桧，追夺秦桧王爵，命礼官将秦桧的"忠献"谥号改为"缪丑"，并追封岳飞为鄂王。

除辛弃疾在镇江写下"想当年，金戈铁马，气吞万里如虎"之外，一时关于北伐的诗词层出不穷。陆游写下《江东韩漕晞道寄杨庭秀所赠诗来求同赋作此寄》，明确表示支持韩侂胄的北伐：

三朝巍巍韩侍中，烂然彝鼎书元功。
西戎北狄问安否？九州万里涵春风。
子孙继踵皆将相，我犹及拜西枢公。

---

[1] [南宋]李心传《建炎以来朝野杂记》乙集卷十八《边防一》："三年冬，知安丰厉仲方言淮北流民有愿过淮者，帅臣以闻。会辛殿撰弃疾除绍兴府，过阙入见，言夷狄必乱必亡，愿付之元老大臣，务为仓猝，可以应变之计。侂胄大喜。时四年正月也。"

"三朝巍巍韩侍中",明言希望韩侂胄能继承韩琦之志,北伐中原。

宋宁宗嘉泰三年(1203年)十月初八,这一天是韩侂胄的五十三岁寿辰,在宴会上,五十一岁的词人刘过写就了一首贺词:

> 堂上谋臣尊俎,边头将士干戈。天时地利与人和,"燕可伐欤?"曰:"可"。
>
> 今日楼台鼎鼐,明年带砺山河。大家齐唱《大风歌》,不日四方来贺。[1]

燕可伐欤?意为是不是可以北伐了?答案是:可以。

从宋宁宗开禧元年(1205年)九月开始,宋军在宋金边境不断制造摩擦,对金朝境内的唐、邓诸州发起试探性攻击。开禧二年(1206年)四月,抗金名将毕再遇以八十七人攻占泗州,同时,江州统制许进收复新息县(今河南息县),光州忠义人孙成收复褒信县(今河南息县包信镇)。捷报频传之下,宋宁宗在同年五月正式下诏出兵北伐:

> 天道好还,中国有必伸之理;人心效顺,匹夫无不报之仇。蠢兹丑虏,犹托要盟,朘生灵之资,奉溪壑之欲,此非出于得已,彼乃谓之当然。军入塞而公肆创残,使来廷而敢为桀骜,泊行李之继迁,复嫚词之见加。含垢纳污,在人情

---

[1] [南宋]刘过《龙洲集》卷十一《西江月·堂上谋臣尊俎》。

而已极,声罪致招,属胡运之将倾。兵出有名,师直为壮,言乎远,言乎近,孰无忠义之心?为人子,为人臣,当念祖宗之愤。敏则有功,时哉勿失。[1]

随后,宋军兵分三路,分别从川陕、荆襄、江淮过境,发动了对金朝的全面进攻。

一直将主要精力放在北方、防备蒙古人的金章宗,对于南宋的屡屡犯境也早有耳闻。开禧元年开始,金朝不断抓获宋朝的间谍和军士,从这些俘虏口中得知南宋"期以五月入寇"[2]的消息。同时,"唐、邓、河南屡有警"使得部分金朝官员意识到南宋有可能败盟北侵[3],但金章宗不相信南宋会北伐,太常卿赵之杰、知大兴府完颜承晖、中丞孟铸也认为,宋金交战每次南宋都战败,自顾不暇,应该不至于败盟北侵,但是枢密副使完颜匡坚持认为南宋已有北伐之心,理由是南宋最近的"开禧"年号乃是取北宋开宝、天禧两个年号,"岂忘中国者哉"?[4]并据此规劝金章宗早做准备,调集兵马南下防备。

---

[1] [明]陈桱《通鉴续编》卷十九。
[2] 《金史》卷九十八《完颜匡传》:"遂平县获宋人王俊,唐州获宋谍者李忤,俊襄阳军卒,忤建康人。俊言宋人于江州、鄂、岳屯大兵,贮甲仗,修战舰,期以五月入寇。"
[3] 《金史》卷一百《孟铸传》:"泰和五年,唐、邓、河南屡有警,议者谓宋且败盟。"
[4] 《金史》卷九十八《完颜匡传》:"宋人将启边衅,太常卿赵之杰、知大兴府承晖、中丞孟铸皆曰:'江南败衄之余,自救不暇,恐不敢败盟。'匡曰::'彼置忠义保捷军,取先世开宝、天禧纪元,岂忘中国者哉。'"

可金章宗热爱和平的心似乎很难被打动,不久就裁撤掉了防备南宋的河南宣抚司,又撤掉陕西沿边州府新募的弓箭手,希望南宋能理解金朝没有用兵之意。甚至在南宋撕毁和议北伐之后,金章宗一方面开始调兵遣将进行军事布置,但同时又专门下令给河北西路相州的当地官员,让其妥善安排好韩侂胄的曾祖韩琦的坟墓,不许樵采破坏。[1]

对于南宋那封气吞山河的宣战诏书,金朝也发布了相应的战争动员令:"败三朝七十年之盟好,驱两国百万众之生灵。"[2]直斥南宋毁约叛盟。

战争初期,南宋军队以有备攻无备,一度得心应手。但反应过来的金军随即开始相应地进行布置,收缩战线,在河南尽可能地集聚兵力,以许州、归德、开封三地为总集结地,随后又调集山东、河北兵马进驻洛阳、大名一带。金章宗还担心河南的金军战斗力不够,为应对宋军突破黄河防线进入河北的不利局面,他又要求金军在河北的真定、河间一带组织内线防御。

不过金章宗多虑了,虽然宋军一开始的攻势得心应手,但这种攻势并未能保持太久。不久,金军在寿州击败建康都统李爽,在蔡州击败江州都统王大节,在唐州击败京西北路招讨副使皇甫

---

[1]《金史》卷十二《章宗本纪四》:"丁巳,诏彰德府,宋韩侂胄祖琦坟毋得损坏,仍禁樵采。"
[2][南宋]叶绍翁《四朝闻见录》戊集:"金因亦有伪诏诋韩侂胄云:'蠢尔残昏巨迷(此句疑有脱文)辄鼓兵端,首开边隙。败三朝七十年之盟好,驱两国百万众之生灵。彼既逆谋,此宜顺动。尚期决战,同享升平。'"

斌,在秦州击败四川宣抚副使吴曦,基本遏制住了宋军的攻势。

宋军再次体现出了自身的最大弱点——内讧。

宋军北伐在淮北的第一个关键节点是宿州,控制了宿州才能使补给安全地运达归德府,进而图谋开封,所以池州副都统制郭倬、主管侍卫军马行司公事李汝翼、侍卫马军司统制田俊迈分别率领的三支宋军从不同方向进抵宿州,希望能够一举攻克之。

一开始宋军进军极为顺利,先后攻克了灵璧和蕲县,在西流村遭遇了少量金军骑兵的截击,宋军毫不费力地将其驱逐,率军抵达宿州城下。在宿州城外,郭倬、李汝翼、田俊迈三人没有看到严阵以待的金军,反而是呐喊登城的当地义军。原来,宿州守将认为本城不可守,已经准备投降,当地豪强听说宋军来到之后,决心效忠宋朝,响应北伐,因此从内部攻上了宿州城墙。

结果,匪夷所思的一幕出现了:三位南宋官军将领对义军的这一举动极为不满,认为这是有人在抢功,于是决定教训一下这群不知天高地厚的家伙,便往上放箭,城上的义军当即喊话:"咱们是一家人!"但城下的宋军并不认为这群人与自己是"一家人",仍然朝城上放箭。于是,城上本来反金的义军当即开始协助金军守城。[1]宋军则因为缺少攻城器械,始终无法破城,不久金军援兵赶到,宋军的营地又被雨水冲毁,只好退守蕲县。

宋军虽然退守蕲县,但较之于势单力薄的金军而言优势仍然

---

[1] [南宋]岳珂《桯史》卷十四《二将失律》:"王师始度淮,李汝翼以骑帅,郭倬以池,田俊迈以濠,分三军并趋符离,环而围之。虏守实欲迎降。忠义敢死已肉薄而登矣,我军反嫉其功,自下射之,颠。陴者曰:'是一家人犹尔,我辈何以脱于戮?'始复为备。"

很大，然而宋军却感觉自己存在全军覆没的危险，于是开始动歪心思。金军统帅仆散揆干脆就利用郭倬、李汝翼、田俊迈三人的花心思，实施了离间计，派人告诉李汝翼："濠州都督田俊迈在濠州时屡次挑衅，我们对他恨之入骨，你们只要把他送过来，我们就放你们二人安全离开。"对于这种赤裸裸的战术欺骗，李汝翼和郭倬不假思索便信以为真，随后借商量军情为名，把田俊迈骗过来捆住，送给金军。于是，仆散揆让金军打开一个缺口，允许李汝翼和郭倬二人率部撤离，结果二人带着前锋刚出包围圈，金军便开始尾随追击，最后二人仅以身免，全军覆没。[1]

宋军在这种近乎儿戏的军事作风中迅速崩溃。对临安朝廷不满的四川宣抚副使吴曦则被金朝策反，接受了金朝蜀王的册封，并在开禧三年正月正式叛宋。

解决了威胁最大的西路宋军之后，金军在军事上的优势开始扩大。金泰和六年（1206年）八月，枢密使完颜匡为右副元帅，协同平章政事兼左副元帅仆散揆，征发民夫二十余万，兵分九路，对南宋发起全面反攻，一时"整军列骑，张旗帜于沿江上

---

[1] [南宋]岳珂《桯史》卷十四《二将失律》："大酋仆撒字菫者，使谓汝翼曰：'田俊迈守濠，实诱我人而启衅端，执以归我，我全汝师。'汝翼不敢应，池之帅司提辖余永宁者，闻之以告倬曰：'今事已尔，何爱一夫而不脱万介之命乎！'倬怃然领之，永宁传呼，召俊迈计事，至则殴下马，反接。俊迈厉声呼倬曰：'俊迈有罪，太尉斩之可也，奈何执以为质！'倬回顾汝翼，俱不言，第目永宁，使速行。俊迈脱手自扼其喉，卒复夺之。俊迈有二驭者，忘其名，实在旁，不能救，泣而逃。房既得俊迈，折箭为誓，启门以出二将，犹剿其后骑，免者不能半焉。"

下"，南宋"江表大震"[1]，枣阳、信阳、随州、光化、安丰、西和、成州接连失陷，楚州、德安、襄阳、庐州遭到围困，宋军江淮防线门户洞开，金军如入无人之境。同年十二月，金军统帅河南路统军使纥石烈子仁攻占真州（今江苏仪征），再次饮马长江。

南宋败局已定，不得不开始遣使议和，督视江淮兵马事丘崈连续派刘祐、林拱、陈璧等三拨人奉书乞和。金章宗在金军进抵庐州时，就对前线的金军统帅仆散揆提出了关于与南宋议和的内容，大抵意思是既然金军攻占淮南，那么金与宋像当初南北朝时北齐攻占淮南、与南陈划江而治一样也是"理所宜然"，但如果赵扩"奉表称臣，岁增贡币"而且送还俘虏并听命金朝的话，金军也可以退回淮北，罢兵休战。同时又要求仆散揆做好渡江的准备，让南宋随时能感受死亡威胁，逼迫南宋接受和议，也让南宋断了北伐的念头，从此只敢偷生，不敢有其他想法。[2]

但对于南宋而言，议和断不可行，因为此时的金朝提出了一

---

[1] [清]毕沅《续资治通鉴》卷一百五十七。
[2] 《金史》卷九十三《仆散揆传》："上遣使谕之曰：'前得卿奏，先锋已夺颍口，偏师又下安丰，斩馘之数，各以万计。近又西帅奏捷，枣阳、光化既为我有，樊城、邓城亦自溃散。又闻随州阖城归顺，山东之众久围楚州，陇右之师克期出界。卿提大兵攻合肥，赵扩闻之，料已破胆，失其神守。度彼之计，乞和为上，昔尝画三事付卿，以今事势计之，径渡长江，亦其时矣。淮南既为我有，际江为界，理所宜然。如使赵扩奉表称臣，岁增贡币，缚送贼魁，还所俘掠，一如所谕，亦可罢兵。卿宜广为渡江之势，使彼有必死之忧，从其所请而纵之，仅得余息偷生，岂敢复萌他虑。'"

项南宋不可能答应的议和条款——"太师首级",将韩侂胄的项上人头送给金朝。[1]韩侂胄看清了金朝对自己的态度,无奈之下只能准备再战。

此时金军的锐气也已经受挫,对庐州、和州、襄阳的攻击没有起色,军中瘟疫又开始暴发,不得不考虑退兵,毕再遇则率领宋军两万余人在江淮击败了金军,渐渐稳定了局势,负责主持江防的叶适也基本完成修筑长江防线。

开禧三年(金泰和七年,1207年)二月,金军主帅仆散揆病死于下蔡军中,接替仆散揆职务的完颜宗浩于同年七月也病死于开封。但即便如此,前线金军在纥石烈子仁的统率之下仍然压制着宋军的势头。

对于金人索要自己项上人头的要求,韩侂胄怒不可遏。

不过他在意识到北伐已经无法和平收场之后,又开始主动对金朝示好,幻想着自己的善意举动能打动金朝,让金朝放自己一马,为此他甚至不惜出卖自己主战阵营的人,结果因此开罪了不少同僚。十一月,韩侂胄派左司郎中王枏使金议和,筹码是南宋称金朝为伯,增加岁币,支付犒军费用,并可以送上自己得力助手苏师旦的首级。

但金人并不答应。

金章宗对于这次无缘无故的兵祸极为恼怒,将全部罪责归咎于宋廷丞相韩侂胄。所谓犒军、割让淮南与否都无所谓,但韩侂

---

[1] [南宋]周密《齐东野语》卷三《诛韩本末》:"信孺回白事,言金人欲割两淮,增岁币、犒军金帛,索回陷没及归正人,又有不敢言者。侂胄再三问之,乃曰:'欲太师首级。'侂胄大怒。"

胄的首级必须拿到。

议和不成的韩侂胄喊出了"有以国毙"的口号，固执地要将南宋绑在自己驾驶的战车之上。

春秋时，楚国伐宋，围城日久，宋人说："敝邑易子而食，析骸以爨。虽然，城下之盟，有以国毙，不能从也。"意思是虽然我们守城守到易子而食、析骨而炊的地步，但你们逼迫我们签订这种丧权辱国的城下之盟，我们宁可国破家亡，也决不答应。[1]

可是，南宋的大臣们并不愿意"有以国毙"。准确地说，他们质疑的是韩侂胄有没有资格喊出"有以国毙"这句话：大宋之国，是宋太祖、宋太宗、宋高宗等大宋历代先帝以及当今圣上的国，你韩侂胄有何资格要"有以国毙"？[2]

但韩侂胄仍然没有意识到自己面临的形势到底有多危险。有幕客给他分析，他因为立中宫皇后的事得罪了皇后，皇子也不是他主导扶上来的（宁宗无子，韩侂胄并未在宁宗养子赵曮身上给予太多关注），庆元党禁时罢黜贬死朱熹、赵汝愚，得罪了士大夫，擅开边衅，同时得罪三军、百姓。所以当前的局势是韩侂胄得罪了朝野内外几乎所有人，"平章家族危如叠卵矣，尚复何言！"他劝韩侂胄主导让宋宁宗禅位于皇子，自己再退位让贤，

---

[1]《左传·宣公十五年》。
[2] [南宋]叶绍翁《四朝闻见录》戊集："夫国者，太祖、太宗、高宗之国，而纵侂胄毙之，可乎？"

然而韩侂胄最终还是"犹豫不能决"。[1]

既然韩侂胄不愿意取下自己的首级议和，就只能由别人动手了。南宋朝内的"倒韩派"迅速壮大。

"倒韩"势力主要有两支，一支是以皇后杨氏为主。韩侂胄当初在立皇后一事上属意于杨贵妃的竞争对手曹美人，但精于权术的杨贵妃最后还是说服了宋宁宗，如愿以偿地登上了皇后的宝座。而在此事上横加阻拦的韩侂胄，自然也就成了杨皇后的怨恨对象。

另一支"倒韩"势力，则以史浩之子史弥远为主。史弥远倒韩的理由非常简单——权势滔天的韩侂胄限制了他的进一步发展。

北伐前夕，恢复之议举朝汹汹，史弥远虽然也在朝中，但并不公开反对，因为此时反对北伐必定会遭到韩的打压，而且也会

---

[1] [元]刘一清《钱塘遗事》："其人太息曰：'平章家族危如叠卵矣，尚复何言！'平原愕然问故，对曰：'是不难知也。椒殿之立非出于平章，则椒殿怨矣。皇子之立非出于平章，则皇子怨矣。贤人君子自朱熹、彭龟年、赵汝愚，斥逐贬死不可胜数，则士大夫怨矣。边衅既开，三军暴骨，孤儿寡妇之哭声相闻，则三军怨矣。并边之民死于杀掠，内地之民死于科需，则四海百姓皆怨矣。丛是众怨，平章何以当之！'平原默然久之，曰：'何以教我？'其人辞谢再三，固问，乃曰：'仅有一策。主上非心黄屋，若急建青宫，间陈三圣家法，为揖逊之举，则皇子之怨可变而为恩。而椒殿退居德寿，虽怨无能为矣。于是辅佐新君，涣然与海内更始。曩时诸贤，死者赠恤，生者召还。遣使聘房释怨，请和以安边境，优犒诸军，厚恤死士，除苛解扰，尽去军兴无名之赋，使百姓有更生之意。然后选择名儒，逊以相位，乞身告老为绿野之游。则易危为安，转祸为福，或者其庶几乎。'平原犹豫不能决，欲留其人处以掌故，其人力辞，竟去，未几祸作。"

丧失掉自己在朝臣中的威信。北伐受挫后，韩侂胄面临着空前压力，此时史弥远开始上书说"岂可举数千万人之命轻于一掷"，主张息兵罢战，等到自己实力强劲之后再"以俟大举"。[1]

于是杨皇后和史弥远迅速在扳倒韩侂胄一事上达成共识。

开禧三年（1207年）十一月初三，中军统制、权管殿前司公事夏震等人受史弥远的指使，在韩侂胄上朝时突然袭击，将其截至玉津园夹墙内，中军正将郑发等人用铁鞭将其打死，事后奏报给宋宁宗。宋宁宗在既定事实之下只好不予追究，随后处斩了苏师旦。

年底，南宋宣布明年改元嘉定。

嘉定元年（1208年）正月，赴金乞和的王柟从河南归来，转达了金朝开出的议和价码。二月，南宋宣布将绍熙以来有关韩侂胄的事迹全部削改。三月，南宋恢复了秦桧的王爵和"忠献"谥号。四月，主战派陈自强被抄家。至此，南宋向金全面乞和。

闰四月乙未，南宋使者抵达金中都，送上了装有韩侂胄、苏师旦首级的盒子，请求"赎回"被金朝占据的淮南诸城。最后经过讨价还价，双方达成议和：针对上次隆兴和议金宋为"叔侄之国"的约定，此次改为依照靖康故事，改为"伯侄之国"；在隆兴和议约定每年南宋交纳岁币、银绢各二十万两匹的基础上，增

---

[1]《宋史》卷四百一十四《史弥远传》："韩侂胄建开边之议，以坚宠固位，已而边兵大衄，诏在位者言事，弥远上疏曰：'……若夫事关国体、宗庙社稷，所系甚重，讵可举数千万人之命轻于一掷乎？……毋惑浮言以挠吾之规，毋贪小利以滋敌之衅，使民力愈宽，国势愈壮，迟之岁月，以俟大举，实宗社无疆之福。'"

加十万两匹，变成三十万两匹；另外，南宋要向金军支付犒军赔款三百万两饷银。金朝交还给南宋大散关、濠州，双方维持原来的疆界。

时人作诗讽刺曰：

> 自古和戎有大权，未闻函首可安边。
> 生灵肝脑空涂地，祖父冤仇共戴天。
> 晁错已诛终叛汉，於期未遣尚存燕。
> 庙堂自谓万全策，却恐防胡未必然。[1]

自此，南宋军政大权改由杨皇后、史弥远操纵。

讽刺的是，得到韩侂胄首级的金朝，却以韩侂胄"忠于其国，缪于其身"为由，下令追赠其"忠缪"的谥号[2]，将其安葬于位于相州（今河南安阳）的其曾祖父韩琦墓旁。

2009年，安阳市文物考古研究所配合南水北调工程建设，对安阳韩琦家族墓地开展了考古发掘。韩琦墓正南五六米，是徽宗朝宰相、韩琦长子韩忠彦墓。旁边其他几座墓多有墓志铭，只是韩忠彦墓西侧五六米的地方，还有一座小墓，墓内空空如也。

据说，这就是韩侂胄的墓。

---

［1］[南宋]周密《齐东野语》卷三《诛韩本末》。
［2］[南宋]张端义《贵耳集》卷下："函首才至房界，房中台谏交章言：'韩侂胄忠于其国，缪于其身，封为忠缪侯。'将函首祔葬于魏公韩某墓下，仍札报南朝。"

端平战守：史嵩之

史弥远自开禧三年（1207年）十一月掌权，至绍定六年（1233年）十月去世，擅权宁宗、理宗两朝二十六年。作为当朝权倾朝野的人物，其子侄自然也可以得到相应的羽翼，比如其从子史嵩之。

史嵩之，字子由，庆元府鄞县（今浙江省宁波市鄞州区）人，嘉定十三年（1220年）进士。过去史料多有误认为史嵩之是史浩之孙的记载，而据新发掘出的墓志，史嵩之实际上是史诏四世孙，其祖父史渐是史浩的堂兄弟，史嵩之的父亲史弥忠与史弥远是堂表亲。[1]

绍定六年（1233年）和端平元年（1234年）的南宋朝廷内外，在对北方略上，主战派和主和派各抒己见，划分出泾渭分明的两大阵营。

主战派的代表人物淮东制置使赵葵提出"守河据关"之议以后，宋理宗当即指示各个衙门的官员进行讨论[2]，开列的讨论

---

[1] 魏峰、郑嘉励《新出〈史嵩之圹志〉〈赵氏圹志〉考释》："……讳嵩之，字子由，庆元府鄞县人。举八行、赠太师、越国公讳诏世孙也，曾祖讳木，乡贡进士，赠魏国公，妣郑国夫人。祖讳渐，承务郎致仕，赠太师、楚国公，妣莫氏、高氏，俱赠楚国夫人。考讳弥忠，资政殿学士、金紫光禄大夫致仕，赠少师、保宁军节度使、郑国公，谥文靖，累赠太师、追封齐国公。妣孙氏，齐、魏国夫人。"

[2] [元]佚名《宋史全文》卷三十二《宋理宗二》："诏令侍从、两省、给舍、台谏、卿监、郎官、经筵官赴尚书省集议和战攻守事宜，在外执政从官、沿边帅守并实封奏闻。"

名单几乎遍布各大实权衙门，但讨论出的结果是宋理宗意想不到的——反对的声音非常大。

不久前以"取之若易，守之实难"为由，反对对北用兵的太府少卿淮西总领吴潜，此时再次上奏三点反对理由："出师守城，必先有粮"，但当下朝廷无粮，劳师远征，陆路和水陆运输不便，转运难度颇大；"自潼关至清河，三千余里，须用十五万兵，又须百战坚忍如金人，乃可持久岁月"，守河据关之议就是重新构建金朝的关河防线，但关河防线三千里，需要十五万以上的兵力，而且必须是与拼死作战的金军一样的百战之师，这一点南宋也做不到，不久之前的丁亥之变、辛卯之变都已经证明宋军不足以与蒙军争锋，南宋既没有"十五万兵"，又不能"百战坚韧如金人"，自然不可能做到"持久岁月"；最后，吴潜也担心刚刚竭尽江淮民力的朝廷如果此时再大举用兵河南，恐怕江淮军民吃不消，必将群起为盗。[1] 从根本上否定了"守河据关"之策的可行性。

权直舍人院吴泳则从具体实行角度认为北伐不具备可行性，因为"兵不如昔之强，将不如昔之勇"，理宗朝的兵将比高宗、孝宗朝如何？既然当年兵强将勇之时尚不能收复失地，此时更没有这个条件。而且朝廷此时的财政也不如南宋之初时丰厚，官场

---

[1] [南宋]吴潜《许国公奏议》卷一《奏论今日进取有甚难者三事》："民必为盗。"

纪律也远不如当初[1],内政堪忧。

除此之外,如果作为南宋国防屏障的荆襄、江淮全力北上,防线空虚,荆湖腹地是否会遭到擅长迂回作战的蒙古人的偷袭,也是不得不考虑的事情。"今之江陵,昔之荆州是也",自从赵方移司襄阳后,"是襄阳重而荆渚轻也",倘若敌人遣一偏师从光化小路至夷陵,锁断峡口,那么荆州势单力薄,是无法防御敌军的,战事一旦转入内线,南宋必然遭到更大的损失。

告假在家的参知政事兼知枢密院事乔行简认为宋理宗刚刚亲政,在当前内政未修的情况下不考虑南宋国内楮币贱、物价高的通货膨胀,不考虑纪纲法度颓弛而贸然北上,是自取失败之举。

监察御史李宗勉也表示反对,其理由与乔行简类似,也认为当前南宋内政未修、军事未备、文恬武嬉,与以往的太平岁月并没有什么不同,不久前与金、蒙发生的摩擦,守城尚且吃力,更何况进取?而且,即便得到了蔡州、海州、宿州、亳州这些名城大邑,也不一定能有条件、有能力坚守,万一进兵一无所获,反而得罪了蒙古,造成蒙军大举南下的局面,届时又该如何应对?所以他提出还是应该申饬边境守将,不要擅开边衅,而应严防死守,不能做"好虚名而受实害"之事。当然,李宗勉也不是反对收复故土,只是觉得还是要量力而行,先修内政,等到形成一定

---

[1] [南宋]吴泳《鹤林集》卷十九《论中原机会不可易言乞先内修政事札子》:"兵不如昔之强,将不如昔之勇;财殚民薄,不如昔之厚;官邪略彰,不如昔之严。"

的实力之后，根据情况再做出反应。[1]

十几年前金宣宗南迁开封时，真德秀坚决反对"存金障蒙"策略，主张出兵北伐，攻取河南失地，却在此时对北伐之议表示坚决反对。他指出，想要得到恢复中原的战果，必须有能够打赢恢复中原战争的人，也要有能够支撑恢复中原战争的物资，但现在这两个条件都不具备，"恢复之人"缺乏，即便有那么一两个对边事颇显主见之人，也不过是"实难其人"，至于"恢复之具"就更不具备了，"权门有丘山之积，公家无旬月之储"，国库空虚，钱粮匮乏，根本无法支撑战争。既然这两个必备条件都达不到，就不应该贸然行动，并规劝宋理宗"毋使制阃之臣误事如商浩"，不要偏听偏信。[2] "商浩"，就是东晋的殷浩，宋朝

---

[1]《宋史》卷四百零五《李宗勉传》："时方谋出师汴、洛，宗勉言：'今朝廷安恬，无异于常时。士卒未精锐，资粮未充衍，器械未犀利，城壁未缮修。于斯时也，守御犹不可，而欲进取可乎？借曰今日得蔡，明日得海，又明日得宿、亳，然得之者未必可守。万一含怒蓄忿，变生仓猝，将何以济？臣之所陈，岂曰外患之终不可平、土宇终不可复哉？亦欲量力以有为、相时而后动耳。愿诏大臣，爱日力以修内治，合人谋以严边防，节冗费以裕邦财，招强勇以壮国势。仍饬沿边将帅，毋好虚名而受实害，左控右扼，毋失机先。则以逸待劳，以主御客，庶可保其无虞。若使本根壮固，士马精强，观衅而动，用兵未晚。'"

[2] [南宋]真德秀《西山先生真文忠公文集》卷十三《甲午二月应诏上封事》："然图恢复之功，必有恢复之人；有恢复之人，必有恢复之具。谋臣勇将者，恢复之人也；聚财积粟者，恢复之具也。……权门有丘山之积，公家无旬月之储，在在枵虚，人人愁叹，江湖闽浙，寇警甫平，民未怀生幸祸者众，抚之以循吏，防之以宽条，疾痛呻吟，庶几少息，而师期一起，科敛必繁，官吏缘此以诛求，奸雄因之而煽动，岂细故哉？"

为了避宋太祖赵匡胤父亲赵弘殷的名讳而改称商浩。后赵皇帝石虎病死之后，永和九年（353年）冬，殷浩亲率七万大军北伐，结果因为内讧遭到惨败，士卒死伤、叛变者不计其数。

作为当时的清流代表，真德秀前后截然相反的态度，让很多人认为他反复无常。其实真德秀这番变化有其自身用意，他也确实是根据宋金之间的实际情况而做出了不同主张。

金蒙交兵时南宋北上，的确可以"浑水摸鱼"，获得一定战果，也可以达到以战练兵的目的，但目前金朝已灭，蒙古全取华北中原，此时南宋再用兵北上，以一隅之力对抗风头正盛的蒙古并不明智。

而在一众主和派大臣中，态度最为坚决、势力也最为强大的，就是时任京湖制置使的史嵩之。

史嵩之在嘉定十六年（1223年）担任京西湖北路制置司准备差遣，绍定五年（1232年）加大理卿兼权刑部侍郎，升制置使兼知襄阳府，赐便宜指挥[1]，成为手握重兵的地方实权派人物。京西湖北路制置司，即宋朝三大边防战区的荆湖制置司，位于南宋边防体系的中间位置，负有连接吴蜀、策应江淮、拱卫东南、屏蔽湖广等多项使命，战略地位十分重要。从嘉定十六年算起，

---

[1]《宋史》卷四百一十四《史嵩之传》。

史嵩之在荆襄防线任职长达十二年之久[1]，是举足轻重的封疆大吏。

在史嵩之刚刚升任为京湖制置使的绍定五年年底，蒙古又一次派出以王楫为首的蒙古使者入宋，抵达他所镇守的襄阳，目的是求兵、求粮、联宋灭金。当时朝廷对此议颇为犹疑，就助蒙还是防蒙一事争论颇大，当时独掌相权的正是史嵩之的族叔史弥远，作为史弥远出台南宋政策的直接参考，史嵩之接受了孟珙"倘国家事力有余，则兵粮可勿与，其次当权以济事"[2]的意见，决定联蒙灭金，派出京湖制置使参议官邹伸之出使蒙古，最终让蒙古开出了"许以河南归本国"的结盟条件。随后，南宋派出孟珙参与了蔡州灭金之战。

但是史嵩之在端平元年的对北方略问题上表现出坚决的主和倾向，对于淮东制置使赵葵、沿江制置使赵范、知庐州全子才

---

[1]《宋史》卷四百一十四《史嵩之传》："史嵩之，……（嘉定）十六年，差充京西、湖北路制置司准备差遣。十七年，升干办公事。宝庆三年，主管机宜文字，通判襄阳府。绍定元年，以经理屯田，襄阳积谷六十八万，加其官，权知枣阳军。二年，迁军器监丞兼权知枣阳军，寻兼制置司参议官。三年，枣阳屯田成，转两官。以明堂恩，封鄞县男，赐食邑。以直秘阁、京西转运判官兼提举常平兼安抚制置司参议官。四年，迁大理少卿兼京西、湖北制置副使。五年，加大理卿兼权刑部侍郎，升制置使兼知襄阳府，赐便宜指挥。六年，迁刑部侍郎，仍旧职。"

[2] [南宋]刘克庄《后村先生大全集》卷一百四十三《孟少保神道碑》："初，鞑使王楫约共攻蔡，且求兵粮，请师期。或谓金垂亡，宜执仇耻。或言鞑贪，宜防后患。议不决，帅以访公。公言：'倘国家事力有余，则兵粮可勿与，其次当权以济事，不然金灭无厌，将及我矣。'"

三人联合提出的"守河据关"之议,他"力陈非计,疏为六条上之"[1]。

史嵩之指出当前荆襄地区连年水旱蝗灾交替,饥民遍地,赈灾尚且不能完全奏效,何况再征调人力物力去转运军需物资?如果一意孤行,非让荆襄之民去承担这一责任,势必会造成百姓弃地流亡,到时候这些无家可归的流民在后方啸聚山林,落草为寇,而前线得不到物资给养的将士未战先溃,届时整个京湖战区都将陷入危险境地。[2]为此,他认为和好与进取,决不两立,并认为某些同僚附和主战派、力主北伐的言行实属误国,其罪当诛,而自己忤逆朝廷命令,只是自己一人丢职罢官,自己毫不在乎,但如果自己也赞成北伐,造成严重后果,乃是千秋之罪。

当然,这只是借口,这与史嵩之先前的作为并不相符。在他主持襄阳屯田的绍定元年(1228年),"襄阳积谷六十八万",绍定三年(1230年)又完成了枣阳屯田[3]。朝廷派遣孟珙联蒙灭

---

[1]《宋史》卷四百一十四《史嵩之传》。
[2]《宋史》卷四百一十四《史嵩之传》:"臣熟虑根本,周思利害,甘受迟钝之讥,思出万全之计。荆襄连年水潦螟蝗之灾,饥馑流亡之患,极力振救,尚不聊生,征调既繁,夫岂堪命?其势必至于主户弃业以逃亡,役夫中道而窜逸,无归之民,聚而为盗,饥馑之卒,未战先溃。当此之际,正恐重贻宵旰之虑矣。兵民,陛下之兵民也,片纸调发,东西惟命。然事关根本,愿计其成,必计其败,既虑其始,必虑其终,谨而审之,与二三大臣深计而熟图之。"
[3]《宋史》卷四百一十四《史嵩之传》:"绍定元年,以经理屯田,襄阳积谷六十八万,加其官,权知枣阳军。……三年,枣阳屯田成,转两官。"

金时，史嵩之又送给蒙古人三十万石犒军粮食。[1]

作为地方大员的史嵩之在主和派的立场上并不孤单，因为四川制置使赵彦呐也不赞同出兵。

京湖制置使史嵩之、四川制置使赵彦呐、参知政事兼知枢密院事乔行简、太府少卿淮西总领吴潜、户部尚书真德秀、监察御史李宗勉、权直舍人院吴泳等人，是为主守派；右丞相兼枢密使郑清之、工部尚书沿江制置副使赵范、淮东制置使赵葵、权知庐州兼权淮西运判全子才、知江陵府杨恢等人，是为主战派。

主战、主守两派的矛盾，其实并不仅仅是主战还是主守，其实战守之争的水面之下，更多的是暗潮汹涌的党争。

力主抗金、官至京湖制置使兼知襄阳府的名臣赵方，对郑清之有知遇之恩。嘉定十年（1217年），刚刚考中进士的郑清之在出任峡州教授时，赵方一眼就看出这个年轻人不是等闲之辈，于是为其置办酒席，并让自己的两个儿子出来拜见，并直言希望郑清之以后能照顾自己这两个儿子。[2]

赵方的这两个儿子，便是赵范、赵葵兄弟。

郑清之显达之后果然对赵氏兄弟照顾有加。绍定年间，调任滁州知州的赵葵屡次建议史弥远发兵征讨已有反迹的李全，但史弥远充耳不闻。绍定三年（1230年）二月，时任参知政事的郑

---

[1]《金史》卷十八《哀宗本纪下》："宋遣其将江海、孟珙帅兵万人，献粮三十万石助大元兵攻蔡。"

[2]《宋史》卷四百一十四《郑清之传》："十年，登进士第，调峡州教授。帅赵方严重，靳许可，清之往白事，为置酒，命其子范、葵出拜，方披清之无答拜，且曰：'他日愿以二子相累。'"

清之启用当时正在为母服丧的赵葵为直宝章阁、淮东提点刑狱兼知滁州,赵范为直徽猷阁、淮东安抚副使,让二人联合出兵征讨李全。

从这一点来说,郑清之与赵氏兄弟是一损俱损、一荣俱荣的关系。史弥远死后,已升任右丞相兼枢密使的郑清之正准备全力辅佐宋理宗成为圣明之君,慨然以治理天下为己任,甚至召回了真德秀、魏了翁、崔与之、李埴、徐侨、赵汝谈、尤焴、游似、洪咨夔、王遂、李宗勉、杜范、徐清叟、袁甫、李韶等人,一时号称"小元祐"[1]。

朝内权势上升的同时,往往还要有朝外边境守将的支持才能长久,这种情况下,赵氏兄弟就是再适合不过的人选。

郑清之是否有意在清除史弥远主政的痕迹,这着实耐人寻味。在这种情况下,郑清之不可能放任史弥远的侄子在外担任要职,无论史嵩之是否出兵参与这次北伐,只要赵氏兄弟主导的淮东战区在对北战事中获取更大的军功,都可以将史嵩之改调或者干脆排挤出边帅队伍。

郑清之有必要拿出一个与史弥远时代截然不同的姿态来主政宋廷,国防军事的导向也是转变的内容之一,主守、主和断然不可,唯有主战。

如此,端平元年(1234年)的局势似乎回到了三十年前的开

---

[1]《宋史》卷四百一十四《郑清之传》:"端平元年,上既亲总庶政,赫然独断,而清之亦慨然以天下为己任,召还真德秀、魏了翁、崔与之、李埴、徐侨、赵汝谈、尤焴、游似、洪咨夔、王遂、李宗勉、杜范、徐清叟、袁甫、李韶,时号'小元祐'。"

禧元年（1205年），甚至连开禧元年也不如。

开禧北伐前夕，虽然宋廷也在争论到底要不要出兵，但终究形成了江淮、荆襄、川陕三路齐兵并举的局面；而在端平元年的这次讨论中，却出现了边帅不服省台之命的情况。

史嵩之作为主和派大臣中势力最为强大的一位，看上去似乎与其他主和派并没有什么交集，甚至有先前意见相左之人，比如真德秀与史弥远是政敌，废太子、济王赵竑被史弥远害死之后，真德秀一再为济王辩解，并屡次辞职以示不满，史弥远毫不客气，指示手下的"四木"之一监察御史梁成大弹劾真德秀，对其加以贬黜。后来真德秀得以再次入朝，还是在史弥远死了之后，由宰相郑清之出力帮忙。

参知政事兼知枢密院事乔行简也不见得和史嵩之能有太多的交集，因为他是南宋"存金障蒙"政策的支持者之一，主守是他的一贯主张，金朝未亡之时他就反对真德秀等人要求立即与金决裂的建议。

至于四川制置使赵彦呐、太府少卿淮西总领吴潜两人，则存在争议。目前确实没有二人在端平之前与史弥远或史嵩之有往来的证据，但之后有史嵩之提携吴潜[1]、收留赵彦呐之子[2]的举动，当然这也无法证明双方的友谊是在端平庙议之中还是之前

---

[1]《宋史》卷四百一十四《史嵩之传》："荐士三十有二人，其后董槐、吴潜皆号贤相。"

[2]《宋史》卷四百一十三《赵彦呐传》："三年，金人大入至三泉，彦呐大败，贬衡州，其子洸夫用事亦窜岭南，史嵩之留之江陵两年，卒。"

建立的。而且史嵩之在结党营私上也确实有史弥远之风。端平之后,他入朝拜相,一时"挟边功要君,植党颛国",为人臣所论,认为他善于拉拢人心并打击异己。[1]如此风评,不得不让人起疑。

所以,端平庙议的主守派到底是由什么样的人组成的,其实极为混乱,甚至可以说,除了主战派的人之外,其他人都可以归入主守派。

郑清之的主战,一定意义上是为了稳固自己刚接手的南宋政局,形势要求他必须出台一些与史弥远时期不同的政策。为此,郑清之召还了真德秀、魏了翁、李宗勉、杜范等当初不愿与史弥远合作的名贤大儒,这些名贤涵盖了朱学、陆学、吕学三个学派的人士,郑清之的本意是尽可能地释放善意,试图最大限度地拉拢中间力量,也为了改变史弥远执政时期太过注重乡党的局面——史弥远对自己老家庆元府的人颇为重用,一时人称"满朝朱紫贵,尽是四明人"[2]——虽然郑清之也是"四明人"。

端平元年(1234年),调整之后的南宋政局几乎可以说四明人大势已去,"小元祐"的朝堂之上,除了郑清之再无四明籍士

---

[1]《宋史》卷四百二十五《徐霖传》:"时宰相史嵩之挟边功要君,植党颛国,(徐)霖上疏历言其奸深之状,以为:'其先也夺陛下之心,其次夺士大夫之心,而其甚也夺豪杰之心。今日之士大夫,嵩之皆变化其心而收摄之矣。且其变化之术甚深,非章章然号于人使之为小人也。常于善类择其质柔气弱易以夺之者,亲任一二,其或稍有异己,则潜弃而摈远之,以风其余。彼以名节之尊不足以易富贵之愿,义利之辨亦终暗于妻妾宫室之私,则亦从之而已。'"
[2] [南宋]张端义《贵耳集》卷下。"四明"即庆元府别称,今浙江宁波。

人，端平二年（1235年）才有四明人陈卓入朝担任参知政事。

不过郑清之的"善意"并没有带来太多的收益，冷落四明人让他很快便开罪了史弥远时代的旧臣，也让他在乡党中失去了立足点；拉拢中间派和反对派也没有什么效果，被提拔的名贤掌握权力之后，很快就适应了身份，并提拔各自眼中的后学，由此步入政坛的后学们并没有对郑清之这位史弥远当年的同谋有太多好感，反而开始与名贤达成攻守联盟，讨论起联手倒郑的可行性。

比如朱学人士杜范等人感念于乔行简的提拔，便与乔行简结盟，策划帮助乔行简取代郑清之。郑清之的付出无异于赔了夫人又折兵，不仅损害了自己的阵营，还壮大了反对派的实力。

同为"四明人"的史嵩之自然不愿意与这么一位费力不讨好的老乡合作。而且站在史嵩之的角度上考虑，他也并不会满足于一方边帅的身份。对他而言，史浩、史弥远才是自己应该效仿的对象。他是要入朝辅政的人物，而不是被一群昏聩无能之辈吆来喝去的小角色。

熟悉边备的史嵩之对局势看得非常清楚：这次出兵无非重蹈开禧北伐的覆辙，一旦兵败，届时惩处负责人，自己免不了因为是史弥远从子而遭到乔行简等人的清算。而且，即便侥幸收复了河南，功劳自然归属于赵葵兄弟和郑清之，自己现在在朝中并没有太多的发言权，即便朝廷论功行赏也很难行到自己头上。既然如此，自己又何必辛辛苦苦为他人作嫁衣？更重要的是，一旦郑清之主导的这次军事行动失利，那这就是史嵩之扳倒郑清之而入朝辅政的绝佳机会！

所以，他断不会听从郑清之的建议，也断不会和赵葵等人达成联手的同盟。

但无论如何,史嵩之对北伐的反对无法压制郑清之的支持,也不能熄灭春秋鼎盛、立志中兴的宋理宗的那份决心。

君王有主战之意,大臣有主战之心,边帅有主战之策,局势似乎又开始向七十年前的隆兴北伐靠拢。

第六章　端平入洛：一场轰轰烈烈的闹剧

三京光复

"据河守关，收复三京"，既是南宋的一个大胆目标，也是宋人对端平元年这次军事行动的一个简单概括。大体内容，就是南宋趁夏天蒙古人北返，中原空虚之际，抢占河南，安抚当地人民，任用当地豪杰，打造一条自潼关到清河（今江苏淮安北）的黄河防线。

归根结底，这个战略对南宋而言，并非简简单单的一次出兵带来的边防战线推移，而是整个南宋北部边防的体系性改变。

自绍兴和议以来，南宋便在淮河大散关一线构建边堡工事，当边疆推进到潼关—清河一线，经营多年的堡垒防线将不再能发挥作用，而需要在黄河南岸布置建造新的防御体系。然而，短时间内进行这样翻天覆地的大工程不是一般朝代能够承受的，更不用说是端平元年的南宋。

所以，反对出兵的人自始至终都在质疑"据河守关"战略的可行性，但即便反对声音再大，在右丞相兼枢密使郑清之的极力支持以及皇帝的首肯下，宋廷还是决定一试。

端平元年（1234年）五月初八，驻扎在黄州的沿江制置副使兼淮西制置副使赵范，接到了新的任命——出任两淮制置大使兼沿江制置副使，节制沿边军马。端平庙议的最终结果还是以主战派的思路来执行，但由于主守派的反对和拒绝配合，本来南宋制定的两淮、荆湖、四川三方面同时北上进攻的策略，改成了由两淮一路独力承担，相应的出兵计划也对此做了调整：

淮东制置使赵葵担任前线指挥，率五万淮东兵，自淮河南岸的泗州出发北上；

淮西安抚副使兼知庐州全子才，率淮西兵一万，自庐州出发。

两路军队分进合击，约定在开封会师，然后沿黄河向西攻取洛阳、潼关，最后淮西兵防守潼关，淮东兵防守黄河。[1]

选定出兵将领之外，南宋也对接管前线防御和二线防御的将领进行了配置。

针对吴泳指出的"重襄阳而轻江陵"的问题，既然不同意出兵的史嵩之以退为进选择辞职，于是宋廷升任知江陵府杨恢为知襄阳府、京西安抚副使，接管京湖防御，并任命尤焴为知江陵府兼主管湖北路安抚司公事，以求在京湖无法出兵响应两淮军的情况下能够最大程度稳定京湖防御，避免出现因史嵩之的辞官而导致的可能出现的危机，即"使前茅无后顾之忧，首尾有相应之

---

[1] [南宋]刘克庄《后村先生大全集》卷一百四十一《杜尚书神道碑》："端平初元，过庐谒全帅子才曰：'北伐不可止矣，公必有以坚凝其后者。'全曰：'以淮西兵守潼关，以淮东兵守黄河。'公始为之隐忧。"

势"[1] "寓直中秘，全护荆楚……上流之顾宽，则朕可安意而图中原矣"[2]。

京湖之外，因为两淮兵马尽出，所以江淮方面也进行了相应布置。副都承旨张嗣古改任江东安抚使兼知建康府，作为对江淮的策应，以"巩护天堑，应接汴洛"[3]。

同时，赵范改授为沿江制置副使，移驻黄州，屯军于光州、黄州，作为宋军策应的同时，也为北伐军壮大声势。[4]

五月，又升赵范为两淮制置使、节制军马兼沿江制置副使，正式接管两淮防务，这是为了防止一旦赵葵、全子才所率兵马发生意外，赵范可以就地组织接管江淮防务。

六月初，淮东制置使赵葵率领五万淮东军离开泗州北伐，连过灵璧、宿州，在六月初九收复了归德府（今河南商丘），归德府即北宋的陪都南京应天府，也是当初赵构称帝、南宋建立的地方。这时距离金哀宗离开归德、借道亳州前往蔡州刚好过去一年，而归德的金军则在蒙古将领石天禄的围攻下坚守到了去年十二月，最终在粮尽援绝的情况下举城投降蒙古。[5]

---

[1] [南宋]洪咨夔《平斋文集》卷十九《直华文阁知江陵府杨恢除知襄阳府京西安抚副使时暂兼京湖制置司公事制》。

[2] [南宋]洪咨夔《平斋文集》卷十九《尤熵除直秘阁权知江陵府兼主管湖北路安抚司公事制》。

[3] [南宋]洪咨夔《平斋文集》卷十九《副都承旨张嗣古除右文殿修撰权知建康府江东安抚制》。

[4] [南宋]周密《齐东野语》卷五《端平入洛》："乃命武仲开闸于光黄之间，以张声势；而子才合淮西之兵万余人赴汴。"

[5]《元史》卷一百五十二《石天禄传》："癸巳秋九月，破考城，复围归德。冬十二月，归德降。"

三天之后，淮西安抚副使全子才带领一万余淮西兵离开庐州北上。六月十八日过寿州，二十二日抵达蒙城县（今属安徽），二十三日抵达城父县（今安徽亳州谯城区东南三十公里城父镇）。

这两个县留给宋军的是满目疮痍：紧邻涡河的蒙城县城内空空荡荡，只有数十名伤残百姓；城父县当初何其繁华，有"小东京"的称号，城高池深，此时同样也是一片凋零，经历了大火之后的县城只有十余家残存的房屋，以及两三处官舍。两县之间的路上没有任何耕种稼穑的迹象，荒草如林，白骨尸骸遍地，蚊蝇扑面，不见人影。[1]

六月二十四，全子才率领的西路宋军抵达亳州。亳州在金末的天兴元年（1232年）五月曾兵变降蒙，蒙古改其名为"顺天府"，然而次年四月，降蒙的叛军出征之后，城内不服蒙古的士兵和民众又据城反正，宣布重新归属金朝，得知消息的蒙军在同年八月再次攻占了亳州。

在亳州迎接宋军的，是六百亳州守军，他们在七名总领的率领下向宋军投降。

亳州城的城墙是夯土所筑，保持了相对的完整，城防工事比较完备，只是城内基本都已毁于战火，有一位在街市上卖饼的

---

[1] [南宋]周密《齐东野语》卷五《端平入洛》："二十一日抵蒙城县，县有二城相连，背涡为固，城中空无所有，仅存伤残之民数十而已。沿途茂草长林，白骨相望，蚊蝇扑面，杳无人踪。二十二日至城父县，县中有未烧者十余家，官舍两三处，城池颇高深，旧号小东京云。"

商贩对宋军说，刚才投降的这六百守军极为凶狠残暴，他们本来是金军，当初投降蒙古人的是他们，现在投降大宋的还是他们。全子才则以这六百名熟悉中原情况的降军为向导，经过卫真县、鹿邑县、太康县，这些地方无一不残破不堪，没有居民住户。[1]

七月初二，宋军进抵距离开封城二十里的地方安营扎寨。此处尚有人户居住的迹象，甚至有桑园和枣园，颇为难得。

在这里，宋军接到了来自开封城内的降书，署名李伯渊。

李伯渊，宝坻人，本是金军，官至安平都尉司千户，但蒙古在开封城内的主将并不是他，而是前几天被他用刀捅刺而死的崔立。

崔立，这位在天兴二年（1233年）四月发动政变，将金朝太后、皇后、宗室一网打尽以换取富贵的叛将，并没能获得自己真正想要的回报。他本想当上刘豫那样的儿皇帝，但蒙古人并没有扶持他。不仅如此，当投降之后的崔立在城外恭候蒙古人时，入城的蒙军却开始在城内大肆劫掠，崔立在城里的家也在劫掠范围之内，其妻妾、财宝都被蒙军据为己有，崔立悲痛欲绝，却又无

---

[1] [南宋]周密《齐东野语》卷五《端平入洛》："二十四日入亳州，总领七人出降。城虽土筑，尚坚。单州出戍军六百余人在内，皆出降。市井残毁，有卖饼者，云戍兵暴横，亳人怨之，前日降鞑，今日降宋，皆此军也。遂以为导，过魏真县、城邑县、太康县，皆残毁无居人。"按，魏真县当为卫真县，即今日河南省周口市鹿邑县；城邑县，当为"鹿邑县"之误，在今鹿邑县西五十五公里辛集镇鹿邑城。太康县即今河南太康县。

可奈何。[1]

崔立虽然是个小人，但从客观上讲，也不至于落到这样死无全尸的下场。开封的金朝军民降蒙之事，本来也算是"众望所归"，经历了开封大疫之后的金朝军民早已厌倦了无休止的战争，投降求生，本无可厚非，所以连枢密副使也觉得投降是个选择。当时官至左司都事的元好问就说：如果可以"安社稷、救生灵"，投降又如何？

所以当崔立决定投降蒙古人时，崔立喊出的口号是"为汝一城生灵请命"，在其杀了留守之后，"众皆称快"。

问题出在投降之后。崔立认为大局已定，完全将开封当成自己的私产，不仅在城内搜刮金银，而且实施严刑峻法，视人命如草芥，就连崔立的亲属也有样学样。山西人都尉李崎，受到崔立妹婿折希颜的侮辱，妻子也被崔立觊觎，盛怒之下决定联合都尉权东面元帅李贱奴杀死崔立。同谋中，便有李伯渊。

端平元年（1234年）六月二十七日，开封城内盛传宋军即将攻来的消息。这个消息不假，宋军确实已经攻至太康县一带。此时开封名义上还是属于蒙古，崔立作为蒙古人任命的元帅，自然需要担负守城的责任。李伯渊便装模作样地与崔立讨论城防，实际上则与李崎、李贱奴等人策划如何刺杀崔立，投降宋军。

崔立清楚自己得罪了不少人，所以最近闭门不出。李伯渊知道这样难以刺杀，必须将其骗到外面才能动手。

---

[1]《金史》卷一百十五《崔立传》："四月，北兵入城。立时在城外，兵先入其家，取其妻妾宝玉以出，立归大恸，无如之何。"

第二天晚上，李伯渊偷偷烧毁外封丘门，然后告诉崔立说城防有警。面临大兵压境的崔立本来就压力极大，得知消息后更是坐卧不安。天亮之后，李伯渊陪同崔立前往视察外封丘门，同时安排士兵埋伏在回程的路上。

回程的路上，他们遇到几名驿卒正在争吵，李伯渊回禀崔立，请其一同前往察看。崔立本就不想去，加上预感到今天可能有大事要发生，心神不宁，上马时又摔了一下，更不想去了，李伯渊以军人摔下马不足为怪为由，坚持让他去。

当队伍行进到金朝王爷完颜守纯旧宅邸西面的路口时，突然有人跑出来鸣冤叫屈，边喊边跑，连卫队都挡不住，一直跑到崔立的马前，揽住崔立的马缰绳，请崔立为其做主。崔立意识到危险，立即拨转马头回家，李伯渊执意要送他回府，崔立连连拒绝。此时崔立在马上，李伯渊骑马在他身边，一个要送一个不让，推搡之间，李伯渊一把抱住了崔立的身子。[1]

一推一搡之间，崔立已经明白了李伯渊的意图，厉声质问他道："你这是准备杀了我吗！？"

眼看目的已经被识破，杀机大动的李伯渊怒斥道："杀了你又如何？"说罢，掏出匕首刺向抱在怀里的崔立，连刺两刀，崔

---

[1] [元]苏天爵《元文类》卷六十九《李伯渊奇节传》："驿使有相困者，伯渊因之入见崔立，绐曰：'丞相避扰不出，则今日之事有大不安者。'立欲出，心动。垂堕辄欲回，伯渊厉声曰：'我辈兵家子，偶堕马，又何怪焉？'因强其行，至故英邸之西通衢中，忽有人突出抗言曰：'屈事！愿丞相与我做主！'且呼且前，伍伯诃不止，直诣立马首，挽其鞚。时伯渊骖右，即拔刃抱而刺之，洞贯至自中其左掌，与之俱坠马。"

立当即坠下马来，倒地身亡。[1]

此时崔立的妹婿折希颜走在队列后面，并不知道前面发生了何事，只看到大舅哥坠马，以为发生了争斗，于是上前来准备调解，没想到周围伏兵尽起，朝他身上一顿乱砍。折希颜带伤逃走，伏兵追杀至开封西门外，将其乱刀砍死。[2]

李伯渊刺杀崔立成功，将其尸体拴在马尾上，站在高处向民众高呼："崔立残杀掠夺，淫乱残暴，大逆不道，古今罕见，应不应该杀了他？"周围的军民回应道："一寸一寸地砍碎他都不够！"于是，李伯渊将崔立的首级斩下，悬挂于木桩之上，面向城内的金朝皇宫旧址，以此祭奠金哀宗。崔立的躯体遭到了军民的无情泄愤，有人甚至挖出他的心脏活生生地啃食。[3]

七月初五，李伯渊打开开封城门，带着城内的官员、父老站在门外，迎接城外的宋军。全子才整兵入城，收复开封。

南宋建炎四年（1130年）二月十四，金军攻陷了开封，权东京留守上官悟逃出，自此宋朝丢失了自己真正的首都。之后无论是岳飞北伐还是天眷和议，乃至隆兴、开禧历次北伐，宋军都

---

[1]《金史》卷一百十五《崔立传》："既还，行及梳行街，伯渊欲送立还二王府，立辞数四，伯渊必欲亲送，立不疑，仓卒中就马上抱立。立顾曰：'汝欲杀我耶？'伯渊曰：'杀汝何伤。'即出匕首横刺之，洞而中其手之抱立处，再刺之，立坠马死。"

[2]《金史》卷一百十五《崔立传》："折希颜后至不知，见立坠马，谓与人斗，欲前解之，随为军士所所，被创走梁门外，追斩之。"

[3]《金史》卷一百十五《崔立传》："伯渊系立尸马尾，至内前号于众曰：'立杀害劫夺，烝淫暴虐，大逆不道，古今无有，当杀之不？'万口齐应曰：'寸斩之未称也。'乃枭立首，望承天门祭哀宗。伯渊以下军民皆恸，或剖其心生啖之。"

未能恢复开封,至全子才入城,宋朝已经失去首都整整一百零四年。

宋室南渡后,在开封居住了二十多年的文学家孟元老于绍兴十七年(1147年)撰成了《东京梦华录》。在自序中,他如此追述当年汴京的繁华盛景:

> 正当辇毂之下,太平日久,人物繁阜。垂髫之童,但习鼓舞,斑白之老,不识干戈。时节相次,各有观赏:灯宵月夕,雪际花时,乞巧登高,教池游苑。举目则青楼画阁,秀户珠帘。雕车竞驻于天街,宝马争驰于御路,金翠耀目,罗绮飘香。新声巧笑于柳陌花衢,按管调弦于茶坊酒肆。八荒争凑,万国咸通,集四海之珍奇,皆归市易,会寰区之异味,悉在庖厨。花光满路,何限春游,箫鼓喧空,几家夜宴?伎巧则惊人耳目,侈奢则长人精神。[1]

"八荒争凑,万国咸通"的开封,经历了金末乱世之劫,此时映入宋军眼帘的,是与亳州城中差不多的场景:兵丁只有数百人,街市残破不堪,荆棘遍布,草稞里倒着尸体残骸,居民不过千余家,存留的大型建筑物只剩下金朝皇宫和大相国寺的佛阁。[2]

全子才驻守开封之后,分遣颍川路钤辖辛部下的王安率领

---

[1] [北宋]孟元老《东京梦华录》序。
[2] [南宋]周密《齐东野语》卷五《端平入洛》:"见兵六七百人,荆棘遗骸交午道路,止存民居千余家,故宫及相国寺佛阁不动而已。"

一支偏师收取郑州。同时，赵葵正在与降将国用安联手收取楚州（今江苏淮安）以北的涟水、海州。赵葵遣派镇江副都统刘虎率舟师进攻位于淮河北岸的涟水，与国用安汇合之后，刘虎让国用安手下的汲君立率战舰前往招降了东海县。随后，两支军队一前一后前往海州，驻守海州的蒙军守将周岊也向宋军投降。[1]

蒙古人早已侦察到了宋军的动向，但因为主力北返，留守黄河两岸的蒙军不足以对宋军发起反击，这也是宋军一路上都没有遇到敌兵的原因。不直接攻击宋军，不代表蒙军会坐视宋军北上。很快，蒙古人就发现了一个撒豆成兵的办法——决堤黄河。

开封城的北面本来有一道黄河的堤防叫寸金堤。秦汉时，中央政府便对黄河进行整治，并在黄河南北修筑堤坝，以防备可能发生的黄河决口，所谓"汉河堤率谓之金堤"[2]；西汉时期曾在黄河流经的东郡、魏郡、平原郡的平原河段两岸修有石筑大堤，高者至四五丈，谓之金堤，取固若金汤之意。金朝在皇统三年（1143年）开始设专门官司衙门治理黄河，黄河自龙门以下河段，沿途四府、十六州、四十四县的州县长官都有治河之责，各

---

[1] [元]张铉《至大金陵新志》卷十四《摭遗·刘虎》："以汲君立摄总管，部战舰二百徇东海县，降之，进徇海州。君立降虏也，易之公丞以师次于北张店，夜檄周岊，岊惊曰：公至矣！顿兵城下，岊乃降。"

[2] [清]杨守敬《水经注疏》。

自负责本辖区内的黄河河工。[1]

面对步步逼近的宋军，蒙军掘开了寸金堤。滔滔黄河水汹涌而出，冲向黄河以南的千里平原，自寿州至开封，沿途上千里，均沦为泽国，水深的地方能淹到人的腰腹甚至脖颈，宋军北上的脚步因此严重迟滞。[2]

对蒙古人而言，水是神圣的，蒙古人崇尚水、敬畏水，在他们看来，破坏或污染水源都是应该受到惩罚的罪行。蒙古人这次掘黄河是"故技重施"，因为他们在归德城下已经挖过一次黄河。

两年前的金哀宗开兴元年（1232年）三月，蒙军联手华北世侯的汉军昼夜围攻归德府城，却久攻不下。此时，有人向蒙古人提议挖开河堤，利用黄河协助攻城，这样归德城必将不保。于是蒙军在归德凤池口掘开黄河，"水从西北而下，至城西南，入故滩水道"，不过让蒙古人没想到的是，归德府城坚固得超乎想象，黄河水并未能冲破城墙，而滞留在城外的河水反倒成了归德

---

[1]《金史》卷二十七《河渠志·黄河》："（大定二十七年）于是以南京府及所属延津、封丘、祥符、开封、陈留、胙城、杞县、长垣、归德府及所属宋城、宁陵、虞城，河南府及孟津，河中府及河东，怀州河内、武陟，同州朝邑，卫州汲、新乡、获嘉，徐州彭城、萧、丰，孟州河阳、温，郑州河阴、荥泽、原武、氾水，浚州卫，陕州阌乡、湖城、灵宝，曹州济阴，滑州白马，睢州襄邑，滕州沛，单州单父，解州平陆，开州濮阳，济州嘉祥、金乡，郓城，四府、十六州之长贰皆提举河防事，四十四县之令佐皆管勾河防事。"

[2] [南宋]周密《齐东野语》卷五《端平入洛》："黄河南旧有寸金堤，近为北兵所决，河水淫溢，自寿春至汴，道路水深有至腰及颈处，行役良苦，幸前无敌兵，所以能尽进至此。"

城的护城河[1]，蒙古人弄巧成拙，悔不当初。

挖开河堤，利用黄河河水冲击敌人的办法并非蒙古人首创。早在秦始皇二十二年（前225年），秦将王贲率军攻打魏国，就曾引黄河之水灌淹魏国都城大梁（开封），这应该是中国历史上首次利用黄河来发起军事攻击的行动。

而且如果深究起人为制造洪水以阻滞敌人进攻的行为，在洪水里艰难行军的赵葵、全子才着实属于遭了"报应"——因为此前实行这种战术的，恰好是宋人。

靖康之变后，宋高宗委任杜充担任东京留守兼开封尹。南宋建炎二年（1128年）冬，当杜充听闻金军再次南下逼近开封时，他下令在滑县（今河南滑县）掘开黄河南堤，滚滚河水荡平了开封周围，最后沿着泗水抢占了淮河河道，一改上千年黄河北流入海的局势，史称"黄河夺淮"。

金哀宗开兴元年（1232年）正月，为防止蒙军进攻开封，金军将领白撒遣部将完颜麻斤出、邵公茂等带着一万多部下以及民夫丁壮，挖开了黄河短堤[2]，希望能借此来驱赶蒙军，当然这并未奏效，甚至连挖河的举动都没能成功，派去挖河的完颜麻斤出被蒙军发现，蒙古大军掩杀而至，麻斤出被杀，一万多丁壮也尽数被杀。

---

[1]《金史》卷一百十六《石盏女鲁欢传》："三月壬午朔，攻城不能下，大军中有献决河之策者，主将从之。河既决，水从西北而下，至城西南，入故滩水道，城反以水为固。"

[2]《金史》卷一百十三《完颜白撒传》："遂遣完颜麻斤出、邵公茂等部民万人，开短堤，决河水，以固京城。"

前文所说蒙军挖掘凤池口黄河大堤也并不是蒙古人想出的计策。这一招本来是蒙古大军围困归德城之前城内的金军想出的计策，决凤池口，利用黄河水来护城。当时城内负责黄河事务的都水官还否定了这个建议，理由是之前黄河曾在城北敖游堌决堤，当时治河时顺便测量了黄河河床的高度，河床与归德城内龙兴寺塔的高度是齐平的，黄河实为地上悬河，如果人为决堤，届时河水肆虐，归德城就会葬身水底。不久，蒙军抵达城下，手足无措的守城金军再次想到这个办法，于是让招抚陈贵带人出门决堤，陈贵率部出城之后被蒙古游骑所察觉，最后被蒙军全部杀死，决河之计没能实施。[1] 其后在蒙古人攻城不利的时候，也采用这个计策，这才引出了蒙军弄巧成拙的故事。

宋军恢复东京半月之后的七月二十日，本次北伐的最高统帅，淮东制置使赵葵抵达开封。赵葵进驻开封之后便身着盛装巡视宫阙，并望拜宗庙，慰问城中遗民父老，宣传宋皇恩德，同时也将收复故都的消息写成奏表，传到临安报捷。[2]

---

[1]《金史》卷一百十六《石盏女鲁欢传》："方大兵围城，议决凤池大桥水以护城。都水官言，去岁河决敖游堌时，会以水平量之，其地与城中龙兴塔平，果决此口则无城矣。及大兵至，不得已遣招抚陈贵往决之，才出门，为游骑所钞，无一返者。"

[2] [南宋]方岳《秋崖集》卷四十《奉议郎淮东转运司干办公事吴公墓志铭》："国家失汴，至是百有余年，未有窥左足向夷门一步者。朝议以三阃兵复三京，凡淮东、泗、宿、宋、永南北军之在行者，赵公葵实将之。遂以公为随军，钱粮受给，中原沦胥久，河失故道，运漕绝。五河口溯大小清河，略葛驿以达于京师，绵千数百里无人烟，率虎豹所嗥，鱼龙所家也。军无乏兴，遂入汴。赵公于是盛服行宫阙，省宗庙，吊遗黎故老，以布宣明天子威德。亦一时之盛。"

入城当天,赵葵就对全子才说:"我们本来的计划是据守潼关和黄河防线,现在抵达汴京已经半个月了,为何还不赶紧攻取洛阳、潼关?在开封等什么呢?"全子才回答粮饷还没有全部抵达开封,不宜继续发兵。

当时宋军的补给线是从淮河沿着黄河河道北上,走水路到徐州附近改换陆路,折向西行,经归德府南的葛驿前往汴京开封。因为连年的战事,沿途已经不见人烟,加上肆虐的洪水,根本无法供给前线。[1]

但赵葵似乎并不觉得这个问题已经严重到影响进军,接连催促速速进军。无奈之下,全子才派遣钤辖范用吉率领新招募的议士军三千人、樊辛率领武安军四千人、李先率领雄关军二千人,合计九千人,连同赵葵麾下胡显率领的雄关军四千人,共一万三千人,由淮西帅司主管机宜文字的徐敏子担任监军,先行西进。除此之外,又命杨义率领庐州强勇军等军队一万五千人在后面跟进。

以上部队,每人派发五日的粮食,但是各军认为太少,一旦发生意外就有全军覆没的危险,不过赵葵否决了他们的意见,坚

---

[1] [南宋]陈栎《定宇集》卷九《通守陈公传》:"端平元年甲午,全子才、孟珙等师入河南,谓中原可指日复。制府谍公董饷,汴京米以石计者,万有五千,载以舟百,自合淝部舟,至京口支装,涉湖而江,又溯河而淮,北过徐、泗,南过盱眙,历濠梁,抵寿春。交卸之日,斗升无亏。骇风涛危,哨骑脱万死而得一生,未几敌决潼关水,蹈三家灌智瑶军故智,事有大谬不然者矣,公亦匹马南还。"

持让他们陆续出发。[1]

七月二十一日，徐敏子离开开封，踏上了前途未卜的征程。

仓皇北顾

仅有五日军粮，徐敏子压力极大，不得不通令各军将五日份的粮草分成七日份，尽可能降低粮草消耗的速度，为粮草不济做准备。[2]

由开封向西抵达中牟县后，徐敏子便派遣幕僚戴应龙返回，目的是催促粮草，他自己则和将领商讨下一步的计划。早在开封归降之后，郑州就归附了宋军，所以郑州已是囊中之物，但对于接下来如何进军，徐敏子与部将产生了分歧。

徐敏子和大多数将领认为全军主力沿黄河西进，经过郑州，招降洛阳，但雄关军将领胡显反对这一计划，于是徐敏子让胡显率领所属的雄关军的一半人马两千人，作为偏师去扼守郑州西北的河阴县，自己则亲率大军继续前往洛阳。

---

[1] [南宋]周密《齐东野语》卷五《端平入洛》："二十日，赵文仲以淮东之师五万，由泗、宿至汴，与子才之军会焉。因谓子才曰：我辈始谋据关守河，今已抵汴半月，不急趋洛阳、潼关，何待邪？子才以粮饷未集对，文仲益督趣之，遂檄范用吉提新招议士三千、樊辛提武安军四千、李先提雄关军二千，文仲亦以胡显提雄关军四千，共一万三千人，命淮西帅机徐敏子为监军，先令西上，且命杨义以庐州强勇等军一万五千人继之，各给五日粮。诸军以粮少为辞，则谕之以陆续起发。"

[2] [南宋]周密《齐东野语》卷五《端平入洛》："于是，敏子领军以二十一日启行，且令诸军以五日粮为七日食，盖惧饷馈或稽故也。"

七月二十六日，徐敏子派和州宁淮军正将张迪率二百人暗中前往洛阳。

当晚，张迪派人趁着夜色攀上洛阳城墙，从里面打开城门，随后张迪率其他人喊杀着冲入城中。城里悄无声息，也没有敌军出来围堵他们。天亮之后，有三百多家百姓打开屋门向宋军投降，并告诉他们，驻扎在洛阳城内的蒙军早在宋军抵达洛阳之前就已经全部撤退了。[1]

七月二十八日，徐敏子率大军进入洛阳，也就是西京河南府。至此，大宋王朝中原三都——南京应天府（归德）、东京开封府、西京河南府全部收复。

南宋君臣做梦都没有想到，当初从岳飞、韩世忠到宋孝宗、赵鼎等一众先人朝思暮想的事业，就这样在宋理宗的决策下实现了。

三京沦陷一百多年以来，南宋数次北伐，最后都无功而返。端平元年的这次北伐，宋军自六月初渡淮北上，到七月末收复三京，不过两月而已。两个月完成了南宋君臣的百年夙愿，简直是天大的喜事。徐敏子将收复洛阳的消息上报给赵葵，赵葵将收复三京的"战绩"报告给皇帝及各位公卿大臣。

---

[1] [南宋]周密《齐东野语》卷五《端平入洛》："二十六日，遣和州宁淮军正将张迪以二百人潜赴洛阳。至夜，逾城大噪而入，城中寂然无应者，盖北军之戍洛阳者，皆空其城诱我矣。逮晚，始有民庶三百余家登城投降。"

消息传到临安，不出意料将是举国欢腾、朝野同贺。[1]

但此时身在西京洛阳的徐敏子却"贺"不起来——因为随军携带的军粮吃完了。

无论是俗话说的"兵马未动粮草先行"，还是兵书上开列出的"驰车千驷，革车千乘，带甲十万，千里馈粮"四种用兵之法[2]，粮草之于军队的重要性不言而喻。只是因为徐敏子让各军将五日份的粮食分成七日份食用，这才撑到七天后的入城这一天，若非如此，粮草早已告罄。无奈之下，宋军只好采集野菜，混着残余的粮食，制成菜饼聊以充饥。[3]

但这种逃难式的军需补给根本就不能解决问题。

当天晚上，洛阳城外突然有人马奔来。等对方靠近，竟然是宋军的溃兵！他们向城内汇报了一个惊人的消息——蒙古出兵了。

这些溃兵，来自跟进在徐敏子后面的杨义部庐州强勇军等队的一万五千人。他们跟随在徐敏子先锋军之后，七月二十九日早

---

[1] [明]杨士奇、黄淮等《历代名臣奏议》卷九十九·经国《李鸣复奏议》："宋理宗时，侍御史李鸣复奏曰：'臣近睹邸报，赵范、赵葵、全子才并除三京留守，中原故都尽归版籍，高宗皇帝三十六年经营而不可得，孝宗皇帝二十八年图回而不能有者，陛下总揽权纲，不一载而坐复之功，光祖宗业，垂后嗣，此固薄海内外喜闻而乐道也。'"

[2] [春秋]孙武《孙子兵法·作战第二》："凡用兵之法，驰车千驷，革车千乘，带甲十万，千里馈粮。则内外之费，宾客之用，胶漆之材，车甲之奉，日费千金，然后十万之师举矣。"

[3] [南宋]周密《齐东野语》卷五《端平入洛》："二十九日，军食已尽，乃采蒿，和面作饼而食之。"

晨在洛阳城东三十里停止了行进，开始扎营休息，三三两两地坐在草席上吃早饭。忽然，百步之外的山椒田中竖起了红黄色的凉伞，宋军看得目瞪口呆，正在惊讶中，早在此埋伏的蒙古伏兵突然从深草里冒了出来，向宋军发动攻击。毫无防备的宋军仓促应战，当即溃不成军，不少人被赶进洛河淹死，杨义仅以身免。

溃兵告诉洛阳城内的宋军，现在蒙军已经占领了虎牢关。官兵愕然，士气大损。[1]

值得一提的是，这支伏击宋军的蒙军并非由真正的蒙古人组成。在世祖朝张弘范率军南征之前，蒙古一向"汉人无将蒙古兵者"[2]，统率这支蒙军的就是一位降附蒙古的汉人世侯。

领兵的将领叫刘亨安，川州（今辽宁北票黑城子镇）人，在木华黎经略辽东时，他随其兄刘世英率宗族乡人投靠了蒙古，成为最早归附蒙古的汉人世侯之一。随后，他跟着蒙军攻打河北和山西，积功任镇国上将军、绛州节度使，行元帅府事兼观察使。他参与了拖雷所率蒙军借道灭金的全过程，无论是攻打南宋汉中，还是三峰山之战、蔡州之战，他都在现场。[3]

---

[1] [南宋]周密《齐东野语》卷五《端平入洛》："是晚，有溃军失道，奔迸而至。云：'杨义一军，为北兵大阵冲散。今北军已据北牢矣。'盖杨义至洛东三十里，方散坐蓐食，忽数百步外，山椒有立黄红伞者，众方骇异，而伏兵突起深蒿中，义仓卒无备，遂致大溃，拥入洛水者甚众，义仅以身免。于是在洛之师，闻而夺气。"

[2] 柯绍忞《新元史》卷一百四十六《郭侃传》。

[3]《元史》卷一百五十《刘亨安传》："庚寅冬，从王师渡河入关。辛卯春，克凤翔，历秦、陇，屯渭阳。秋，出阶城，沿汉抵邓。壬辰，会大军于钧州，败金人于三峰山。甲午，平蔡。"

刘亨安的主将是塔察儿。塔察儿在年初跟孟珙合军蔡州灭金，随后蒙古大军北返，而他则留下来镇抚中原，分兵屯驻于黄河南北，其目的非常明确——"以遏宋兵"。[1]

在得知宋军开始渡淮北上之后，塔察儿就开始给宋军制造麻烦，先是掘开黄河，借此阻滞宋军的北上速度，同时联络召集散处中原各地的蒙军紧急集结。七月末，当他得知宋军前锋军进入洛阳，于是派出屯驻汝州（今属河南）的刘亨安，命其前往洛阳反击宋军。刘亨安率领蒙军自汝州北上，正好赶到龙门以北。此时宋军先锋徐敏子进入洛阳城内，但随同大部队一起进军的杨义还在城外，于是刘亨安抓住时机，对宋军发动突袭，几乎全歼了这支宋军。

没有跟进的第二梯队，城内的宋军将就此成为孤军——如果开封的宋军主力不肯增援他们的话。

八月初一，蒙军逼近洛阳，在城外扎下东西两座营盘。

这时，陷于粮尽援绝困境的宋军已经到了杀马而食的地步。徐敏子与诸将商议，决定放弃洛阳，东撤开封。徐敏子派遣两支步兵阻击洛阳城下东西两寨的陕西蒙军，自己则亲率领主力撤退。

也就是说，大宋中原三都全部收回的复兴之景，至此仅仅过了五天就结束了。

当宋军刚渡过洛水时，便遭到蒙军攻击。宋军布好战阵，抵

---

[1]《元史》卷一百一十九《塔察儿传》："癸巳，金主迁蔡州，塔察儿复帅师围蔡。甲午，灭金，遂留镇抚中原，分兵屯大河之上，以遏宋兵。"

挡住了蒙军的进攻。[1]初二黎明时分，蒙军用盾牌掩护，再次逼近宋军。两军短兵相接，战至中午，宋军击杀蒙军四百余人，夺得盾牌三百余面。虽然他们勉强挡住了蒙军的攻势，但此时他们已经是强弩之末，因为这支军队已经断炊四天。

此时，范用吉的部下楚玤向徐敏子建议，如果大军向东撤退，就会正好撞到蒙军主力，肯定行不通，不如出洛阳城后往南走，由钧州、许州、蔡州、息州南下归宋，或可以全身而退。楚玤是归附宋军的金朝旧军官，对于中原情况以及蒙军的排兵布阵有一定认识，徐敏子也认为楚玤的建议有道理，再加上此时事态紧急，迟疑不得，当即决定按照楚玤提出的方案执行，带领宋军向南突围。[2]

可惜，蒙军发现宋军南撤的意图之后，当即尾随追击。宋军的撤退很快变成了溃逃，蒙军则趁机掩杀，宋军大败，死伤者十之八九，宋将颍川路钤樊辛、和州宁淮军正将张迪战死。徐敏子也中了流矢，伤及右胯，连坐下的战马也死了，他只能忍痛步行前进，走小路逃避敌人的追击，一路上又收容了散兵游勇三百余人，列队继续南撤，靠吃桑叶度过两日，靠吃梨枣度过七日，最

---

[1] [南宋]周密《齐东野语》卷五《端平入洛》："八月一日，北军已有近城下寨者，且士卒饥甚，遂杀马而食。敏子与诸将议进止，久之，无他策，势须回师。"

[2] [南宋]周密《齐东野语》卷五《端平入洛》："会范用吉下归顺人楚玤者献策曰：'若投东面，则正值北军大队，无噍类矣。若转南登封山，由均、许走蔡、息，则或可脱虎口耳。'事势既急，遂从之。"

第六章　端平入洛：一场轰轰烈烈的闹剧 / 235

后才返回了淮河以南的光州。[1]

而徐敏子之前派去开封催粮的戴应龙，在押运粮草回洛阳的半道上遇见了洛阳的溃兵，方才知道洛阳兵败，于是赶紧返回开封，向赵葵、全子才汇报。

听闻洛阳之师倾覆，赵葵和全子才本想亲自领兵前往洛阳相救，但帅参刘子澄认为由开封到洛阳需要五日行军，即便立刻出发，到达洛阳也是五日之后了，而洛阳的宋军断不能在断粮的情况下坚守五日，所以驰援洛阳"无益"，不如班师南归。赵葵、全子才二人对此议表示同意，当晚下令各军行动起来，准备移营，仓皇结束了"恢复开封"的二十多天。

次日天未亮，赵葵和全子才就整军出发，到这时大军还以为是要去增援洛阳，结果发现负责引路的先锋旗蠹却是出的东门，这才知道是要班师。[2]

讽刺的是，在徐敏子、杨义兵败洛阳，赵葵、全子才弃开封南撤时，南宋君臣才刚接到收复东京汴梁的捷报。

黄河以南肆虐的洪水延缓了捷报的上奏，同时也延缓了败讯

---

[1] [南宋]周密《齐东野语》卷五《端平入洛》："北军既知我遁，纵兵尾击，死伤者十八九。敏子中流矢，伤右胯几殆，所乘马死焉。徒步间行，道收溃散，得三百余人。结阵而南，经生界团，结寨栅，转斗而前。凡食桑叶者两日，食梨枣者七日，乃抵浮光。樊辛、张迪死焉。"

[2] [南宋]周密《齐东野语》卷五《端平入洛》："敏子前所遣客戴应龙，自汴趋粮赴洛，至半道，逢杨义军溃卒，知洛东丧衄之耗，遂驰还汴，白南仲、子才。二公相谓曰：'事势如此，我辈自往可也。'帅参刘子澄，则以为无益。抵暮，下令促装。翌日昧爽起发，众皆以为援洛，而前旌已出东门，始知为班师焉。"

的上奏。信息的时间差，给了南宋君臣大概半个月的振奋时间。收复三京，这是当初高宗、孝宗都未曾实现的夙愿，"高宗皇帝三十六年经营而不可得，孝宗皇帝二十八年图回而不能有"[1]，所谓"王师所届，戎捷即驰，八陵一新，三京咸复"[2]，无论从哪方面来说，收复失地都是值得庆贺的。不少先前反对出兵的朝臣在得知成功收复汴梁之后，也是喜出望外，甚至改变原先态度，开始支持出兵。[3]保持清醒的人，少之又少。

八月初七，龙颜大悦的宋理宗在命令江淮制置司下发米麦一百万石，运往河南，赈济归附的臣民。两天之后，宋理宗与大理评事沈梦谦谈话，提到收复河南时，宋理宗问道："卿以为'据关守河'之策如何？"

对于这个问题，沈梦谦并没有直接回答，而是用了两个典故委婉地表达自己的意思："如果有像东晋祖逖那样的将帅，即便打过黄河也无妨，但如果没有，元嘉北伐可引以为戒。"[4]

宋理宗听出了其言外之意，回应道："卿说的是。"

西晋建兴元年（313年），奋威将军、豫州刺史祖逖带领旧部数百人渡江北伐，一路披荆斩棘，艰难转战，最终为东晋收复了

---

[1] [明]杨士奇、黄淮等《历代名臣奏议》卷九十九·经国《李鸣复奏议》。

[2] [元]佚名《宋史全文》卷三十二·宋理宗二。

[3] 《宋史》卷四百一十三《赵汝谈传》："既而三京收复，虽前言用兵不便者亦喜。"

[4] [元]佚名《宋史全文》卷三十二《宋理宗二》："读至河南易取处，上曰：'今日据关阻河为坚守计，如何？'梦谦奏：'使将帅得人如祖逖，虽摧锋越河可也。否则元嘉覆辙，所宜深戒。'"

黄河以南的失地。[1]这与南宋多少有点"异曲同工"之处。

南朝宋元嘉二十七年（450年），宋文帝听从尚书左仆射何尚之议，征发青、冀、徐、豫及二兖六州民丁，三丁抽一，五丁抽二，大举北伐。结果主帅王玄谟见北魏大军逼近，惊慌失措，弃军逃跑，一军尽溃。北魏太武帝拓跋焘乘胜进军，直抵长江北岸，驻扎瓜步（今江苏扬州邗江区南瓜洲镇，亦名瓜洲），江南震动。后来辛弃疾作词讽喻道："元嘉草草，封狼居胥，赢得仓皇北顾。"

不过，宋理宗可能认为，自己还不至于沦落到南朝宋文帝元嘉草草那样的下场。此时收复被蒙军抢走的洛阳的消息虽然还没有传来，宋廷已经开始下诏奖励收复三京有功的北伐军将领，主帅赵范担任权责最重的京河关陕招抚使、知开封府、东京留守兼江淮制置大使，赵葵担任京河制置使、知应天府、南京留守兼淮东制置使，全子才被任命为关陕制置使、知河南府、西京留守兼京湖制置副使，北伐军士也受到相应奖励。[2]同时，开封献城投降的范用吉被任命为宁远军节度使、左骁卫大将军、和州防御使、忠节诸军都统制，李伯渊被授予保顺军节度使、右骁卫大将军的职务。[3]

与三位统帅的委任状一起送到中原的，还有一份写给河南父老的诏谕：

---

[1]《晋书》卷六十二《祖逖传》。
[2]《宋史》卷四十一《理宗本纪一》。
[3][元]佚名《宋史全文》卷三十二《宋理宗二》。

洪惟本朝肇造区夏，忠厚相传于家法，公恕素结于人心。遭家不造，值国多艰，遂至大同之治，竟成分裂之形。列圣中兴，惟兼爱于南北；积年养晦，不轻用于干戈。因彼两方之构怨，致兹频岁之不宁。百姓至此极也，多方罔堪顾之。嗟惟故疆，皆吾赤子，痛念君师之责，实均父母之怀。乃敕元戎，往清余孽，室家相庆，傒我后以来苏；父老泣观，喜皇纲之载复。豪杰望风而慕义，城邑不战而请降。虽讴吟方切于中原，恐遐远未沾于王化，或胁兵锋而投拜，猥附蜂屯；或栖山谷而结联，仅防豕突。宜及惟新之治，咸思载旧之情。蚁犹有君，鸟则择木。盍思乃祖，俱我宋之遗臣；忍及尔身，隔中朝之治化？时哉不可失也，舍是欲何之乎？为父兄子弟之良图，有天地古今之大谊。亟回心而效顺，举率众以遄归，庶脱之涂炭之中，而易以室家之庆。远者来，近者悦，同我太平；抚则后，虐则仇，惟尔审择。繄此从违之顷，居然祸福之分。隗嚣阻天水之兵，自贻诛戮；窦融献河西之地，亦被宠荣。[1]

文中说国家不幸分裂，但大宋历代先帝都矢志恢复，现在已经派出大军收复中原失地，希望各地豪杰能像汉末的窦融那样，积极响应朝廷，率众纳土来归。

同时，朝廷也开始筹划对河南的治理，着手选官就任。朝奉郎、前知荆门军张元简上奏说应该选择赴任河南的官员，宋理

---

[1] [元]佚名《宋史全文》卷三十二《宋理宗二》。

宗在其奏章里读出了"蜀中可虑"的意思,张元简却说不仅"蜀中可虑",襄阳也很值得担忧,理由是沿边军队北伐深入中原,结果沿江一带空虚,实在令人忧虑。所以他提出"洋州、兴元、襄、峡等处须选择人,以备要害",整个汉江流域要加强军事戒备。[1]

中原败讯传到临安已经是八月下旬,当时宋理宗仍沉浸在收复中原的喜悦中,省院也报上了针对河南、山东新复州县的官员委任计划,还包括屯田、防御等措施,宋理宗下诏以枢密院检详诸房文字尤焴前往点视,并下旨将淮东制置使衙门移驻到淮河北岸的泗州,以更好地规划河南淮北的经营。[2]

就在这时,一盆冷水向南宋朝野劈头泼来。败讯引发了群臣不小的震动,大敌当前,宋理宗不敢临阵易帅,仍命赵范为龙图阁学士,继续担任京西湖北安抚制置大使兼知襄阳府,节制两淮巡边军马,"尽护襄汉"。

端平元年(1234年)八月,徐敏子由洛阳南下归宋,赵范、

---

[1] [元]佚名《宋史全文》卷三十二《宋理宗二》:"读至蒙古委河南于不争,上曰:'蜀中可虑。'奏云:'不但蜀可虑,襄阳亦甚可忧。自囊者蜀帅轻弃险要,荡无限制,北师所至,如履平地。近者北伐之兵深入,则沿江一带愈虚,亦所当虑。'上曰:'最是无人可托,难得至诚有才、为国家办事之人。'元简奏:'风俗败坏,是以无人得使。'又奏:'洋州、兴元、襄、峡等处须选择人,以备要害。'上然之。"

[2] [元]佚名《宋史全文》卷三十二《宋理宗二》:"都省言:河南、山东新复州县各已委官任责守备,经理屯田,措置防捍。诏令枢密院检详诸房文字尤焴前往点视。诏兵部侍郎兼淮东制置使时暂移司泗州,措置新复河南、京东等州营田,任责捍御边面。"

全子才自开封向东南撤回。

这场"攻取三京"的军事行动至此以失败告终。

明争暗斗

在入洛之师出发之前,宋廷曾下令让刑部将各路府军州的罪犯押送到两淮、荆襄前线军中效力[1]。所谓"强盗、窃盗、斗杀、贷命、黥隶之人",这些人能有多强的战斗力呢?与这些罪大恶极之徒为伍,军中有志报国的良家子又会作何感想?

站在后世角度上,我们知道,进攻是最好的防御,趁蒙古北返之际扩大战果与缓冲,这在战略上来说不无道理。赵葵请求出兵汴洛绝非仓促,他长期主政江淮,在军队备战方面早有准备,而且这次出兵还有盘踞徐州一带的"淮军阀"国用安为策应,双方相互呼应,使得入洛之举并非纸上空谈,而是切实可行。

与蒙军相比,宋军的战斗力确实弱很多,但也绝非都是"强盗、窃盗、斗杀、贷命、黥隶之人",赵葵、赵范在南宋绍定四年(1231年)、绍定五年(1232年)平定李全之乱,淮上之师和金军也断断续续交战十四五年,并非承平日久、不知兵戈的无能之辈。

但问题在于,宋朝的内讧严重制约了军事行动。

---

[1] [元]佚名《宋史全文》卷三十二《宋理宗二》:"丁酉,诏刑部行下诸路州军,将强盗、窃盗、斗杀、贷命、黥隶之人并押赴两淮、京襄大军收管。"

全子才进入开封之后驻足半月,迟迟不前往洛阳,表面上说"粮饷未集",实际上恐怕有另一个目的——他要做开封知府。

作为北宋故都,开封的重要性远非陪都洛阳能比,知开封府、东京留守的地位无疑要比知应天府、南京留守以及知河南府、西京留守的地位高,全子才率先进入开封,自然也在垂涎这个职位,但之后宋廷的册封是以赵范担任知开封府,而全子才仅获得知河南府的西京留守,将帅不和,又如何并力向前?事后李鸣复便指出了这一点。[1]

晚宋国是之争,主守派在金朝覆灭、宋蒙冲突逼近的局势下非要掩耳盗铃,认为只要不给蒙古借口,对方就不会南下攻宋,这无疑是天真的幻想。虽然宋理宗以及郑清之采纳主战派的主张,出兵河南,但主守派此时开始在后方搞摩擦,极力掣肘主战派的计划和精力,尤以史嵩之为最。史嵩之为了谋求富贵以及争夺权力,漠视国家利益和百姓生存,令人不齿。对于史嵩之的所作所为,连其侄子都看不过去,不禁诘问道:"尽损藩篱,深入堂奥,伯父谋身自固之计则安,其如天下苍生何?"[2]

相对于战场拼杀,宋军将领更擅长的是揣测主帅好恶,比如统带北伐军的赵邦永。

赵邦永,原姓李,南方人,在梁丙担任楚州知州时,他曾任职中下级军官。当时淮东制置使还是贾涉,他被贾涉任命统率帐前忠义军,后来李全以收买军校的手段趁宋朝调动官员,吞并了

---

[1] [明]杨士奇、黄淮等《历代名臣奏议》卷九十九《经国·李鸣复奏议》:"子才与葵争,欲得开封为之,故违命不行。"
[2] 《宋史》卷四百一十四《史嵩之传》。

帐前忠义军,赵邦永改投新任淮东安抚制置使许国麾下,后受彭义斌之请,调入彭军中跟随经略河北[1],彭义斌败亡后逃回,再归李全,后又脱离李全,被李全悬赏捉拿,遂改名必胜,并成为赵葵爱将,赵葵为其改姓赵。[2]

无论是叫李邦永还是叫李必胜,抑或后来的赵邦永,他有一个优点就是打起仗来敢打敢拼,这一点被赏识他的赵葵所发现,于是晋升极快。端平入洛,他作为赵葵的亲军将领,自然跟随赵葵进军。

路过灵璧县时,大道旁边奇石林立,赵葵看到其中一块石头雄奇秀润,纵马来到奇石前观看抚玩,只不过因为此时正在行军途中,石头不能随军携带,赵葵只好强忍不舍而离去。

十多年后,有宾朋前来探视在家闲居的赵葵,带来一块上好的石头,闲谈之间,赵葵便提到了当年北伐路上在灵璧看到的那块奇石。当时赵邦永也在座,听到之后便离开了。没过一会儿,只见几百名兵丁抬着一块大石头进了院子,并竖立在庭院之中,赵葵仔细一看,正是自己当年在灵璧见到的那块石头!一问才知道是赵邦永当初目睹赵葵对此石极为喜爱,便命令部下五百士兵将石头抬回来,一直没敢献上,刚才听到赵葵又提到这块奇石,

---

[1]《宋史》卷四百七十六《叛臣传中·李全上》:"义斌求赵邦永来山东,全为白之,国诺。邦永乘间告国曰:'邦永若去,制使谁与处?'国曰:'我自能兵,尔毋过虑。'邦永泣而辞之。……全厚赏捕赵邦永,邦永乃变名必胜。"

[2]《宋史》卷四百七十七《叛臣传下·李全下》:"全厚赏捕赵邦永,邦永乃变名必胜。"

方才命人搬进来。[1]

灵璧县在安徽北部，距离杭州一千多里路程，赵邦永让五百士兵将这样一块大石头运回来，只为得到赵葵的一笑，宋军媚上之态由此可见一斑。后来明朝人有感于北宋亡于"花石纲"，书读至此，发现堂堂北伐之师一军统帅，竟然对此无关军旅的献媚之事极尽所能，不禁大发感慨："劳民伤财，至于此极！"[2]

---

[1] [南宋]周密《齐东野语》卷五《赵氏灵璧石》："赵邦永，本姓李，李全将也。赵南仲爱其勇，纳之，改姓赵氏。入洛之师，实为统军。尝过灵璧县，道旁奇石林立，一峰巍然，嶒崪秀润，南仲立马旁睨，抚玩久之。后数年，家居偶有以片石为献者，南仲因诧诸客以昔年符离所见者，邦永时适在旁，闻语即退。才食顷，数百兵舁一石而来，植之庭间，俨然马上所见也。南仲骇以为神，扣所从来，则云：'昔年相公注视之际，意谓爱此，随命部下五百卒辇归，而未敢献，适闻所言，始敢以进。'南仲为之一笑。"

[2] [明]谢肇淛《五杂组》卷三《地部一》："赵南仲爱灵璧一石，而命五百卒舁至临安。郑璠得象江六怪石，而以六十万钱辇归荥阳。劳民伤财，至于此极。何怪艮岳、石纲终贻北狩也。以此为雅，不敢谓然。"

第七章　大汗之国：历史车轮的朔风卷尘

经略中州

蒙古借道南宋、攻击金朝南境的"辛卯之变"次年，也就是元太宗四年（1232年）正月，窝阔台击穿金朝的"关河防线"，自白坡（位于今河南洛阳孟津区，地处黄河北岸）渡河，攻入黄河以南。

与此同时，拖雷也渡过汉江，进入金军控制的邓州。不久，发生三峰山之战，金朝主力溃败，蒙军乘胜席卷开封周围的商、虢、嵩、汝、陕、洛、许、郑、陈、亳、颍、寿、睢、永诸州[1]。三月，蒙古进围开封。一如靖康故事，金哀宗将侄子曹王完颜讹可送至蒙古大营为人质，以求蒙古退兵。此时天气渐热，窝阔台留下大将速不台继续围困开封，自己则北返草原避暑。

---

[1] 商，今陕西商洛；虢，今河南灵宝；嵩，今河南嵩县；汝，今河南汝州；陕，今河南三门峡；洛，今河南洛阳；许，今河南许昌；郑，今河南郑州；陈，今河南淮阳；亳，今安徽亳州；颍，今安徽阜阳；寿，本在今安徽凤台县，金末因宋军威胁，迁治蒙城；睢，今河南睢县；永，今河南永城。

五月，窝阔台抵达金中都西北的居庸关，扎营龙虎台。在这里，发生了一件扑朔迷离的宫廷喋血案。

窝阔台在居庸关突然得了重病，口不能言，巫师一番祷告，声称大汗之所以如此，是因为连年战争导致中原百姓、人口被掳，得罪了金国的土地神、水神。为此，巫师提出让亲人作为大汗的替身，代为受过，以缓解大汗的病情。

此时，在窝阔台身边的最为亲近的宗王是拖雷。

面对兄长的病情，拖雷挺身而出，郑重表示：

神圣的父汗成吉思汗像选骟马、择羯羊般地在诸兄弟之中选中了合罕兄长你，把他的大位传给了你，让你担当统治百姓的重任。让我在合罕兄长身边，把你忘记的事提说，在你睡着了时唤醒。如今如果失去我的合罕兄长你，我向谁去提说忘记的事，谁睡着了要我去唤醒呢？如果合罕兄长你真有个不测，众多蒙古百姓将成为遗孤，金国人必将快意。让我来代替我的合罕兄长吧！我曾劈开鳟鱼的脊，横断鳡鱼的背，我曾战胜亦列，刺伤合答。我面貌美好，身材高大（可以侍奉神）。巫师你来诅咒我吧![1]

说着，巫师把诅咒的水端给了拖雷。

拖雷坐了片刻，说："我醉了，等我醒过来时，请合罕兄长好好照顾孤单年幼的侄儿们、寡居的弟媳吧！我还说什么呢？我

---

[1] [元]佚名著，阿尔达扎布译《新译集注〈蒙古秘史〉》第272节。

醉了。"说罢，拖雷走出大帐就去世了。[1]

这位在成吉思汗去世后，按蒙古"幼子守灶"的传统监国两年的蒙军主力掌权者，就此告别历史。

此事载于《蒙古秘史》。

一代天骄成吉思汗去世之前留下遗言，将大汗之位传给三子窝阔台，但把家室、财产、军队留给了幼子拖雷。[2]拖雷在成吉思汗死后监国两年，势力之大，竟可以左右窝阔台的即位时间。[3]

成吉思汗这种不按年龄顺序、只按个人喜好传位的遗命，自古以来难免不出现变故，于是在歼灭金军主力之后，拖雷猝然去世，死得极为神秘诡异。《蒙古秘史》写完此事后，称"事情的经过就是如此"[4]，然而其真实性耐人寻味。

《元史》与《史集》记述的故事与《秘史》几乎相同。《元

---

[1] [元]佚名著，阿尔达扎布译《新译集注〈蒙古秘史〉》第272节。
[2] [波斯]拉施特编，余大钧、周建奇译《史集》第二卷·第一部分："因为成吉思汗曾在各种事情上考验过儿子们，知道他们各有所长，所以他对于大位和大汗尊号的（传授）犹豫不决起来：他时而想到窝阔台合罕，时而又想到幼子拖雷汗，因为在蒙古人中间自古以来就有幼子掌管父亲的根本禹儿惕和家室的这样一种习俗和规矩。后来，他说道：'（掌管）国家和大位是艰难的事，就让窝阔台掌管吧，而包括我所聚集起来的禹儿惕、家室、财产、库藏以及军队在内的一切，则让拖雷掌管。'"
[3] 《元史》卷一百四十六《耶律楚材传》："己丑秋，太宗将即位，宗亲咸会，议犹未决。时睿宗为太宗亲弟，故楚材言于睿宗曰：'此宗社大计，宜早定。'睿宗曰：'事犹未集，别择日可乎？'楚材曰：'过是无吉日矣。'遂定策。"
[4] [元]佚名著，阿尔达扎布译《新译集注〈蒙古秘史〉》第272节。

史》拖雷本传记载，窝阔台在五月身体抱恙，六月病危，拖雷祈祷天地，"请以身代之"，然后喝了巫师用于给窝阔台祛病的水，数日之后窝阔台病愈，但拖雷"遇疾而薨"[1]。《史集》记载，萨满巫师让拖雷饮下了洗涤窝阔台病身的水，于是窝阔台痊愈了，而拖雷过了几天就染病去世。

也有人认为拖雷是饮酒过度而死，但不管怎样，正值壮年的拖雷离奇暴死，实在匪夷所思。成吉思汗留给拖雷的十一万蒙古大军，也被窝阔台进行削减和分割，这让后人更倾向于拖雷是因功高震主而死。拖雷强大的军事实力以及日渐增加的战绩和威望，让大汗窝阔台如坐针毡，不得不采取这种装神弄鬼的手段来除掉他，尽管不太体面。

成吉思汗时代，蒙军虽然在华北和东北两个战场上占领了大量的金朝领土，虏获了金朝数以千万计的人口，但并未对这些地方进行有效统治，在中原仅仅采取了武力掠夺与搜刮的方式，涸泽而渔，所谓"金帛、子女、牛马羊畜皆席卷而去"[2]，其本意是想用抄略、破坏的方式削弱金国实力。

这种方式果然让金朝实力迅速崩溃。不久，金宣宗南迁开

---

[1]《元史》卷一百一十五《睿宗传》："五月，太宗不豫。六月，疾甚。拖雷祷于天地，请以身代之，又取巫觋被除衅涤之水饮焉。居数日，太宗疾愈，拖雷从之北还，至阿剌合的思之地，遇疾而薨。"

[2] [南宋]佚名《两朝纲目备要》卷十四《宁宗》："自贞祐元年（本朝嘉定六年）冬十一月至二年春正月，塔坦凡破金九十余郡，所破无不残灭，两河、山东数千里人民，杀戮几尽，金帛、子女、牛马羊畜，皆席卷而去，屋庐焚燬，城郭丘墟矣，惟大名、真定、青、郓、邳、海、沃、顺、通州有兵坚守，未能破。"

封，两河山东以及辽东开始直接处于蒙军的威胁之下。此时华北地方汉族豪强和金朝官吏纷纷聚众自保，蒙军的残暴劫掠使得这些地方势力往往以抗蒙为口号。金朝对华北官民抗击蒙古的行为大加赞赏，高官厚禄不吝封赏，一时河北招抚使、宣抚使遍地，并迅速发展成为"跨州连郡，分土专民"[1]的军阀势力。

但是，除名爵之外，这些聚众自保的抗蒙势力并无法得到南迁的金朝中央的实际支持，加之各自为战，难以形成合力，所以在挥舞着屠刀的蒙古铁骑面前并没能发挥太大作用。不久，他们要么南下以寻求金朝势力的庇护，要么投降蒙古。蒙古对于他们来者不拒，且格外容忍，鉴于归附的这些人多数都有金朝中央册封的官职，所以成吉思汗采取了让他们担任旧职的方式，无论在金朝担任什么职务，投降蒙古之后依旧保留原来的官职，而且得以实际管辖治下军民。[2]

尽管如此，金军和蒙军长达十余年的拉锯使得华北官吏或死或降，根本无法建立有效的管理体系，个别地区虽然还存有苟延残喘的原有州县体系，但因为与上级相隔甚远以及与中央道路梗阻，也渐渐演变成家族势力。有鉴于此，蒙古大汗让这些归附势

---

[1] [元]郝经《郝文忠公陵川文集》卷三十五《左副元帅祁阳贾侯神道碑铭》。

[2] [元]苏天爵《元文类》卷四十《经世大典序录·制官》："既取中原、定四方，豪杰之来归者，或因其旧而命官，若行省、领省、大元帅、副元帅之属者也，或以上旨命之，或诸王、大臣总兵政者承制以命之。若郡县兵民赋税之事，外诸侯亦得自辟用。"

力的权力得以合法世袭，父死子继、兄终弟及。[1]如此优待，一时降蒙者如过江之鲫，在史籍中，这些依附蒙古的地方势力被称作"汉世侯"。

元太祖十四年（南宋嘉定十二年，金兴定三年，1219年）成吉思汗率部西征花剌子模，留太师国王木华黎经营华北，赐其代表成吉思汗的九斿白纛，表示"如朕亲临"[2]。

木华黎接手对金征伐事务之后，采纳真定世侯史天倪的建议，一改先前蒙军的抄掠战术，改由各地的世侯安定地方，聚集流民，恢复生产，然后由这些世侯提供军需粮秣以及金银布帛。[3]

这种政策极大地稳定了华北的民生，毕竟蒙军不需要再通过肆意杀人来获取金银物资，但此举也使得汉人世侯的实力迅速壮大。比如真定史家代管真定三十余州县，"生杀进退，咸倚专决"[4]，东平严家统理地方十一年，"爵人命官，生杀予夺，皆自己出"[5]，简直就是独立王国。

---

[1] [元]苏天爵《元朝名臣事略》卷七之三《平章廉文正王》："国家自开创以来，凡纳土及始命之臣，咸令世守，迄今垂六十年。故其子若孙，并奴视所部，而郡邑长吏，皆其皂隶僮使，此在古所无。"

[2] 《元史》卷一百一十九《木华黎传》："赐大驾所建九斿大旗，仍谕诸将曰：'木华黎建此旗以出号令，如朕亲临也。'"

[3] 《元史》卷一百一十九《木华黎传》："权知河北西路兵马事史天倪进言曰：'今中原粗定，而所过犹纵兵抄掠，非王者吊民之意也。'木华黎曰：'善。'下令禁无剽掠，所获老稚，悉遣还田里，军中肃然，吏民大悦。"

[4] 《元史》卷一百四十七《史天倪传》。

[5] 《元史》卷一百四十七《严忠济传》。

长期习惯于漠北草原游牧生活的蒙古征服者，对于定居的农耕社会的统治有一个认识和适应的过程。在成吉思汗南征金朝的后期，以及木华黎留守华北的时期，他们已经开始认识到一个残破的中原对他们的征服和统治不利，因而不止一次地下令禁止屠杀剽掠，并且在一些城镇和寨堡，"令兵士屯田，且耕且战"[1]"招民耕稼，为久驻之基"[2]。

窝阔台为了南伐金朝进而攻宋，不得不依靠中原的税赋以供军用。加之从成吉思汗开始，蒙古统治者对前来归附的汉人地主武装就采用招抚政策，为了利用他们去攻城略地和恢复统治秩序，必须同时任命他们担任当地长官，并允许他们兼领军民钱谷，世袭相传。

总体而言，随着军事征服活动的向南推进，蒙古统治者不得不更多地依赖于中原汉地的农耕社会，也不得不采取适应治理需要的统治方法。

窝阔台继承汗位之后，惊奇地发现华北出现了一个巨富阶层。这个阶层的人都是当初投降蒙古的金朝官吏，他们趁着蒙军西征无暇东顾、太师国王木华黎让其经营地方的机会，得以发展壮大。相对于空空如也的蒙古官仓，这些地方世侯个个资财不菲。[3]蒙古大臣别迭甚至进言说汉人无用，不如屠杀他们，夺取他们的耕地作为蒙古牧场。

---

[1]《元史》卷一百五十一《石抹孛迭儿传》。
[2]《金史》卷一百一十一《古里甲石伦传》。
[3]《元史》卷一百四十六《耶律楚材传》："太祖之世，岁有事西域，未暇经理中原，官吏多聚敛自私，资至巨万，而官无储偫。"

但是经国之臣耶律楚材及时打消了蒙古人的这一念头，他告诉他们：中原不同于草原，蒙军出征时需要的军需物资，很多都是需要中原汉人来完成的，无论是地税、商税，以及盐、酒、铁冶、山泽，这些都是利国利民的国家财政来源，一年可以收取五十万两银、八万匹帛、四十余万石粟米，足以应付军事出征的供给，怎么能叫无用呢？[1]

耶律楚材的这番言论给窝阔台带来了启发，窝阔台开始让耶律楚材策划实施新的征税制度。元太宗二年（南宋绍定三年，金正大七年，1230年）十一月，蒙古设置十路征收课税使，分往各地掌管赋税征发与转运等事务，燕京、宣德、西京（大同）、太原、平阳、真定、东平、北京（大定）、平州、济南等大城市在失控多年之后，终于恢复了秩序。[2]

元太宗三年（南宋绍定四年，金正大八年，1231年）秋，十路课税使将已征收到的仓廪米谷的簿籍，以及金银布帛进献陈列于大汗廷帐，窝阔台和朝臣们为之惊叹。

同年，窝阔台任命耶律楚材为中书令，赋予其整个华北以及

---

[1]《元史》卷一百四十六《耶律楚材传》："近臣别迭等言：'汉人无补于国，可悉空其人以为牧地。'楚材曰：'陛下将南伐，军需宜有所资，诚均定中原地税、商税、盐、酒、铁冶、山泽之利，岁可得银五十万两、帛八万匹、粟四十余万石，足以供给，何谓无补哉？'"

[2]《元史》卷二《太宗本纪》："冬十一月，始置十路征收课税使，以陈时可、赵昉使燕京，刘中、刘桓使宣德，周立和、王贞使西京，吕振、刘子振使太原，杨简、高廷英使平阳，王晋、贾从使真定，张瑜、王锐使东平，王德亨、侯显使北京，夹谷永、程泰使平州，田木西、李天翼使济南。"

东北的行政管理权限,耶律楚材利用这一职权,对汉地进行了更多的经营。

在蒙军围攻开封时,大将速不台按照蒙古旧有的攻城习俗,准备对开封屠城,这既是对金军的震慑,也是蒙古自成吉思汗以来一贯的政策。成吉思汗曾颁布《大札撒》(意即法典),规定两国交战前应先行宣战,向敌方军民宣告:"如顺从,你们就会获得善待和安宁;如反抗,其后果唯有长生天知道,非我方能预料。"

鉴于金军死守开封,导致攻城的蒙军伤亡惨重,大将速不台提议开封"城下之日,宜屠之"。耶律楚材闻讯之后告诉窝阔台,蒙古勇士数十年的征战,要的并不是一座空城,如果仅仅得到敌人的土地,却没有人民,要这块土地又有什么用呢?[1]

金天兴二年(1233年)开封献城投降之后,在窝阔台的默许之下,耶律楚材统计出在开封避难且经历战乱、大疫之后存活下来的一百四十七万人,又找到了孔子的五十一代孙孔元措,并让窝阔台按照金朝旧制,封其为衍圣公,同时又收取金朝太常寺的礼乐生,以及名儒梁陟、王万庆、赵著等人,在燕京设置编修所,在平阳(今山西临汾)设置经籍所,尽可能地恢复中原的

---

[1]《元史》卷一百四十六《耶律楚材传》:"旧制,凡攻城邑,敌以矢石相加者,即为拒命,既克,必杀之。汴梁将下,大将速不台遣使来言:'金人抗拒持久,师多死伤,城下之日,宜屠之。'楚材驰入奏曰:'将士暴露数十年,所欲者土地人民耳。得地无民,将焉用之!'"

文化。[1]

到元太宗五年（1233年），窝阔台完成了对华北汉地的初步消化。次年，蒙宋联手在蔡州灭亡金朝，窝阔台经营中原最重要的一个环节出现了——籍民。

自古以来，人口都是最宝贵的资源，历代平定天下之后都需要对治下百姓进行统计，这关系到之后的财税收支以及政区调整等很多政策走向。

元太宗六年（1234年），大蒙古国也走到了这一步。七月，窝阔台命蒙古首任法律官员失吉忽秃忽为中州断事官，出任管理汉地的最高行政官。中州断事官官署设立在燕京，统领中原诸路政刑财赋，当时汉人称之为燕京行台尚书省，耶律楚材为中书令，镇海为右丞相，粘合重山为左丞相。失吉忽秃忽作为中州断事官，配合耶律楚材的"议籍中原民"政策，对蒙古治下黄河南北的民户人口进行统计，"得户七十三万余"[2]，这无疑让蒙古的国家实力大增。

同年五月，窝阔台在今天蒙古国西南车车尔勒格东南达兰达葩（也叫答兰答八思）草原大会蒙古诸王，颁布了自己的"札撒"：

---

[1]《元史》卷一百四十六《耶律楚材传》："时避兵居汴者得百四十七万人。楚材又请遣人入城，求孔子后，得五十一代孙元措，奏袭封衍圣公，付以林庙地。命收太常礼乐生，及召名儒梁陟、王万庆、赵著等，使直释九经，进讲东宫。又率大臣子孙，执经解义，俾知圣人之道。置编修所于燕京、经籍所于平阳，由是文治兴焉。"

[2]《元史》卷二《太宗本纪》。

凡当会不赴而私宴者,斩。

诸出入宫禁,各有从者,男女止以十人为朋,出入毋得相杂。

军中凡十人置甲长,听其指挥,专擅者论罪。其甲长以事来官中,即置权摄一人、甲外一人,二人不得擅自往来,违者罪之。

诸公事非当言而言者,拳其耳;再犯,笞;三犯,杖;四犯,论死。

诸千户越万户前行者,随以木镞射之。百户、甲长、诸军有犯,其罪同。不遵此法者,斥罢。

今后来会诸军,甲内数不足,于近翼抽补足之。

诸人或居室,或在军,毋敢喧呼。

凡来会,用善马五十四为一羁,守者五人,饲羸马三人,守乞烈思三人。但盗马一二者,即论死。

诸人马不应绊于乞烈思内者,辄没与畜虎豹人。

诸妇人制质孙燕服不如法者,及妒者,乘以驿牛徇部中,论罪,即聚财为更娶。[1]

早在即位之初,窝阔台就下诏宣布国家法度一依成吉思汗旧制:"在此之前,凡是成吉思汗所颁布的诏令依然有效,保持不变。无论何人在朕即位之前所犯的一切罪行,概予赦免。但今

---

[1]《元史》卷二《太宗本纪》。

后若有人胆敢违犯新旧法令、制度，则将受到惩罚和罪有应得的惩处。"[1]

现在窝阔台有了自己的法度，确立了属于自己的统治。

也是在这次忽里勒台上，窝阔台决定对南宋用兵——"遣达海绀卜征蜀"[2]。

当窝阔台对其他蒙古贵族表示想亲自领兵南下伐宋时，木华黎的孙子、孛鲁之子国王塔思主动请缨，表示自己愿意出战，让窝阔台放弃亲征的计划。[3]窝阔台同意了他的这一请求，让塔思率兵南下攻宋。[4]

此时，南宋军队也在赵葵、全子才的率领下渡过淮河北上，开始了对河南的军事行动。

蒙古与南宋的结盟并不牢固，双方也不存在结盟的基础，南宋在一开始就对蒙古不信任，而蒙古接连发动的六次进攻四川的

---

[1] [波斯]拉施特撰，余大钧、周建奇译《史集》第二卷·第一部分。
[2] 《元史》卷二《太宗本纪》。
[3] 《元史》卷一百一十九《塔思传》："甲午秋七月，朝行在所。时诸王大会，帝顾塔思曰：'先皇帝肇开大业，垂四十年。今中原、西夏、高丽、回鹘诸国皆已臣附，惟东南一隅，尚阻声教。朕欲躬行天讨，卿等以为何如？'群臣未对，塔思对曰：'臣家累世受恩，图报万一，正在今日。臣虽驽钝，愿仗天威，扫清淮、浙，何劳大驾亲临不测之地哉！'帝悦曰：'塔思虽年少，英风美绩，简在朕心，终能成我家大事矣。'赐黄金甲、玻璃带及良弓二十，命与王子曲出总军南征。"
[4] 《元史》卷二《太宗本纪》："是秋，帝在八里答阑答八思之地，议自将伐宋，国王查老温请行，遂遣之。"另据《元史》卷一百一十九《塔思传》："塔思，一名查剌温。"

战事[1]更加剧了南宋的这一倾向。

当然,蒙古对南宋也不信任,宋军在拖雷借道汉中时诱杀使者速不罕,让他们对这个当面一套背后一套的国家颇不放心,尤其是在蒙军对四川的试探性攻击之后,宋军孱弱无能的战斗力暴露无遗,让他们对这个虚弱而富裕的国家产生了一种唾手可得的认知。

所以,南宋绍定六年(1233年)年末双方的合作充其量只是一种权宜之计,无论是蒙古使臣王楫南下使宋,还是南宋使臣邹伸之北上使蒙,都只是因为金国尚在,双方有一个共同的敌人。随着蔡州陷落、金哀宗自缢,宋蒙双方共同的敌人不复存在,双方唯一的合作基础也荡然无存。

这也就意味着,即使南宋君臣不发动端平入洛,蒙古人也会如期南下,只不过责难南宋的借口会从"叛盟"换成其他借口。

老虎吃不吃人,取决于它的胃口。

---

[1] 此据李天鸣《宋元战史》第一章:嘉定十五年(1222年),蒙军进入凤州境内抄掠。宝庆三年(1227年),蒙军攻入利川西路,并在兰皋击败沔州都统陈信军,引起了关外五州的大混乱。绍定四年(1231年)初,蒙军剽掠利州路西北路,并攻打天水。春季,拖雷率领骑兵三万人进攻利州路,展开强行借路之役,直到十二月下旬才又从京西离开宋朝的国境。五年冬天,蒙军从信阳攻打宋朝,直趋德安、黄州,大肆焚掠,然后驱赶着所掳掠的平民和牛马,经由光州北归。五年、六年,蒙军进攻凤州,攻打河池、同庆,在同庆被曹友闻军击败。

可怜淮土

南宋端平元年（1234年）七月，宋军正式发兵渡淮北上，进取亳州、归德，而国用安则配合着镇江副都统制、总辖淮阴水陆军马刘虎和淮东制置司主管机宜文字赵楷，由淮安渡淮北上，占领涟水、海州，周围的邳州、徐州也在不久被宋军攻占，至此，徐、邳、海三州被宋军控制，国用安则被南宋任命为权知徐州。

八月初，徐敏子、杨义兵败洛阳，退回南宋，闻讯之后的赵葵、全子才也主动放弃开封南撤，端平入洛失败。

但到此时，宋军只是丢失西京洛阳，放弃东京开封，那么南京应天（归德）呢？

宋理宗得知收复三京之后，下诏命令赵葵担任京河制置使、知应天府、南京留守兼淮东制置使，但赵葵放弃开封，让他随即便丢了这一官职，知应天府的重担交给了与国用安一直联合作战的刘虎。

临危受命的刘虎率领宋军扼守应天府，与国用安的邳、徐、海州声势相连、互为犄角，其间甚至三次击退蒙军对应天的攻击。[1]

不仅如此，淮东宋军在坚守南京应天府的同时，还占据着淮

---

[1] [元]张铉《至大金陵新志》卷十四·摭遗·冯去非《刘虎神道碑》："是岁经理河南，知应天府，节制水陆军马，屯据冲要。北兵三阅谷熟，不克而遁。"

北的泗州（今江苏泗洪东南、盱眙对岸）、宿州（今属安徽）、亳州（今属安徽）、寿春府（今安徽寿县），淮西军则退守在淮河以北不远的息州（今河南息县）、蔡州（今河南汝南），李宽、孙军胜两部宋军则更向北一步，分别占据着许州、钧州，依托城池防御蒙军继续南下。加上荆襄军在年初的时候占据的唐州（今河南唐河）、邓州（今属河南）、申州（今河南南阳），实际上宋军此时的防御战线远在淮河以北。

不过，恐怕并不是这些宋军将士不想撤军，而是因为庙堂之上的大人物们不想撤军——比如宋理宗和郑清之。

宋理宗和郑清之君臣是力主对北用兵的，如果因为在洛阳失利而全军退回淮河，郑清之势必会遭到群臣的激烈弹劾，宋理宗也会被大臣指摘，所以无论如何也不能就此彻底南撤。况且，或许他们还觉得蒙军并不会太过追赶，这样宋军还可以占据黄河以南的部分中原州郡。

时任枢密院编修官的丁伯桂发现了他们这个意图，于是上疏指责他们"轻举之误小，遂非之误大"，理由是直到现在仍然源源不断地把两淮的军械粮草运送到邳、徐、唐、邓诸州，明知危险不可为之，居然还执意而为，企图能借此雪耻。[1]

为此，丁伯桂甚至举了两个例子来力证朝廷失策："昔斜川之退，孔明责己；枋头之辱，元温迁怒。"所以他质问道："愈

---

[1] [南宋]刘克庄《后村先生大全集》卷一百四十一《丁给事神道碑》："轻举之误小，遂非之误大。今移两淮粮械于邳、徐、唐、邓等州，犹循危辙，冀雪前耻。"

变愈差,不可不虑,盍移战力为守谋?"[1]

蜀汉建兴五年(227年)诸葛亮率部北伐,赵云率奇兵出褒斜道,占据箕谷,作为疑兵佯攻魏国关中地区,吸引魏军主力的注意力,诸葛亮自己则率领主力部队进军祁山。结果因为马谡失守街亭,赵云、邓芝失利于箕谷,只好全军退回汉中,对曹魏产生极大震动的蜀汉第一次北伐就此失败。事后,诸葛亮以兵败为由,"自贬三等"。

东晋太和四年(369年),晋大司马桓温率步骑共五万大军,从姑孰(今安徽当涂)出发,开始了他人生中第三次也是最后一次北伐。起初,晋军势如破竹,但在打到距前燕都城邺城仅几十里的枋头时,遭遇了前燕军队的殊死抵抗。随后因粮道断绝,不得已撤回。结果南归途中先是被前燕军队伏击,又被赶来支援前燕的前秦将领劫了归路,致使晋军损失惨重,五万步卒回到姑孰仅剩万余人。事后,桓温将兵败迁怒于未能保持粮道的西中郎将袁真,于是"表废为庶人"。

无论是诸葛亮的自贬,还是桓温的迁怒,最后都有人对军事失败负责。可是,端平元年的这次失败,谁来为此事负责?

大臣们明里暗里表露出的意思是让丞相郑清之和皇帝负责,但宋理宗和郑清之根本就不承认失败,只是觉得这是暂时的失利,仍然寄希望于淮东、淮西军以及国用安等人在淮北、河南一带挡住蒙军南下。

宋军不想走,蒙古方面却断然不会坐视这种局面存在。新

---

[1] [南宋]刘克庄《后村先生大全集》卷一百四十一《丁给事神道碑》。

任知应天府刘虎坚守应天多久不得而知，墓志上也仅说他是"明年，迁许浦水军都统制"[1]。在端平元年的秋冬之时，蒙军开始发动对徐州、应天、邳州一带的猛烈攻击，参与这场战役的主力是河北、山东汉军，也有一定数量的蒙古将领。

保定世侯张柔"从大帅太赤攻徐、邳"[2]，济南世侯张荣先攻漃州（今江苏沛县），随后攻徐州，最后在端平二年攻占邳州[3]。冀州贾塔剌浑在跟着拖雷打完三峰山之战后升任金紫光禄大夫、总领都元帅，其后跟随大帅太赤攻徐、邳，随即攻克[4]，大名路尚书省下都元帅王珍在国用安占据徐、邳时，跟随太赤及阿术鲁将这两座城池攻打了下来[5]；燕京人杨杰只哥"进攻徐州，金将国用安拒战，杰只哥率百余骑突入阵中，迎击于后，大败之，擒一将而还"[6]，张禧跟随大将阿术鲁南攻徐州、归德[7]。参与人员甚至包括投降蒙古的原红袄军将领夏全[8]，北京大定府（今内蒙古宁城县西南）的归附将领田雄也派子侄参与

---

[1] [元]张铉《至大金陵新志》卷十四·摭遗·冯去非《刘虎神道碑》。
[2] 《元史》卷一百四十七《张柔传》。
[3] 《元史》卷一百五十《张荣传》："甲午，攻沛，沛拒守稍严，其将唆蛾夜来捣营，荣觉之，唆蛾返走，率壮士追杀之，乘胜急攻，城破。就攻徐州，守将国用安引兵突出，荣逆击之，亦破其城，用安赴水死。乙未，拔邳州。"
[4] 《元史》卷一百五十一《贾塔剌浑传》。
[5] 《元史》卷一百五十二《王珍传》。
[6] 《元史》卷一百五十二《杨杰只哥传》。
[7] 《元史》卷一百六十五《张禧传》。
[8] [南宋]魏了翁《鹤山先生大全集》卷十九《被召除授礼部尚书内引奏事第四札》："（夏全）……为尰批我彭城，环我朐山。"

此战。

蒙古人纯只海则被窝阔台任命佩金虎符,充益都行省军民达鲁花赤,跟随大帅太赤破徐州,擒国用安[1],他所带的蒙军多达两万人[2]。

宋军大约在端平元年十月撤出了南京应天府,几乎与此同时,蒙军和华北汉人世侯联军抵达徐州以北,发起了对徐州、源州、邳州的攻击,宋军则从两淮再次开赴徐州,协助国用安据守。

徐州之战异常惨烈,国用安这次不再滑头,使尽浑身解数抵御蒙军,加上宋军的协助,一度让蒙军的进攻十分吃力。徐州久攻不下,蒙古大帅大赤展开车轮战,让田雄的子侄田四帅以及张柔等人接连出战,田四帅未能攻克,随后张柔率五十死士强行攻击,才击退了出城迎战的宋军。[3]

吸取了围攻徐州的经验教训,蒙军在攻击邳州时,采取的是围而不攻的战术,各家军队把邳州城围困得如铁桶一般,逼迫城内的宋军突围,试图在野战中击败他们。最终粮饷不济的宋军只能被迫突围,却正中蒙军下怀,损失惨重。

---

[1]《元史》卷一百二十三《纯只海传》。
[2][元]刘敏中《中庵集》卷十五《敕赐益都行省达鲁花赤赠推忠宣力功臣金紫光禄大夫太尉上柱国温国公谥忠襄珊竹公神道碑铭》。
[3][金]元好问《遗山先生文集》卷二十六《顺天万户张公勋德第二碑》:"徐州之役,攻久不下。宋人出战,大帅大赤令曰:'田四帅先入,不能,则张公继之。又不能,则我当往。'既而田不克入,公率死士五十人逆击之,战于分水楼下。敌退走,公追及于门,俘获数人。"

邳州失陷后，蒙军又进攻东面的海州。防守海州的宋军失利，向东撤到东海县，不久南宋朝廷宣布海州徙治东海。东海县位于海州东面的岛屿上，依托着海水阻隔，蒙军只能望洋兴叹，被迫停止了进攻，转而向西攻击宋军驻守的宿州和亳州。

宋军北上协守徐州的代价就是几乎全军覆没。宋军在徐州城里度过了端平二年的新年，提议让他们撤回两淮的建议并没有被批准。

元旦那天，太史占风有兵起之兆，翰林学士真德秀乘机建言让徐州的宋军弃城南下，但宋理宗仍然不同意[1]，此事只能作罢。

正月，徐州失陷，"南军无一人得脱者"[2]。国用安的结局极惨烈，徐州城破，国用安投水自尽，之后尸体被蒙军捞出，系在马尾巴上拖着示众，与他有过节的海州元帅田福把他的尸体"脔食而尽"。[3]

此时，南宋和蒙古又一次进行往来和议，蒙古使者王楫在端平元年年底来到临安，斥责南宋叛盟。鉴于淮北数州仍然处于蒙军的攻击之下，南宋指示襄阳的孟珙通过王楫向蒙古大帅塔察儿示好，希望能暂时罢战。此时蒙军主力还没有南下，蒙军先锋

---

[1] [南宋]刘克庄《后村先生大全集》卷五十《宋资政殿学士赠银青光禄大夫真公行状》："河北州郡非北兵北将不可守，宜抽回南兵。"
[2] [南宋]魏了翁《鹤山先生大全集》卷十九《被召除授礼部尚书内引奏事第四札》："国用安久为我用，一旦引我师以就死地者，不知其几。彭城之破，南军无一人得脱者。"
[3] 《金史》卷一百十七《国用安传》："会移兵攻徐，用安投水死，求得其尸，刳面系马尾，为怨家田福一军脔食而尽。"

很难承受得住像徐州、邳州那样程度的伤亡,于是做了个顺水人情,在端平二年年初攻占徐州之后,便暂时中止了向南继续进攻的行动。[1]

端平元年南宋的这次进军就此彻底失败,随着徐州、海州在端平二年年初的失陷,宋军在淮北的屏障皆失,开始直接面对蒙古的威胁。时人评价说"始轻战而挑敌,中议和而款师。今战既不可,和又不成"[2],南宋完全陷入两难境地。

南宋朝野对于入洛兵败之事大加挞伐,表现出无人不是事后诸葛亮,并迅速与主战派划清界限。"败师河洛,兵民之物故者以数十万计,粮食之陷失者以百余万计,凡器甲舟车,悉委伪境,而江淮荡然,无以为守御之备。"[3]

趁着金朝灭亡好不容易稍微振奋起来的人心再次陷于消沉,宋军普遍出现厌战、恐战的心态:"自汴京退走,而我师之雄胆已丧;徐邳再陷,而我师之畏心愈甚。"[4]蒙古则得到了出兵攻宋的理由,自此川陕荆襄江淮再无宁日。

惯于寻找借口的南宋为此次的失败找到了诸多理由,比如魏了翁说"北军不可恃",并声称城破投河而死的国用安是死有余辜。

---

[1] [南宋]魏了翁《鹤山先生大全集》卷十九《被召除授礼部尚书内引奏事第四札》:"比以海州弃师,尝使孟珙言之王楫,楫言之倴盏,各守信义,毋动干戈,彼尝退听。"
[2] [南宋]袁甫《防斋集》卷六《陈时事疏》。
[3] [明]杨士奇、黄淮等《历代名臣奏议》卷一百八十五《去邪·吴昌裔奏议》。
[4] [明]杨士奇、黄淮等《历代名臣奏议》卷九十九《经国·李鸣复奏议》。

端平三年秋,为安抚军中南投而来的北方籍将士,宋理宗下诏宣布追赠国用安。这位大宋的权知徐州,也是大金的兖王、开府仪同三司、平章政事、兼都元帅、京东山东等路行尚书省事,还是大蒙古国的都元帅、行山东路尚书省事,被追赠顺昌军节度使,其子国兴被封为承节郎。[1]

---

[1]《宋史》卷四十二《理宗本纪二》:"秋七月丁巳,诏权徐州国用安力战而殁,已赠顺昌军节度使,仍官其子国兴承节郎。"

尾声　山雨欲来风满楼

南宋端平二年（1235年）初，徐州、邳州、海州接连失陷，随后蒙军将战线重新拉回淮河北岸，南宋在绍定末年和端平元年从金朝夺回来的缓冲地带失守殆尽。

端平二年六月，窝阔台以南宋背盟为由，分兵两路攻宋。一路由皇子阔出率军攻荆襄地区，一路由皇子阔端率军攻四川，拉开了延续四十余年的宋蒙之战的序幕，江淮从此再无宁日[1]。

端平三年三月，蒙古宗王阔出率东路军攻降鄂北重镇襄阳，使南宋在长江中游的荆湖战略要地失去了屏障，随后攻克随、郢二州及荆门军。八月，又破枣阳军（今湖北枣阳）、德安府（今湖北安陆）。十月，阔出病死军中，窝阔台派忒木台率军继续南攻江陵，分兵破光州（今河南潢川），继而围攻黄州（今湖北黄冈）、安丰军（今安徽寿县），不克而退兵。

九月，阔端率西路军分兵两路合击成都。阔端亲率主力出大散关，攻取武休关，击败宋将李显忠军，占领兴元（今陕西汉

---

[1] [清]毕沅《续资治通鉴》卷一百六十七·宋纪一百六十七："自是河、淮之间无宁息之日矣。"

中);随后以一部猛攻大安军,主力攻阳平关。四川制置使赵彦呐未纳曹友闻坚守沔州仙人关要隘的建议,强令其前往无险可守的大安御敌,激战数次,曹友闻于阳平关全军覆没,蒙军长驱南下。同年十月,蒙军攻破成都,随后屠城,"城中百姓无得免者"[1]。宋军在蒙军撤退之后收敛尸骸,仅成都城内就达一百四十万。[2]天府之国的成都平原自此元气大伤,数百年未能恢复。[3]

攻宋的同时,窝阔台则继续在北方推进其征服大业。

端平二年,窝阔台命人按照中原建城的规制,在哈拉和林修建万安宫。随后在漠北召集诸王大会,决定征讨钦察、斡罗思等国,命各支宗室均以长子统率出征军,万户以下各级那颜也派长子率军从征,诸王以术赤次子拔都为首,以老将速不台为主帅,史称"长子西征"。

端平三年秋,蒙军灭掉也的里河(今伏尔加河)上的不里阿耳。

嘉熙元年(1237年)春,蒙军灭掉第聂伯河和伏尔加河之间

---

[1] [南宋]佚名《昭忠录》:"十月……二十四日,元兵步骑十万至成都,入自东门,二太子坐府衙文明厅令卜者占,其法用五龟实五盘中,按五方,五龟动不止,卜者曰:民心不归,成都是四绝死地,若住,不过二世,不若血洗而去。二太子大书'火杀'二字,城中百姓无得免者,火光照百里。"

[2] [明]杨慎《全蜀艺文志》辑明赵汸《史母程氏传》引《三卯录》:"贺靖权成都,录城中骸骨一百四十万,城外者不计。"

[3] 宋孝宗淳熙二年(1175年)统计数字,川峡四路仅成都府一路便有258万户、742万口居民。经历了宋蒙战争之后,元世祖至元二十七年(1290年),成都周围人户从50余万户骤降至3.3万户,到了明朝,整个四川的人口不过21.5万户、146.7万人。

的钦察；同年秋，拔都进兵斡罗思，攻取也烈赞城（梁赞）。次年，蒙古分兵四出，连破莫斯科、罗斯托夫等十余城，合兵围攻弗拉基米尔大公国首府，陷之。

三年，蒙军灭高加索山北麓阿速国，攻入斡罗思南境。

四年，拔都趁着第聂伯河封冻，亲统大军渡河围攻乞瓦（今乌克兰首都基辅）。攻陷乞瓦后，蒙军继续西进，攻占伽里赤（加利奇公国），其王丹尼尔·罗曼诺维奇逃入马札儿（匈牙利王国）。

淳祐元年（1241年）春，拔都兵分两路，一路由察合台之子拜答尔、大将兀良合台率领，攻孛烈儿（波兰）；一路由拔都、速不台率领攻入马札儿。拜答尔一军进抵克剌可夫（今波兰南部克拉科夫），孛烈儿王亨利二世弃城遁，蒙军焚毁其城，入西里西亚境。西里西亚侯集孛烈儿诸军，与来援的捏迷思（日耳曼）军联合对抗蒙军。

四月九日，斡儿答、拜答尔、兀良合台率领的蒙军偏师在离里格尼茨城约十公里的平原地带，与西里西亚公爵亨利二世率领的波兰军队交战，蒙军斩杀亨利二世，大获全胜。

欧洲诸国对里格尼茨战役十分震惊，感受到蒙古入侵带来的严重威胁。但由于教皇和神圣罗马帝国皇帝腓特烈二世的尖锐矛盾，未能采取一致的对策，蒙军获胜后，又攻入莫剌维亚（今捷克境内），南下与拔都军会合。拔都军在撒岳河畔击溃马札儿军，进攻佩斯城（今匈牙利首都布达佩斯），分兵四出抄掠，有一支进至维也纳附近的诺依施达，这是蒙古大军所到的最西的地方，但奥地利、波希米亚联军击退了蒙军的进攻，这也是蒙军在欧洲第一次被击败。当年冬天，拔都大军渡过秃纳河（多瑙河），攻陷格兰城。

淳祐二年初，拔都遣窝阔台之子诸王合丹率一军追击马札儿王别剌四世（贝拉四世），一直追到亚得里亚海边的掠斯帕剌托、卡塔罗二城，但未能追捕得手。不久，窝阔台死讯传来，拔都率军东还，拜答尔、合丹率领的蒙军则从波兰和莫拉维亚出发，劫掠了匈牙利统治下的斯洛伐克，一直打到西斯洛伐克，随后过多瑙河与拔都会合。

三年初，蒙军到达伏尔加河下游的营地，结束西征，不久建立了钦察汗国。

淳祐元年十一月，蒙军再次入蜀，前后攻破二十余城，再次进围成都。宋制置使陈隆之固守成都十余日，其部将夜开城门出降，陈隆之被俘杀。同月，窝阔台汗病死，蒙军主力北归，蒙宋战争暂告一段落。窝阔台去世时，大蒙古国已经是一个东起太平洋，西至黑海，北达北极圈附近的"日不落之山"，南抵川蜀的超级大帝国。

此时的宋理宗再也没有绍定六年（1233年）和端平元年年初的那份激情。

端平元年秋的那场惨败，似乎抽干了宋理宗对军事的一切雄心壮志，他开始把更多的精力放在文化事业上。

理学，这个新兴的学说似乎很合他的脾气。端平元年，宋理宗下令将本朝名儒周敦颐、程颢、程颐、张载和朱熹入祀孔庙。次年又采纳李埴的建议，将儒学名家胡瑗、孙复、邵雍、欧阳修、司马光、苏轼入祀孔庙。

淳祐元年（1241年），宋理宗分别追封周敦颐、程颢、程颐、张载为汝南伯、河南伯、伊阳伯、郿伯，与先前所封的信国公朱熹同为儒学嫡传正宗。与此同时，宋理宗宣布王安石是儒学"万世罪人"，黜出孔庙；胡瑗、孙复、苏轼、欧阳修、司马光也被迁出，理学成了宋朝的官方学说。

端平时代的诸多变革，都在陆续进行着，后世将这一系列的变革冠以"端平更化"的称呼。它革除了之前的很多弊端，但更多的改革则流于表面，声势虽然浩大，却未能挽救江河日下的大宋王朝；网罗的贤良之士虽多，却多是庸懦之辈，并不能改变什么局面；澄清吏治的口号喊得虽响，却终究无法清除官场贪腐之风；至于整顿财政，则已回天无力，宋蒙全面战争导致南宋的经济一日萧条似一日，陷入万劫不复的深渊。

端平元年，宋理宗希望能有所作为，但注定是无法"有为"了。

晚年的宋理宗厌倦朝政，追逐声色，朝政渐渐被权臣、奸臣所把持，先是经历了丁大全、马天骥、董宋臣的乱政，后来又开始了贾似道的秉权。宋理宗沉迷于自己脑海中虚构的太平无事幻想，对愈演愈烈的宋蒙战事熟视无睹，如同把脑袋埋在沙子里的鸵鸟。

当初力主用兵入洛的郑清之，在端平之役失败后上书请辞，宋理宗不许。之后，他四疏请辞，最终得以辞去丞相之位，改任闲差。

淳祐七年（1247年），已经年逾七旬的郑清之再度拜相，被任命为太傅、右丞相兼枢密使、越国公。郑清之这次出仕维持了五年，淳祐十一年（1251年）十一月十二日，在多次上疏请求辞官之后，宋理宗批准了他的辞呈。七天之后，郑清之病逝，宋理宗为其辍朝三日，特赠尚书令，追封魏郡王，赐谥"忠定"。

首倡"据河守关"之说的赵葵仍然担任淮东制置使，主持淮东防务。宋度宗咸淳二年（1266年），八十岁的赵葵得以致仕。同年十一月二十七日，将星陨落，赵葵病逝于彭泽小孤山江畔舟中，"是夕，五洲星陨如箕"[1]。

端平三年（1236年），蒙古大军攻入四川，四川制置使赵彦呐大败，诏贬衡州（今湖南衡阳），其子赵洸夫在流放岭南的路上被史嵩之留在江陵（今湖北荆州）。

史嵩之在端平三年被重新起用，任淮西制置使，却把督府设在远离战场的鄂州，并力主放弃淮西议和，朝野哗然。

不过，由于老部下孟珙经略有方，局势渐渐稳定，史嵩之也跟着坐享其成，改任京湖制置使。嘉熙三年（1239年），史嵩之被任命为参知政事，督视京湖、江西军马，开府鄂州，成为宋廷前线的最高统帅。虽然此时孟珙在对蒙战事中接连获胜，但史嵩之仍力主和议，被朝臣指责是"以和误国"。

虽然朝廷重臣大多反对议和，但抵不过宋理宗有议和之心，嘉熙四年三月，史嵩之被宋理宗召回临安，拜右丞相兼枢密使，都督两淮四川京西湖北军马，进封奉化郡公，主持对蒙战和事宜。史嵩之终于实现了他重振史家门庭的夙愿。淳祐元年（1241年），蒙古大汗窝阔台病死，宋蒙之战告一段落，边防压力陡然

---

[1]《宋史》卷四百一十七《赵葵传》。

消失的史嵩之腾出手来，挤掉了反对派乔行简，独掌大权。

淳祐四年（1244年）九月，史嵩之父亲史弥忠病故，但史嵩之贪恋权位，不肯守孝丁忧，引起非议，朝中反对他的大臣借此大加攻击，甚至连他的侄子史璟卿也对其加以指责。为平息舆论，史嵩之准备以退为进，六次上疏请求辞相。本以为宋理宗不会批准，没想到宋理宗在一众大臣的极力规劝下同意了史嵩之的辞呈。后来宋理宗曾三次想恢复史嵩之的职务，但每次都因遭遇大臣的强烈反对而未果。

宝祐五年（1257年）八月二十七日，闲废十三年的史嵩之病逝家中，享年六十九岁。

端平三年（1236年），乔行简升左丞相；嘉熙三年（1239年），授平章军国重事，封肃国公，位极人臣。其后遭到史嵩之排挤，十八疏请辞。淳祐二年（1242年），八十五岁的乔行简病逝家中，赠太师，赐谥"文惠"。

真德秀在端平二年三月升任参知政事，但他已患病卧床，难以有所作为，于是请辞闲居。五月，病逝家中，年仅五十八岁，赐谥文忠。嘉熙三年，朝廷下诏赐其配飨朱熹祠，成为朝廷公认的一代名儒。

景定五年（1264年）十月初五，在位四十年的宋理宗赵昀病逝于临安大内，享年六十岁。在他病重时，他曾下诏征求全国名医为自己治病，但无人应征。

与养父宋宁宗一样，宋理宗的儿子也全部夭折。于是，他将自己的同母胞弟荣王赵与芮的儿子赵禥过继为养子。赵禥在宋理宗驾崩后即位为帝，是为宋度宗。

宋理宗去世十二年之后，即德祐二年（1276年），元朝丞相伯颜率军进抵临安城北，南宋谢太后带着年仅六岁的宋度宗之子、宋恭宗赵㬎出城投降。随后元军继续南下，攻打在福建、广东另立新君坚持抗蒙的文天祥、陆秀夫等南宋残余势力。祥兴二年（1279年）正月，崖山海战，宋军大势已去，丞相陆秀夫怀抱幼帝赵昺跳海殉国，宋朝至此灭亡。

元至元十五年（1278年），党项僧人杨琏真伽在宰相桑哥的支持下，盗掘钱塘、绍兴宋陵，窃取陵中珍宝，弃尸骨于草莽之间。宋理宗赵昀的尸体因为入殓时被水银浸泡，所以尚未腐烂，盗墓者便将其尸体从陵墓中拖出，倒悬于陵前树上以沥取水银。随后将赵昀的头颅割下，取颅骨制作成饮器，送交元大都，其躯干则被焚毁。这颗头颅直到明军攻克元大都后，才在大都的杨琏真伽旧居中被找到。

明太祖朱元璋得知此事后"叹息久之"，派人迎回京城应天府（今江苏南京）。明洪武三年（1370年），明太祖将宋理宗的颅骨归葬到绍兴永穆陵旧址。[1]

这历史，终究还是应了那句老话：天下大势，分久必合，合久必分。

---

[1]《明太祖实录》卷五十三："（洪武三年六月）庚辰，遣使葬宋理宗顶骨于绍兴永穆陵。先是，上与侍讲学士危素论宋元兴替，素因言……又截理宗顶骨为西僧饮器，天下闻之莫不心酸。上闻叹息久之，谓素曰：'宋南渡诸君无大失德，与元又非世仇，元既乘其弱并取之，何乃复纵奸人肆酷如是耶？'即命北平守将吴勉访索顶骨所在，果得之西僧庐中，既送至，命有司厝于京城之南。至是，绍兴府以《永穆陵图》来献，遂敕葬于故陵。"

宋金夏蒙纪年对照表（1208-1236）

注：表中带圆圈的、以汉字形式表示的数字均表示改元月份，为农历。

公元	干支	南宋	金	蒙古	西夏	其他
1208	戊辰	嘉定元年	泰和八年[1]	太祖三年	应天三年	【西辽】天禧三十一年
1209	己巳	嘉定二年	大安元年	太祖四年	应天四年	
1210	庚午	嘉定三年	大安二年	太祖五年	皇建元年	
1211	辛未	嘉定四年	大安三年	太祖六年	皇建二年[2] 光定元年⑧	
1212	壬申	嘉定五年	崇庆元年	太祖七年	光定二年	
1213	癸酉	嘉定六年	崇庆二年 至宁元年⑤[3] 贞祐元年⑨	太祖八年	光定三年	【东辽】[4] 天统元年

---

[1] 泰和八年十一月，金章宗完颜璟死，卫绍王完颜永济立。

[2] 皇建二年八月，西夏襄宗李安全被废，神宗李遵顼立。

[3] 至宁元年八月，金卫绍王完颜永济被弑，宣宗完颜珣立。

[4] 是年三月，契丹人耶律留哥在辽东称王，建国号辽，建元天统（一作元统），史称东辽。

续表

公元	干支	南宋	金	蒙古	西夏	其他
1214	甲戌	嘉定七年	贞祐二年	太祖九年	光定四年	杨安儿[1] 天顺元年
1215	乙亥	嘉定八年	贞祐三年	太祖十年	光定五年	【东夏】[2] 天泰元年
1216	丙子	嘉定九年	贞祐四年	太祖十一年	光定六年	【大汉】[3] 顺天元年
1217	丁丑	嘉定十年	贞祐五年 兴定元年⑨	太祖十二年	光定七年	
1218	戊寅	嘉定十一年	兴定二年	太祖十三年	光定八年	
1219	己卯	嘉定十二年	兴定三年	太祖十四年	光定九年	
1220	庚辰	嘉定十三年	兴定四年	太祖十五年	光定十年	
1221	辛巳	嘉定十四年	兴定五年	太祖十六年	光定十一年	
1222	壬午	嘉定十五年	兴定六年 元光元年⑧	太祖十七年	光定十二年	
1223	癸未	嘉定十六年	元光二年[4]	太祖十八年	光定十三年[5] 乾定元年⑫	

[1] 是年五月，"红袄军"首领杨安儿称王，定年号天顺。
[2] 是年十月，女真人蒲鲜万奴在辽阳称天王，建国号大真，建元天泰，史称东夏（亦作东真）。
[3] 是年，"红袄军"首领郝定称帝，建国号大汉，定年号顺天。
[4] 元光二年十二月，金宣宗完颜珣病死，哀宗完颜守绪立。
[5] 光定十三年十二月，西夏神宗李遵顼禅位，献宗李德旺立。

续表

公元	干支	南宋	金	蒙古	西夏	其他
1224	甲申	嘉定十七年[1]	正大元年	太祖十九年	乾定二年	【东夏】大同元年
1225	乙酉	宝庆元年	正大二年	太祖二十年	乾定三年	
1226	丙戌	宝庆二年	正大三年	太祖二十一年	乾定四年[2] 宝义元年⑦	
1227	丁亥	宝庆三年	正大四年	太祖二十二年[3]	宝义二年	
1228	戊子	绍定元年	正大五年	拖雷监国元年		
1229	己丑	绍定二年	正大六年	拖雷监国二年[4] 太宗元年⑧		
1230	庚寅	绍定三年	正大七年	太宗二年		
1231	辛卯	绍定四年	正大八年	太宗三年		
1232	壬辰	绍定五年	正大九年 开兴元年㈠ 天兴元年㈣	太宗四年		

---

[1] 嘉定十七年闰八月，宋宁宗赵扩死，理宗赵昀立。
[2] 乾定四年七月，西夏献宗李德旺死，末帝李睍立。
[3] 蒙古太祖二十二年七月，成吉思汗病死，拖雷监摄国政。
[4] 拖雷监国二年八月，窝阔台继承汗位。

续表

公元	干支	南宋	金	蒙古	西夏	其他
1233	癸巳	绍定六年	天兴二年	太宗五年		
1234	甲午	端平元年	天兴三年[1] 盛昌元年㊀	太宗六年		
1235	乙未	端平二年		太宗七年		
1236	丙申	端平三年		太宗八年		

---

[1] 天兴三年正月,金哀宗完颜守绪禅位,末帝完颜承麟继位。"盛昌"年号仅使用半天。

1234年大事记

正月

初三，金哀宗派参知政事张天纲祭祀蔡州柴潭，加封柴潭为"护国灵应王"。

初九，金哀宗禅位完颜承麟。

初十，完颜承麟即位。宋蒙联军攻破蔡州，金哀宗自缢，完颜承麟战死。

二月

初三，赵彦呐出任四川安抚制置使兼知兴元府。

三月

初三，太常寺主簿朱扬祖、阁门祗候林拓奉命前往洛阳祭陵。

春，窝阔台汗大会诸王于鄂尔浑河。

四月

十八，南宋以金哀宗半具尸骨祭告太庙。

五月

十八，赵范出任两淮制置使、节制军马兼沿江制置副使。

是月，武仙在泽州被杀。

六月

初九，赵葵收复南京应天府（归德府）。

十一，乔行简担任知枢密院事。

十二，废太子赵竑恢复封号。淮西安抚副使全子才出兵北上。

二十四，全子才收复亳州。

二十八，开封内讧，李伯渊杀守将崔立。

是月，蒙古掘开黄河寸金堤。

七月

初五，开封献城降于南宋，全子才收复东京开封府。

二十八，徐敏子收复西京河南府（今河南洛阳）。

二十九，蒙古汉军将领刘亨安在洛阳城东击败宋军杨义部。

八月

初一，蒙军进抵洛阳，扎营城外。

初二，徐敏子弃洛阳南撤。

初八，太常寺主簿朱扬祖、阁门祇候林拓祭陵归来，上《八陵图》。

初九，宋理宗命江淮制置司发下米麦一百万石，赈济河南归附臣民。任命赵范为京河关陕宣抚使、知开封府、东京留守，赵葵京河制置使、知应天府、南京留守，全子才关陕制置使、知河南府、西京留守。

是月，宋军放弃开封南撤，刘虎改任知应天府。

九月

初四，赵范改任京西、湖北安抚制置大使、知襄阳府。

初六，南宋处理三京之役相关将领，赵葵削一秩，措置河南、京东营田边备；全子才削一秩，措置唐、邓、息营田边备；杨义削四秩，刘子澄、赵楷、徐敏子削三秩，范用吉降武翼郎。

秋，窝阔台汗大会诸王于达兰达葩，派国王塔思、达海绀卜领兵伐宋。

十月

孟珙在襄阳创设镇北军。

十二月

十五，蒙古使臣王檝抵达南宋，质问南宋叛盟。

二十四，蒙古使臣王檝北返。

二十七，南宋派使臣邹伸之、李复礼出使蒙古议和。

参考文献

史籍

[唐]房玄龄等撰：《晋书》，北京：中华书局，1974年。

[元]脱脱等撰：《辽史》，北京：中华书局，1977年。

[元]脱脱等撰：《宋史》，北京：中华书局，1977年。

[元]脱脱等撰：《金史》，北京：中华书局，1975年。

[明]宋濂等撰：《元史》，北京：中华书局，1976年。

[民国]柯绍忞撰：《新元史》，北京：中国书店，1988年。

[朝鲜]郑麟趾等撰：《高丽史》，平壤：朝鲜民主主义人民共和国科学院出版社，1957年。

[春秋]左丘明撰，赵捷译，赵英丽注：《左传》，武汉：崇文书局，2016年。

[波斯]拉施特编，余大钧、周建奇译：《史集》，北京：商务印书馆，1983年。

[南宋]岳珂撰，吴企明校：《桯史》，北京：中华书局，1981年。

[清]王夫之著，舒士彦校：《宋论》，北京：中华书局，2011年。

[金]张师颜撰：《南迁录》，《丛书集成初编》本，北京：中华书局，1985年。

[南宋]李心传辑，朱军校：《道命录》，上海：上海古籍出版社，2017年。

[元]苏天爵编，张金铣校点：《元文类》，合肥：安徽大学出版社，2021年。

[明]谢肇淛著：《五杂俎》，北京：中国书店，2019年。

[清]严可均辑，苑育新校：《全宋文》，北京：商务印书馆，1999年。

[春秋]孙武著，陈曦注：《孙子兵法》，北京：中华书局，2011年。

[宋]宇文懋昭著：《大金国志》，《丛书集成初编》本，北京：中华书局，1985年。

[金]元好问撰，常振国点校：《续夷坚志》，北京：中华书局，1986年。

[金]张暐撰，任文彪点校：《大金集礼》，杭州：浙江大学出版社，2019年。

[南宋]辛弃疾著，胡亚魁、杨静译注：《美芹十论》，广州：中山大学出版社，2012年。

[南宋]佚名撰：《三朝野史》，《丛书集成初编》本，北京：中华书局，1991年。

[南宋]周密撰，吴企明点校：《癸辛杂识》，北京：中华书局，1988年。

[南宋]罗大经撰，孙雪霄校点：《鹤林玉露》，上海：上海古

籍出版社，2012年。

[南宋]赵珙著：《蒙鞑备录》，《丛书集成初编》本，北京：商务印书馆，1939年。

[元]佚名著：《东南纪闻》，《四库笔记小说丛书》，上海：上海古籍出版社，1991年。

[元]佚名撰，汪圣铎点校：《宋史全文》，北京：中华书局，2016年。

[清]屈大均著：《广东新语》，北京：中华书局，1985年。

[清]吴广成撰，胡玉冰校注：《西夏书事》，兰州：甘肃文化出版社，1995年。

[清]徐釚撰，唐圭璋校注：《词苑丛谈》，上海：上海古籍出版社，1983年。

[清]杨守敬著，张益善主编：《水经注疏》，南京：南京大学出版社，1991年。

[北宋]孟元老著，王永宽注译：《东京梦华录》，郑州：中州古籍出版社，2010年。

[南宋]叶绍翁撰，沈锡麟、冯惠民点校：《四朝闻见录》，北京：中华书局，1989年。

[南宋]佚名撰：《京口耆旧传》，《丛书集成初编》本，北京：中华书局，1991年。

[元]陶宗仪撰：《南村辍耕录》，北京：中华书局，1959年。

[元]佚名撰，贾敬颜校注，陈晓伟整理：《圣武亲征录》，北京：中华书局，2020年。

[明]沈德符撰：《万历野获编》，北京：中华书局，1959年。

[清]毕沅编著：《续资治通鉴》，上海：上海古籍出版社，1987年。

[清]徐松辑：《宋会要辑稿》，北京：中华书局，2014年。

[清]屠寄撰：《蒙兀儿史记》，北京：中国书店，1984年。

[清]赵翼撰，曹光甫校点：《廿二史札记》，南京：凤凰出版社，2008年。

[金]陈规著，林正才注释：《〈守城录〉注释》，北京：解放军出版社，1990年。

[南宋]彭大雅著，许全胜校注：《黑鞑事略校注》，兰州：兰州大学出版社，2014年。

[南宋]黄震撰：《古今纪要逸编》，《丛书集成初编》本，北京：中华书局，1985年。

[元]佚名撰：《宋季三朝政要》，北京：中国书店，2018年。

[元]苏天爵撰，姚景安点校：《元朝名臣事略》，北京：中华书局，2019年。

[明]黄淮、杨士奇等编：《历代名臣奏议》，上海：上海古籍出版社，2012年。

[明]陈邦瞻撰：《宋史纪事本末》，北京：中华书局，2015年。

[明]陈邦瞻撰：《元史纪事本末》，北京：中华书局，2015年。

[清]李有棠撰：《金史纪事本末》，北京：中华书局，2015年。

[清]顾祖禹撰，施和金、贺次君校：《读史方舆纪要》，北

京：中华书局，2005年。

[清]胡聘之撰，《山西文华》编纂委员会编：《山右石刻丛编》，太原：三晋出版社，2018年。

[元]张铉撰：《至大金陵新志》，《宋元方志丛刊》本，北京：中华书局，1990年。

[清]金镇等纂，李成彬校注：《康熙汝宁府志》，郑州：中州古籍出版社，2017年。

[清]于成龙等修：《康熙畿辅通志》，北京：国家图书馆出版社，2018年。

[南宋]李焘撰：《续资治通鉴长编》，北京：中华书局，1980年。

[宋]佚名编，汝企和校：《续编两朝纲目备要》，北京：中华书局，1995年。

[南宋]李心传著，徐规校注：《建炎以来朝野杂记》，北京：中华书局，2006年。

[南宋]李心传编撰，胡坤点校：《建炎以来系年要录》，北京：中华书局，2013年。

[元]佚名撰，阿尔达扎布译：《新译集注〈蒙古秘史〉》，呼和浩特：内蒙古大学出版社，2005年。

文集

[金]刘祁著：《归潜志》，北京：中华书局，1983年。

[金]元好问编：《中州集》，上海：华东师范大学出版社，

2014年。

[元]魏初撰：《青崖集》，台北：台湾艺文印书馆，1959年。

[南宋]袁燮撰，李翔校注：《絜斋集》，杭州：浙江大学出版社，2020年。

[南宋]方岳撰：《秋崖集》，《景印文渊阁四库全书》本，台北：台湾商务印书馆，1983年。

[南宋]袁甫撰：《防斋集》，《景印文渊阁四库全书》本，台北：台湾商务印书馆，1983年。

[南宋]陈栎撰：《定宇集》，《景印文渊阁四库全书》本，台北：台湾商务印书馆，1983年。

[南宋]刘过著：《龙洲集》，上海：上海古籍出版社，1978年。

[南宋]叶适著，刘公纯、王孝鱼、李哲夫点校：《叶适集》，北京：中华书局，2010年。

[南宋]楼钥撰：《攻媿集》，上海：商务印书馆，1935年。

[南宋]吴泳撰：《鹤林集》，《宋集珍本丛刊》本，北京：线装书局，2004年。

[南宋]张端义撰：《贵耳集》，北京：中华书局，1958年。

[元]姚燧著：《姚文公牧庵集》，《北京图书馆古籍珍本丛刊》本，北京：书目文献出版社，1988年。

[元]王恽撰：《秋涧集》，《钦定四库全书荟要》本，长春：吉林出版集团有限责任公司，2005年。

[元]柳贯撰：《待制集》，《钦定四库全书荟要》本，长春：吉林出版集团有限责任公司，2005年。

[明]祝允明撰：《前闻记》，上海：商务印书馆，1937年。

[元]刘一清撰：《钱塘遗事》，上海：上海古籍出版社，1985年。

[元]刘敏中著，邓瑞全、谢辉校点：《刘敏中集》，长春：吉林文史出版社，2008年。

[元]杨奂撰：《还山遗稿》，《北京图书馆古籍珍本丛刊》本，北京：书目文献出版社，1990年。

[南宋]周密撰，张茂鹏点校：《齐东野语》，北京：中华书局，1983年。

[南宋]周密撰，吴企明点校：《癸辛杂识》，北京：中华书局，1988年。

[南宋]周密著，钱之江校注：《武林旧事》，杭州：浙江古籍出版社，2011年。

[南宋]吴潜撰：《履斋遗稿》，《景印文渊阁四库全书》本，台北：台湾商务印书馆，1983年。

[南宋]黎靖德编，王星贤点校：《朱子语类》，北京：中华书局，1986年。

[南宋]洪咨夔撰：《平斋文集》，《四部丛刊续编集部》，上海：上海书店，1985年。

[南宋]周密撰，邓子勉点校：《志雅堂杂钞》，北京：中华书局，2018年。

[南宋]吴潜著：《许国公奏议》，《丛书集成初编》本，北京：中华书局，1985年。

[元]危素撰：《危学士全集》，《四库全书存目丛书》本，济

南：齐鲁书社，1995年。

[元]王恽著，杨亮校注：《王恽全集汇校》，北京：中华书局，2013年。

[元]王鹗撰，赵心田校注：《汝南遗事校注》，郑州：中州古籍出版社，2018年。

[元]刘因撰：《静修先生文集》，《四部丛刊初编集部》，上海：上海书店，1989年。

[金]元好问撰：《遗山先生文集》，北京：国家图书馆出版社，2015年。

[南宋]史浩撰：《鄮峰真隐漫录》，《景印文渊阁四库全书》本，台北：台湾商务印书馆，1983年。

[南宋]刘克庄撰，王蓉贵、向以鲜校点：《后村先生大全集》，成都：四川大学出版社，2008年。

[南宋]魏了翁撰：《鹤山先生大全集》，《四部丛刊初编集部》，上海：商务印书馆，1921年。

[元]郝经撰，秦雪清点校：《郝文忠公陵川文集》，太原：山西人民出版社，2006年。

[南宋]真德秀撰：《四部丛刊初编集部》，上海：商务印书馆，1921年。

[元]刘敏中撰：《中庵先生刘文简公文集》，《北京图书馆古籍珍本丛刊》本，北京：书目文献出版社，1988年。

现代著作

韩儒林著：《穹庐集》，石家庄：河北教育出版社，2000年。

李修生主编：《全元文》，南京：凤凰出版社，2004年。

阎凤梧主编：《全辽金文》，太原：山西古籍出版社，2002年。

王曾瑜著：《金朝军制》，石家庄：河北大学出版社，2004年。

李天鸣著：《宋元战史》，台北：食货出版社，1988年。

黄宽重著：《孟珙年谱》，《南宋史研究集》，台北：新文丰出版公司，1985年。

傅朗云著：《金史辑佚》，长春：吉林文史出版社，1990年。

吴松弟著：《中国人口史》，南京：江苏人民出版社，1995年。

陈世松著：《宋元战争史》，成都：四川省社会科学院出版社，1988年。

周勋初主编：《宋人轶事汇编》，上海：上海古籍出版社，2014年。

谭其骧主编：《中国历史地图集》，北京：中国地图出版社，1982年。

台湾三军大学编著：《中国历代战争史》，北京：中信出版社，2012年。

胡昭曦主编：《宋蒙（元）关系史》，成都：四川大学出版社，1992年。

黄宽重著：《南宋军政与文献探索》，台北：新文丰出版公司，1990年。

周思成著：《隳三都：蒙古灭金围城史》，太原：山西人民出版社，2021年。

史卫民著：《中国军事通史·元代军事史》，北京：军事科学出版社，1998年。

刘浦江著：《松漠之间：辽金契丹女真史研究》，北京：中华书局，2008年。

胡鸿著：《能夏则大与渐慕华风：政治体视角下的华夏与华夏化》，北京：北京师范大学出版社，2017年。

黄重宽著：《晚宋朝臣对国是的争议：理宗时代的和战、边防与流民》，台北：台湾大学文学院，1978年。

余蔚著，周振鹤主编：《中国行政区划通史·辽金卷》，上海：复旦大学出版社，2012年。

李治安、薛磊著，周振鹤主编：《中国行政区划通史·元代卷》，上海：复旦大学出版社，2009年。

李昌宪著，周振鹤主编：《中国行政区划通史·宋西夏卷》，上海：复旦大学出版社，2007年。

[美]欧阳泰著，张孝铎译：《从丹药到枪炮：世界史上的中国军事格局》，北京：中信出版社，2019年。

论文

林日波：《真德秀年谱》，华中师范大学硕士论文，2006年。

徐梦丽：《郑清之研究》，山东师范大学硕士论文，2019年。

施云：《金代忠孝军研究》，吉林大学硕士论文，2007年。

郑壹教：《南宋货币与战争》，河北大学博士论文，2012年。

金宝丽：《蒙古灭金史事研究》，中央民族大学博士论文，2011年。

王峤：《〈遗山文集〉与金史研究》，吉林大学博士论文，2016年。

樊秋丽：《陇右汪氏家族兴衰研究》，兰州大学博士论文，2011年。

汪小红：《元代巩昌汪氏家族研究》，兰州大学硕士论文，2007年。

范海堃：《宣哀时期金代军事危机研究》，辽宁大学硕士论文，2016年。

毛钦：《赵葵与宋理宗朝军事研究》，华中科技大学硕士论文，2016年。

李佳敏：《1234-1238年窝阔台出征南宋研究》，内蒙古大学硕士论文，2016年。

由迅：《南宋荆襄战区军事地理初探》，华中师范大学硕士论文，2011年。

杜媛媛：《元代巩昌汪氏家族若干问题研究》，西北民族大学硕士论文，2017年。

赵尔阳：《宋蒙（元）战争时期四川军事地理初步研究》，西南大学硕士论文，2014年。

王颖：《南宋荆襄战区军事防御体系研究（1234-1275）》，浙江师范大学硕士论文，2019年。

赵治乐：《从边疆将帅群体探索南宋能长期抗蒙的原因——以孟珙为重点》，武汉大学硕士论文，2004年。

李浩楠：《论金代的忠孝军》，《北方文物》，2008年第2期。

何平立：《蒙金战争略论》，《军事历史研究》，1994年第2期。

都兴智：《论金宣宗"封建九公"》，《北方文物》，2009年第1期。

靳华：《嘉定议和后的宋金关系》，《北方论丛》，2002年第6期。

石坚军：《蒙金三峰山之战新探》，《兰州学刊》，2010年第10期。

赵永春：《金宣宗对宋政策之失误》，《史学集刊》，2006年第3期。

杨清华：《金宣宗朝行六部设置考》，《学术交流》，2008年第8期。

霍明琨、胡晔：《试析金宣宗迁都开封》，《北方文物》，

2009年第4期。

郑壹教：《端平入洛对会子的影响》，《宋史研究论丛》，2014年第1期。

余蔚：《武仙与金末蒙初华北形势》，《中华文史论丛》，2021年第3期。

刘春迎：《金代汴京（开封）城布局初探》，《史学月刊》，2006年第10期。

张金铣：《窝阔台"画境"十道考》，《中国历史地理论丛》，2006年第3期。

王曾瑜：《金朝后期的军事机构和军区设置》，《河北学刊》，1993年第5期。

曹文瀚：《20世纪以来红袄军研究综述》，《宋史研究论丛》，2017年第2期。

赵文坦：《关于金末山东淮海红袄军的若干问题》，《齐鲁学刊》，2011年第1期。

王高飞：《嘉定绝币与宋金关系之变化》，《绵阳师范学院学报》，2011年第12期。

佘贵孝：《金代固原地区的政治经济形势》，《宁夏师范学院学报》，1989年第1期。

毛钦：《晚宋"国是"之争与"端平入洛"之役》，《宋史研究论丛》，2019年第1期。

王星光、郑言午：《也论金末汴京大疫的诱因与性质》，《历史研究》，2019年第1期。

李俊：《金哀宗弃汴迁蔡始末考论》，《佳木斯大学社会科学学报》，2020年第4期。

魏峰、郑嘉励：《新出〈史嵩之圹志〉〈赵氏圹志〉考释》，《浙江社会科学》，2012年第10期。

杨晓红：《析蒙古灭宋战略的阶段性及特征》，《贵州大学学报（社会科学版）》，2007年第4期。

曹文瀚：《试论杨妙真、李璮时期（1231-1262年）的山东》，《宋史研究论丛》，2018年第1期。

王昊：《汴京与燕京：南宋使金文人笔下的"双城记"》《中国高校社会科学》2016年第2期。

张嘉友：《宁宗前期的宋金关系述评》，《西南科技大学学报（哲学社会科学版）》，2007年第3期。

李中琳、符奎：《1232年金末汴京大疫探析》，《医学与哲学（人文社会医学版）》，2008年第6期。

杨倩描：《端平"三京之役"新探——兼为"端平入洛"正名》，《宋史研究论丛》，2007年第1期。

姜锡东：《宋金蒙之际山东杨、李系红袄军领导人及其分化考论》，《中国史研究》，2015年第1期。

蔡东洲：《蒙军"假道灭金"研究四题》，《西华师范大学学报（哲学社会科学版）》，1989年第2期。

胡保峰：《略论金都南迁后金朝形势与宋金关系》，《漯河职业技术学院学报（综合版）》，2003年第4期。

王菱菱、李浩楠：《金朝河北地区抗蒙水寨山寨考》，《河北大学学报（哲学社会科学版）》，2013年第1期。

洪丽珠：《危机即转机——金蒙之际华北新家族史的建

构》,《元史及民族与边疆研究集刊》第35辑,上海:上海古籍出版社,2018年第1期。

崔玉谦:《关于宋理宗朝宰相李宗勉若干问题的补缀》,《宁夏大学学报(人文社会科学版)》,2016年第1期。

李超:《史弥远当政时期南宋对金政策之演变——从嘉定和议到联蒙灭金》,《保定学院学报》,2018年第5期。

李超:《宋理宗继位问题再探——以赵竑与史弥远之矛盾为中心》,《宁波大学学报(人文科学版)》,2020年第2期。

李迎春:《金末元初汉人地主武装初探——以今山东、河北地区为例》,《渤海大学学报(哲学社会科学版)》,2011年第5期。